"十四五"职业教育国家规划教材 修订版

职业教育物流类专业"互联网+"创新型教材

走进物流

第3版

浙江省教育厅职成教教研室 组 编

主 编 郑王卉 于丽娟

参 编 季小雄 陆佳宜 唐萍萍 金相旺

王玲玉 柯春健 冉智强 赵 艳

机械工业出版社

本书为“十四五”职业教育国家规划教材修订版。本书根据中等职业学校学生的特点和培养目标进行编写，主要通过生活案例向中职学生普及现代物流的基础知识，以任务驱动的模式让学生真正实现做中学，让学生了解物流活动的基本内容。本书主要包括六个模块：迈上物流之路、走进物流企业、解读物流模块、探索物流业务领域、初识物流管理、分析物流地理环境。

本书打破了原有以理论为主的编写模式，以“任务驱动，行动导向”为核心思想，通过生活中真实的物流案例，引导学生自主探究学习，并在任务的分析与实践中提升分析、思考与解决问题的能力，充分体现了中等职业教育理论教学与实践操作相结合的原则。

本书可作为职业院校物流专业的教学用书，也可作为物流企业从业人员的学习、培训用书。

图书在版编目（CIP）数据

走进物流/浙江省教育厅职成教教研室组编；郑王卉，于丽娟主编．—3版．—北京：机械工业出版社，2024.1

“十四五”职业教育国家规划教材：修订版．职业教育物流类专业“互联网+”创新型教材

ISBN 978-7-111-75108-3

Ⅰ．①走…　Ⅱ．①浙…　②郑…　③于…　Ⅲ．①物流—中等专业学校—教材　Ⅳ．①F252

中国国家版本馆CIP数据核字（2024）第033828号

机械工业出版社（北京市百万庄大街22号　邮政编码100037）

策划编辑：宋　华　　责任编辑：宋　华　邢小兵

责任校对：樊钟英　　封面设计：鞠　杨

责任印制：郜　敏

三河市航远印刷有限公司印刷

2024年4月第3版第1次印刷

210mm×285mm・16.75印张・339千字

标准书号：ISBN 978-7-111-75108-3

定价：53.80元

电话服务

客服电话：010-88361066

010-88379833

010-68326294

网络服务

机　工　官　网：www.cmpbook.com

机　工　官　博：weibo.com/cmp1952

金　　书　　网：www.golden-book.com

机工教育服务网：www.cmpedu.com

关于“十四五”职业教育国家规划教材的出版说明

为贯彻落实《中共中央关于认真学习宣传贯彻党的二十大精神的决定》《习近平新时代中国特色社会主义思想进课程教材指南》《职业院校教材管理办法》等文件精神，机械工业出版社与教材编写团队一道，认真执行思政内容进教材、进课堂、进头脑要求，尊重教育规律，遵循学科特点，对教材内容进行了更新，着力落实以下要求：

1. 提升教材铸魂育人功能，培育、践行社会主义核心价值观，教育引导学生树立共产主义远大理想和中国特色社会主义共同理想，坚定“四个自信”，厚植爱国主义情怀，把爱国情、强国志、报国行自觉融入建设社会主义现代化强国、实现中华民族伟大复兴的奋斗之中。同时，弘扬中华优秀传统文化，深入开展宪法法治教育。

2. 注重科学思维方法训练和科学伦理教育，培养学生探索未知、追求真理、勇攀科学高峰的责任感和使命感；强化学生工程伦理教育，培养学生精益求精的大国工匠精神，激发学生科技报国的家国情怀和使命担当。加快构建中国特色哲学社会科学学科体系、学术体系、话语体系。帮助学生了解相关专业和行业领域的国家战略、法律法规和相关政策，引导学生深入社会实践、关注现实问题，培育学生经世济民、诚信服务、德法兼修的职业素养。

3. 教育引导学生深刻理解并自觉实践各行业的职业精神、职业规范，增强职业责任感，培养遵纪守法、爱岗敬业、无私奉献、诚实守信、公道办事、开拓创新的职业品格和行为习惯。

在此基础上，及时更新教材知识内容，体现产业发展的新技术、新工艺、新规范、新标准。加强教材数字化建设，丰富配套资源，形成可听、可视、可练、可互动的融媒体教材。

教材建设需要各方的共同努力，也欢迎相关教材使用院校的师生及时反馈意见和建议，我们将认真组织力量进行研究，在后续重印及再版时吸纳改进，不断推动高质量教材出版。

机械工业出版社

前言

“走进物流”是中等职业教育物流服务与管理专业的核心课程，本课程主要目的是向物流及相关专业的学生普及现代物流的基础知识。党的二十大报告指出：“加快发展方式绿色转型、推动经济社会发展绿色化、低碳化是实现高质量发展的关键环节。”本书从学生的实际特点出发，融入“双碳”理念，着重培养学生绿色物流意识。一方面渗透国家双碳战略的目标与任务，引导学生在生活中践行绿色环保理念；另一方面探索“专业+双碳”，在教学中积极融入绿色环保理念、可持续发展观等案例，让专业学习与素质培养自然结合；通过一个个案例有机整合物流理论与生活实际，学生在案例的解析与任务的实践中掌握现代物流相关基础知识，了解物流行业与未来的工作环境，激发学习兴趣。通过对物流历史、物流现状、物流业发展前景的讲解，让学生知晓物流岗位的要求及其所需的职业素养，促进学生形成职业意识，帮助学生做好职业生涯规划。

本书注重学生的学习特点和行业实际，通过任务引导学生自主探究知识，并在任务的分析与实践中提升学生分析、思考与解决问题的能力，每一个任务从案例导入到任务实施，都有着完整的体例，集知识性、逻辑性、趣味性于一体。本书旨在引导学生走进物流、了解物流，使学生具有一定的物流基础，为后续深入学习物流专业知识与实践操作奠定基础，力求提升学生的职业能力。

本书的编写“从学生需求出发”，围绕浙江省“选择性”构建起来的中职课程体系中的物流专业教学，以学生的发展为目标，尊重学生的成长意愿，赋予学生更多选择知识内容、选择学习方式的权利。本书注重课程教学的灵活性，全书包括六个模块、二十六个项目，学生从学习实际出发可自主选择学习内容，教师从教学实际出发可选择灵活多样的教学模式，充实和丰富课程教学形态。

本书以现代物流基础知识为主线，主要内容包括迈上物流之路、走进物流企业、解读物流模块、探索物流业务领域、初识物流管理和分析物流地理环境六个模块，建议课时为72个课时，具体课时分配见下表：

模　块	项　目	建议课时
模块一　迈上物流之路	项目一　领略物流的魅力	2
	项目二　揭开物流的神秘面纱	2
	项目三　探寻物流的昨天、今天与明天	2
	项目四　初识物流法律法规	2
	项目五　认识物流岗位	2
模块二　走进物流企业	项目一　走进货运物流	4
	项目二　走进快递物流	4
	项目三　走进电商物流	4

（续）

模　块	项　目	建议课时
模块三　解读物流模块	项目一　解读物流运输	4
	项目二　解读物流仓储	4
	项目三　解读物流配送	4
	项目四　解读流通加工	4
	项目五　解读物流包装	4
	项目六　解读装卸搬运	4
	项目七　解读物流信息	4
模块四　探索物流业务领域	项目一　探索企业物流	2
	项目二　探索逆向物流	2
	项目三　探索第三方物流	2
	项目四　探索国际物流	2
模块五　初识物流管理	项目一　初识物流成本管理	2
	项目二　初识物流质量管理	2
	项目三　初识物流标准化	2
模块六　分析物流地理环境	项目一　分析我国公路布局	2
	项目二　分析我国铁路布局	2
	项目三　分析我国水路布局	2
	项目四　分析其他物流地理环境	2

本书由郑王卉、于丽娟担任主编，负责全书统稿、定稿。参与编写的还有季小雄、陆佳宜、唐萍萍、金相旺、王玲玉、柯春健、冉智强、赵艳。具体分工如下：郑王卉、赵艳负责模块一的编写；金相旺、于丽娟负责模块二的编写；唐萍萍、冉智强、柯春健负责模块三的编写；陆佳宜负责模块四的编写；王玲玉负责模块五的编写；季小雄负责模块六的编写。

在本书的编写过程中，得到了温州市瓯海职业中专集团学校、湖州交通学校、杭州市财经职业学校、嘉兴市秀水中等专业学校的大力支持与帮助。

由于编者水平有限，书中难免有不足之处，恳请读者提出宝贵的意见和建议，以求不断改进和完善。

编　者

目录

前言

模块一 迈上物流之路 / 001

项目一 领略物流的魅力 / 001

任务一 认识生活中的物流 / 002

任务二 阐述物流在生活中的作用 / 003

任务三 梳理物流与商流、信息流和资金流的关系 / 005

项目二 揭开物流的神秘面纱 / 008

任务一 正确陈述物流各环节 / 008

任务二 合理分辨物流的要素 / 013

项目三 探寻物流的昨天、今天与明天 / 017

任务一 了解物流业的昨天 / 018

任务二 认识物流业的今天 / 020

任务三 展望物流业的明天 / 024

项目四 初识物流法律法规 / 028

任务一 了解什么是物流法律 / 028

任务二 认识不同物流活动的法律规范 / 030

任务三 了解物流保险内容 / 034

项目五 认识物流岗位 / 037

任务一 认识物流企业岗位设置 / 037

任务二 明确物流岗位任务的职业素养和技能需求 / 040

模块二 走进物流企业 / 047

项目一 走进货运物流 / 047

任务一 了解货运物流企业 / 048

任务二 认识新兴公路货运物流企业 / 052

项目二 走进快递物流 / 056

任务一 认识快递物流行业 / 056

任务二 探索快递物流企业 / 059

任务三 把握快递物流发展趋势 / 064

项目三 走进电商物流 / 068

任务一 认识电商物流 / 068

任务二 明辨电商物流企业 / 071

模块三 解读物流模块 / 075

项目一 解读物流运输 / 075
任务一 认识物流运输 / 076
任务二 认识常见的物流运输方式 / 078

项目二 解读物流仓储 / 084
任务一 认识物流仓储作业 / 084
任务二 知晓物流仓储的种类 / 087
任务三 探究仓储作业环节 / 093

项目三 解读物流配送 / 098
任务一 认识物流配送作业 / 098
任务二 配送作业的形式 / 100
任务三 探析配送作业流程 / 104

项目四 解读流通加工 / 108
任务一 认识流通加工 / 108
任务二 正确表述流通加工的分类 / 111
任务三 解读流通加工的合理化要求 / 115

项目五 解读物流包装 / 118
任务一 发现生活中的物流包装 / 118
任务二 正确表述常见的各种包装材料及其特点 / 120
任务三 了解物流包装的发展趋势 / 125

项目六 解读装卸搬运 / 128
任务一 发现生活中的装卸搬运 / 128
任务二 正确表述装卸搬运的原则 / 130
任务三 探索装卸搬运的合理化 / 132

项目七 解读物流信息 / 135
任务一 发现生活中的物流信息 / 135
任务二 正确描述常见的物流信息技术 / 137
任务三 探索常见的物流信息系统 / 141

模块四 探索物流业务领域 / 145

项目一 探索企业物流 / 145
任务一 正确阐述供应物流 / 146
任务二 正确阐述生产物流 / 149

任务三 正确阐述销售物流 / 152

项目二 探索逆向物流 / 157

任务一 正确表述回收物流 / 158

任务二 正确表述废弃物物流 / 162

项目三 探索第三方物流 / 166

任务一 正确阐述生活中的第三方物流 / 167

任务二 正确区分第三方物流的特点 / 171

项目四 探索国际物流 / 178

任务一 准确定位生活中的国际物流 / 179

任务二 正确阐述国际物流与国内物流的区别 / 182

任务三 正确阐述跨境电商的国际物流模式 / 185

任务四 正确阐述国际集装箱多式联运 / 188

模块五 初识物流管理 / 193

项目一 初识物流成本管理 / 193

任务一 正确表述物流成本的构成 / 194

任务二 正确陈述物流成本的控制 / 196

任务三 正确把握企业物流成本管理的新思维 / 199

项目二 初识物流质量管理 / 202

任务一 正确描述物流质量管理 / 202

任务二 正确表述企业物流质量管理的要点 / 205

任务三 正确运用提高现代物流企业质量管理的基本方法 / 210

项目三 初识物流标准化 / 214

任务一 正确描述物流标准化 / 214

任务二 正确表述物流标准化的种类 / 216

任务三 正确阐述物流标准化的作用 / 220

模块六 分析物流地理环境 / 223

项目一 分析我国公路布局 / 223

任务一 了解我国公路的分类和等级 / 224

任务二 熟悉我国的主要国道 / 226

任务三 熟悉我国的高速公路线路 / 227

项目二　分析我国铁路布局　/ 230
任务一　了解我国主要铁路干线分布　/ 230
任务二　熟悉我国铁路枢纽城市　/ 234
任务三　熟悉我国高速铁路网规划　/ 236
项目三　分析我国水路布局　/ 239
任务一　了解内河运输布局　/ 239
任务二　了解沿海运输布局　/ 242
项目四　分析其他物流地理环境　/ 246
任务一　了解我国航空运输布局　/ 246
任务二　了解我国管道运输布局　/ 248
任务三　了解国际物流环境　/ 251
参考文献　/ 256

模块一 迈上物流之路

项目一 领略物流的魅力

物流影响着人们日常生活的各个方面，家用物品和衣食住行均离不开物流。可以说，没有物流就没有现代的便捷生活。我们经常看到公路上印有“德邦物流”的车辆，听到过“八达物流公司”“潘桥物流园区”。那到底什么是“物流”？让我们一起来认识物流吧！

学习目标

知识目标

- 认识生活中的物流。
- 阐述物流在生活中的作用。
- 梳理物流与商流、信息流和资金流的关系。

技能目标

- 学会观察、记录生活中的物流。
- 尝试开展简单的物流企业调研。

素养目标

- 形成团结协作的意识。
- 培养良好的人际沟通能力。
- 建立对物流行业的职业认同感。

项目分析

通过认识日常生活中的物流活动，初步了解什么是物流。通过对生活中物流活动各环节的认知学习，加深对物流功能的了解。通过对案例的阅读和分析，深入了解物流在人们日常生活中的作用。通过对物流与商流、信息流和资金流的关系梳理，感受物流业的重要性。

任务一 认识生活中的物流

案例导入

两大包行李的困扰

新年刚过，小刘的老婆小林就要离开安徽六安市的山区到杭州打工了，被子、衣服、杂七杂八的行李装了满满两大包。小林看着这两大包东西，发愁得饭都吃不下了，身材娇小的女孩子怎么才能把这两大包东西扛到杭州呢？

小刘出了一个主意，等小林到了杭州找到落脚点之后，再通过物流公司把这两大包行李发到杭州。然而小林平时虽有网购一些小东西的经验，但对于如此大件物资的物流服务却从未体验过，表示略有担心。权衡之后，夫妻俩还是决定尝试通过物流公司进行运送。

于是小林一身轻松地先到杭州，落实了工作地点与住宿之后，再由小刘联系德邦物流将两包行李从安徽六安发到了浙江杭州，支付运费九十元。

发货两天后，小林接到德邦物流公司打来的电话，确认她的位置并派送行李。收到两大包行李的小林终于放下了悬着的那颗心，检查后确认包内的东西完好无损，感受到了物流行业的方便快捷，不禁感慨现在出门靠物流，回家也得靠物流！

阅读思考：

1. 帮助小林解决行李困扰的办法是什么？
2. 什么是物流？案例中的物流公司起到了什么作用？
3. 物流除了实现物品空间位置的转移之外还有哪些功能？

知识储备

从上述案例中可以看出，物流与我们每一个人的生活都息息相关，那物流究竟是什么呢？物流就是物品的定向流动，它泛指从物品生产出来后到使用者手中的各个环节（见图 1-1）。我国国家标准《物流术语》（GB/T 18354—2021）的定义中指出：物流是物品从供应地到接收地的实体流动过程，根据实际需要，将运输、储存、装卸、搬运、包装、流通加工、配送、信息处理等基本功能实施有机的结合。

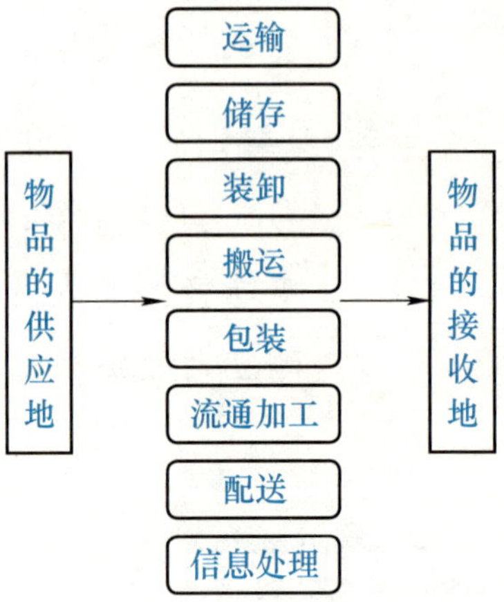

图1-1 物流的各个环节

任务实施

1. 你心中的物流是什么样的？请你进行简单的描述。

2. 寻找你在生活中亲身经历过的一次物流服务，并将它的物流过程详细地记录下来，完成表 1-1 的填写。下一堂课中将邀请学生进行现场介绍。

表1-1　生活中的物流服务记录

物品名称			
发货地址		发件人	
收货地址		收件人	
发出时间		接收时间	
物流过程			
服务感受			
服务评价			

任务二　阐述物流在生活中的作用

案例导入

京东配送机器人走上北京街头，实现常态化配送运营

“送完快递自主离开，见了行人自动避让，遇到红绿灯还能自己通过！”2018年“618”期间，有北京的居民发现，几辆印着京东标志的配送机器人在街边不时路过，所经之处留下了满满的无人黑科技气息。

其实，这是京东配送机器人正在北京进行全场景常态化配送运营。车辆中途能够自主停靠配送点，自动规避障碍并识别红绿灯信号（见图1-2和图1-3）。在配送机器人即将到达目的地时，后台系统同步将取货信息发送给用户：“我是京东智能配送机器人，已顺利抵达您的楼下，请凭提货码提取商品。”

图1-2　京东配送机器人等待红绿灯

图1-3　京东配送机器人穿过斑马线

2018年6月18日一早的北京市海淀区，20多台京东配送机器人整装待发。随着调度平台发出命令，首批载有“京东618”订单的配送机器人自动出发。京东表示，这批无人送货车最多可配备30个取货箱，最快运行速度达每小时15千米。

自2016年领行业之先推出首款配送机器人以来，京东的落地发展可谓每年一大步：2017年接连在中国人民大学等多所高校开启常态化配送并在天津生态城亮相，2018年率先宣布配送机器人进入量产时代，并将京东无人车总部落户长沙。与此同时，京东将注意力放在持续提升消费者配送体验和智慧物流的普及推广上，本次京东将多车型、多场景的全新应用场地放在了首都北京，助力“京东618”全球年中购物节。

京东表示，目前主要想用配送机器人解决“最后一公里”难题。以往配送员需要频繁往返于配送站与服务片区完成订单补货，而现在通过机器人的协作，配送员只需负责最终派送工作即可，而由配送机器人把货物运输到配送员面前。

阅读思考：

1. 案例中发生了哪些关于物流的事件？
2. 京东配送机器人是什么？它起到了什么作用？
3. 你怎么看待京东作为一个电商企业还自营物流业务？

知识储备

物流影响我们生活的方方面面。邮寄信件、包裹需要物流，购买家电、家具配送需要物流，搬家公司其实也算物流的一种形式。如果没有物流的配送、仓储等环节，在超市货架上将看不到任何商品。例如京东作为一家电商企业，如果缺少了物流流通这一环节，企业的产品销售和消费者的购买过程，是完全无法实现的。所以，物流在社会经济中的位置是无法替代的，能够起到服务商流、保障生产和方便生活等作用。

一、服务商流

在商流活动中，商品所有权在购销合同签订的那一刻，便由供方转移到需方，而商品实体并没有因此而移动。除了非实物交割的期货交易，一般的商流都必须伴随相应的物流过程，即按照需方（购方）的需要将商品实体由供方（卖方）以适当方式、途径向需方转移。在这个流通过程中，物流实际上是以商流的后继者和服务者的姿态出现的。没有物流的作用，一般情况下，商流活动都会退化为一纸空文。电子商务的发展需要物流支持，就是这个道理。

二、保障生产

从原材料的采购开始，便要求有相应的物流活动将所采购的原材料运送到位，否则，整个生产过程便成了无米之炊；在生产的各工艺流程之间，也需要原材料、半成品的物流运送过程，实现生产的流动性。就整个生产过程而言，实际上就是系列化的物流活动。合理化的物流，可以通过降低运输费用而降低成本，通过优化库存结构而减少资金占压，通过强化管理进而提高效率，从而使得生产可以有效地促进整个社会经济水平的提高。

三、方便生活

实际上，生活中的每一个环节也都有物流的存在。通过国际运输，可以让世界名牌商品出现在世界各地不同肤色的人身上；通过先进的储藏技术，可以让新鲜的果蔬在任何季节亮相；搬家公司周到的服务，可以让人们轻松地乔迁新居；多种形式的行李托运业务，可以让人们在旅途中享受舒适的情趣。

任务实施

1. 在你亲身经历的物流服务中，说一说物流给你带来了哪些帮助。

2. 成立调研小组，选择附近的企业（也可以是超市、卖场等）进行调研，寻找物流为这些企业带来了哪些好处。汇总至少 3 家企业的调研结果，完成表 1–2 的填写并进行小组的汇报展示。

表1–2 物流在企业中的作用调研信息表

调研内容	企业 1	企业 2	企业 3
企业名称			
业务范围			
开展的物流服务			
物流服务在企业运营中发挥的作用			

任务三 梳理物流与商流、信息流和资金流的关系

案例导入

错综复杂的流通过程

佳丽鞋业与兴业皮革经过商谈，达成了一笔供货意向，确定了商品价格、品种、数量、供货时间、交货地点、运输方式并签订了合同。要履行这份合同的下一步就要进入物流过程，也就是货物的包装、运输、装卸搬运、保管等活动。如果合同签订和之后的物流活动都顺利进行了，接下来就进入佳丽鞋业与兴业皮革的付款和结算环节，也就是资金流。无论是买卖交易，还是物流和资金流，这三个过程都离不开信息的传递和交换，没有及时的信息流，就没有顺畅的商流、物流和资金流。没有资金的支付，商流就不成立，物流也不会发生。

阅读思考：

1. 佳丽鞋业与兴业皮革想要完成这次供货合同，必须完成哪几个流程？
2. 这些流程之间有先后顺序吗？
3. 请你梳理这些流程之间的关系。

知识储备

日常生活中，提到“物流”这个话题，经常会和资金流、商流和信息流放在一起说，这种联系有一定的道理，因为物流、商流、资金流和信息流是流通过程的四大组成部分，这四者构成了一个全流通过程，几者互为存在、相互作用、密不可分，既相互独立，又共同组成一个综合体。将物流、商流、资金流和信息流有机结合起来，会产生更大的能量，创造更大的经济效益。

商流是一种交易活动过程，通过商流活动，商品的所有权发生转移。商流是物流、资金流和信息流的起点，也可以说是前提，没有商流一般不可能发生物流、资金流和信息流。反过来，没有物流、资金流和信息流的匹配和支撑，商流也不可能达到目的。比如，A 企业与 B 企业经过商谈，达成了一笔供货协议，确定了商品价格、品种、数量、供货时间、交货地点、运输方式等，并签订了合同，也就是说商流活动开始了。要认真履行这份合同，自然要进入物流过程，将货物进行包装、装卸、保管和运输，同时伴随着信息传递活动。如果商流活动和物流活动都顺利进行了，接下来就进入付款和结算环节，即进入资金流的过程。无论是买卖交易，还是物流和资金流，这三大过程中都离不开信息的传递和交换，没有及时的信息流，就没有顺畅的商流、物流和资金流；没有资金支付，商流不会成立，物流也不会发生。“四流”的关系如图 1-4 所示。

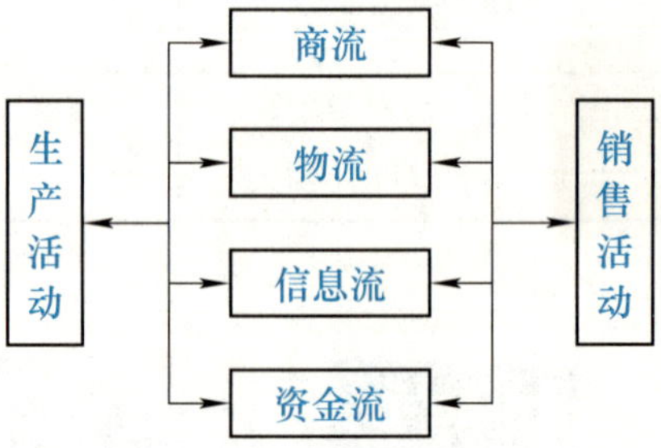

图1-4 “四流”的关系

商流是动机和目的，资金流是条件，信息流是手段，物流是终结和归宿。也就是说，由于需要而产生购买欲望，之后决定购买，购买的原因和理由就是商流的动机和目的；因为想购买或决定购买某种商品，才考虑购买资金的来源或筹措问题。不付款，商品的所有权就不归你，这就是条件；又因为决定购买，也有了资金，然后才付之于行动，这就是买主要向卖主传递一个信息，或去商店向售货员传递购买信息，或电话购物、网上购物，这些都是信息传递的过程，但这种过程只是一种手段；然而，商流、资金流和信息流产生后，必须伴随物流发生的过程，否则商流、资金流和信息流就都没有意义了。

任务实施

1. 说一说在你亲身经历的物流服务中，物流、商流、资金流和信息流是如何产生的，它们之间有什么关联。

2. 寻找一家当地企业，关注它的某一次物流活动，梳理出它的物流、商流、资金流和信息流。

项目评价表

《领略物流的魅力》项目实施评价表

考核任务	考核要求	配分	评分标准				得分		备注
			优	良	中	差	自评	师评	
认识生活中的物流	能够准确描述什么是物流，并提出自己对物流的理解	20	15 ~ 20	11 ~ 14	6 ~ 10	0 ~ 5			
发现身边的物流及其作用	能够发现生活中亲身经历的一次物流服务，详细的陈述这项物流服务内容	30	24 ~ 30	15 ~ 23	8 ~ 15	0 ~ 7			
发现物流的价值	能够发现物流的价值，并列举物流给生活带来的帮助	20	15 ~ 20	11 ~ 14	6 ~ 10	0 ~ 5			
理解物流与商流、信息流和资金流的关系	能够描述物流与商流、资金流、信息流的内在联系	30	24 ~ 30	15 ~ 23	8 ~ 14	0 ~ 7			
总计		100							

项目二

揭开物流的神秘面纱

现代物流不仅要考虑从生产者到消费者的货物配送问题，还要考虑从供应商到生产者的原材料采购问题，以及生产者本身在产品制造过程中的运输、保管和信息传达等各个方面的问题，全面地、综合性地提高经济效益和效率。因此，物流是以满足消费者的需求为目标，包含物品的运输、仓储、包装、装卸搬运、流通加工、配送以及相关物流信息等功能要素的活动。那么，物流都包含了哪些要素呢？让我们一起来揭开物流的神秘面纱吧！

学习目标

知识目标

- 正确陈述物流各环节。
- 合理分辨物流的要素。

技能目标

- 学会观察、记录生活中物流的各环节。
- 尝试开展物流企业调研并分析其物流要素。

素养目标

- 形成团结协作的意识。
- 养成观察问题、分析问题的主动性。
- 建立对物流行业的职业自豪感。

项目分析

通过认识物流具体环节中的运输、仓储、包装、装卸搬运、流通加工、配送以及物流信息，初步了解物流的七大功能要素及其作用。通过对案例的阅读分析，了解物流系统运作中的一般要素、流动要素和物质基础要素，并能够从生活中发现这些物流要素。

任务一 正确陈述物流各环节

案例导入

国内第一家上市的连锁超市

华联超市股份有限公司（以下简称“华联超市”）是我国第一家上市的连锁超市公司，其前身为成立于1993年1月的上海华联超市公司。公司以“挑战极限，追求卓越”为企业精神，以“低成本、低投入、高效益、高产出”为经营原则，以特许加盟为经营特色，形成了以标准超市、大卖场、便利店为主营业态，以现代化物流和信息化管理为核心技术，以开拓全国市场、参与全球竞争为目标的经营格局。

华联超市现有标准超市、大卖场、便利店三种业态的门店，数量超过1 900家，同时还建有2个常温配送中心和1个生鲜配送中心。近年来，随着市场经济的快速增长，特别是连锁超市的发展，各种形式的配送中心如雨后春笋般发展起来。据统计，目前全国共有各种类型的物流配送中心一千多家，其中上海和广东数量最多，发展也最为成熟。

华联超市除了拓展超市连锁店的商品配送业务之外，还在简单加工、包装、冷链食品的储存上进行了有益的尝试，并向加工制造业渗透，开发公司自己的品牌商品来获取利润，集商流、物流、信息流“三流”为一体，“三流”间既相互制约又相辅相成。

阅读思考：

1. 华联超市是一家什么类型的公司？
2. 你在案例中发现了哪些物流环节？

知识储备

物流包括运输、仓储、包装、装卸搬运、流通加工、配送以及物流信息等环节。

一、运输

运输是物流活动中的主要环节之一，也是物流活动中各项业务的中心活动。物流活动中的其他各项活动，如包装、装卸搬运、物流信息等，都是围绕着运输活动进行的。有人甚至把运输作为物流的代名词。没有运输，商品就无法发挥其使用价值，即生产出来的产品如果不通过运输送至消费者手中，等于该产品没有被使用，因而也就没有实现其价值。在图1-5中，产品通过集装箱船进行运输，可以实现国与国之间的货物贸易。

图1-5　集装箱船运输

运输还影响着物流活动中的其他环节。例如，运输方式的选择决定着装运货物的包装要求；使用不同类型的运输工具决定其配套使用的装卸搬运设备以及接收和发运站台的设计；企业库存的多少直接受运输状况的影响，发达的运输系统能适量、快速和可靠

随堂记

地补充库存，以降低不必要的储存水平。

运输费用在物流费用中占有很大比重，是影响物流费用的一项重要因素，是降低物流费用、发挥物流系统整体功能的重要环节。

二、仓储

“仓”即仓库，是存放、保管、储存物品的建筑物和场地的总称，可以是房屋建筑、大型容器或特定的场地等，具有存放和保护物品的功能。“储”即储存、储备，表示收存以备使用，具有收存、保管、交付使用的意思。仓储是指通过仓库对物资进行储存、保管以及相关储存活动的总称。它随着物资储存的产生而产生，又随着生产力的发展而发展。仓储是商品流通的重要环节之一，也是物流活动的重要支柱。仓储一般出现在物流各环节之间，例如采购与生产之间、生产的初加工与精加工之间、生产与销售之间、批发与零售之间、不同运输方式转换之间等（见图1–6）。

图1–6　仓储环境

三、包装

包装是指在流通过程中，为保护产品、方便储运、促进销售，按一定技术方法而采用的容器、材料及辅助物等的总体名称。也指为了达到上述目的而采用容器、材料和辅助物的过程中施加一定技术方法等的操作活动。包装是生产的终点，同时又是物流的起点，它在很大程度上制约着物流其他环节的运行状况。包装不仅制约着装卸搬运、堆码存放、计量清点活动进行的是否方便高效，而且还关系着运输工具和仓库的利用效率。

包装在物流中主要起保护功能，这也是包装最基本的功能。一件商品，要经过多次流通才能走进商场或其他场所，这期间需要经过运输、装卸、仓储、陈列、销售等环节，最终到达消费者手中。在储运过程中，很多外部因素如撞击、潮湿、光线、气体、细菌等，都会威胁到商品的安全和质量。因此，在开始设计包装之前，就要考虑包装的结构与材料，以保证商品在流通过程中的安全与质量。物流包装能够在运输配送中保护商品，如图1-7所示。

图1-7　保护商品的物流包装

随堂记

四、装卸搬运

在同一地域范围内（如车站、工厂、仓库内部等），将改变“物”的存放、支承状态的活动称为装卸，将改变“物”的空间位置的活动称为搬运，两者统称装卸搬运。物流领域（如铁路运输）中常将装卸搬运这一整体活动称为“货物装卸”，在生产领域中常将这一整体活动称为“物料搬运”。实际上，活动内容都是一样的，只是叫法不同而已。

装卸搬运活动的基本动作包括装车（船）、卸车（船）、堆垛、入库、出库以及联结上述各项动作的短程输送，是伴随运输和仓储等活动而产生的必要活动。

在物流活动过程中，装卸搬运活动是非常频繁的，它出现的频率高于其他各项物流活动，而且每次装卸搬运活动都要花费很长时间，因而往往成为决定物流速度快慢的关键。装卸搬运活动所消耗的人力和物力也很多，以我国为例，铁路运输的始发和到达的装卸搬运作业费占运费的20%左右，船运则要占到40%左右。因此，为了降低物流总体费用，必须要重视装卸搬运环节。

五、流通加工

流通加工是物品从生产地到使用地的流通过程中，根据需要进行包装、分割、计量、分拣、标识、组装等简单作业的总称。

流通加工是为了提高物流速度和商品的利用率，在商品进入流通领域后，按客户的要求进行的加工活动，即在商品从生产者向消费者流动的过程中，为了促进销售、维护商品质量和提高物流效率，对物品进行一定程度的加工。随着经济增长，国民收入增加，消费者的需求出现多样化，促使在流通领域开展流通加工。目前，在世界许多国家和地区的物流中心或仓库中都大量开展流通加工业务。流通加工是一种低投入、高产出的加工方式，以简单加工解决大问题。图1-8展示的是鱼类产品的流通加工。

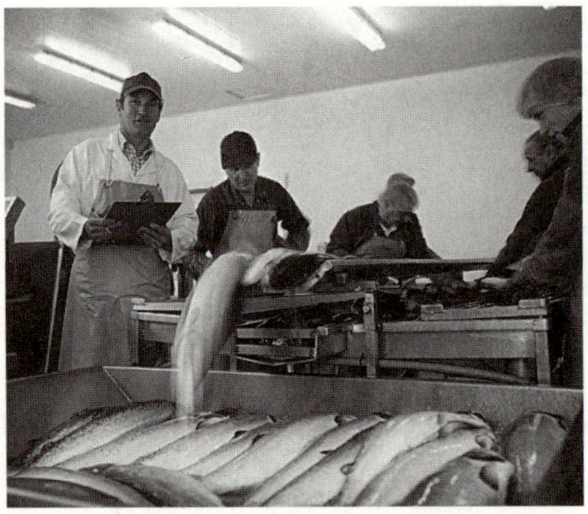

图1-8 鱼类产品的流通加工

六、配送

配送是指在经济合理区域范围内，根据客户要求，对物品进行拣选、加工、包装、分割、组配等作业，并按时送达指定地点的物流活动。物流与配送关系紧密，在具体活动中二者往往结合在一起，为此人们通常把物流配送连在一起表述。

配送是物流中一种特殊的、综合的活动形式，是商流与物流的紧密结合，包含了商流活动和物流活动，也是包含了物流中若干功能要素的一种形式。

从物流角度来看，配送几乎包括了所有的物流功能要素，是物流活动的一个缩影，是在某个范围中全部物流活动的体现。一般的配送活动集装卸、包装、保管、运输于一身，通过这一系列活动完成将货物送达的目的。特殊的配送活动则还要以加工活动为支撑，涵盖的内容更为广泛。但是，配送的主体活动与一般物流活动有所不同。一般物流活动主要包括运输及保管，而配送活动则包括运输及分拣配货。分拣配货是配送的独特要求，也是配送中最具特点的活动，以送货为目的的运输则是最后实现配送的主要手段。从这一主要手段出发，常常将配送看成运输的一种形式。

2023年，重庆市某社区的用户购置了整套大家电。由于地处乡村，交通条件有限，收货前，用户一直担心家电的配送和安装，直到接到日日顺供应链当地服务网点预约上门送装的电话。负责此次配送任务的是场景服务师陈师傅，在与用户仔细确认配送地址及配送时间后，陈师傅与同事带着四台家电一同出发。在到达用户家附近车辆无法通行的路段，师傅们当即下车轮流背负家电继续前行，步行近5公里，终于如约将所有家电一次性送入用户家中，并摆放至用户指定位置。由于用户家中还在装修，洗衣机、空调暂时不需要安装，陈师傅便把网点电话留给用户，约定装修完成后再次上门服务。伴随着成套家电的送达，用户得到的不仅是一次省时省心的成套配送服务，更是一场毫无后顾之忧的场景体验。

七、物流信息

物流信息作为现代信息技术的重要组成部分，本质上属于信息技术范畴，只是因为信息技术应用于物流领域而使其在表现形式和具体内容上存在一些特性，但其基本要素仍然同现代信息技术一样。

在我国，各种物流信息技术已经广泛应用于物流活动的各个环节，对企业的物流活动产生了深远的影响。在物流设备跟踪和控制技术中，应用最广泛的还是利用GPS技术跟踪货运车辆与货物的运输情况；在物流动态信息采集技术的应用中，条码和二维码技术的应用范围最广。

任务实施

1. 寻找你身边的一次物流服务，找出它包含了哪些物流环节。

2. 团队合作，选择七大物流环节中的一个环节，通过查找网络资料、翻阅书籍报刊，制作课件并详细介绍该环节，同时进行课堂展示。

任务二 合理分辨物流的要素

案例导入

NIKE用物流缔造“运动商品王国”

在服装业这个季节性很强的行业中，物流所具有的决定性作用正得到加强。NIKE通过对物流系统的改造，创造了一个“运动商品王国”。

NIKE在全球布局物流网络，在美国拥有三个配送中心，其中在田纳西州孟菲斯有两个。位于孟菲斯市的NIKE配送中心于1983年开始运行，是当地最大的自有配送中心。作为扩张的一部分，NIKE建立了拥有三层货架的仓库，并装配了新型自动补货系统，使得NIKE能够保证在用户发出订单后48小时内发出货物。NIKE公司在亚太地区生产的产品，通过海运经西海岸送达美国本土，再利用火车经其铁路专用线运到孟菲斯，最后运抵NIKE的配送中心。所有的帽子、衬衫等产品都从孟菲斯发送到美国各地，每天要发送35万到50万件货物。

“我们抛弃了1980年的仓储技术，起用了最新的技术。”NIKE孟菲斯作业主管Mark Dennington说：“这包括仓库管理系统（WMS）的升级和一套新的物料传送处理设备。我们需要增加吞吐能力和库存控制能力，同时还要尽力从自动化中获取效益而不会产生废弃物。”

孟菲斯配送中心增加了四个存储区，使得总的存储面积达到了11.6万平方米；增加了一个新的收货系统和另外21千米长的传送带；为了适用大件较重货箱，还增加了一个翻板式分拣机；采用了实时的仓库管理系统，并使用手持式和车载式无线数据交换器，使得无纸化分拣作业成为可能。这使得该配送中心的吞吐能力相较于以前提高了一倍以上，从每8小时的10万件提高到了25万件，设计最高日工作量为75万件。

除在美国本土外，NIKE在欧洲也加强了物流系统建设。NIKE在欧洲原有20多个仓库，分别位于不同的国家。这些仓库之间是相互独立的，这使得NIKE的客户服务无法做到非常细致的程度。另外，位于各个国家的仓库只为所在国的消费者进行服务，也使得其供货灵活性大打折扣。经过成本分析，NIKE决定关闭其所有的仓库，只在比利时的Meerhout建造一个配送中心，负责整个欧洲和中东的配送供给。

该中心于1994年开始运营，而随着欧洲市场规模的迅速扩大，流量很快就超出了配送中心的供应能力，NIKE决定扩建其配送中心。NIKE与Deloitte公司共同制订了欧洲配送中心建造、设计和实施的运营计划，使其配送中心集物流设施、物流软件及RF数据通信等为一体，从而使其能将其产品迅速地运往欧洲各地。

另外，由于面临着同样的问题，NIKE决定重建其在日本的配送中心，以此来支持其在日本国内的市场。NIKE公司在选址之后，设计了世界领先的配送中心，这种设施可以满足未来七年销售量增长的需要。由于日本市场的地价较高，NIKE计划建造高密度的配送中心，这样更适合采取先进的配送中心控制系统——ASRS。同时，NIKE也完善了其在韩国的配送中心的功能，以支持其在韩国的市场。

阅读思考：

1. 案例中 NIKE 公司的物流活动涉及了哪些功能要素？
2. 除了功能要素之外，这个“运动商品王国”还需要哪些物流要素的支撑？

知识储备

物流的构成部分除了运输、仓储、包装、装卸搬运、流通加工、配送、物流信息这七大功能要素之外，还包含了其他要素，例如物流的一般要素、流动要素、物质基础要素等。

一、物流的一般要素

物流首先离不开的就是人的要素。这里的人是指劳动者，是所有系统的核心要素，也是物流系统的第一要素；其次是财的要素，是指物流中不可缺少的资金，资金是所有企业系统运行的动力；此外还有物的要素，包括物流系统的劳动对象，即各种实物；最后就是信息要素，包括物流系统所需要处理的信息，即物流信息。

二、物流的流动要素

物流的流动要素包含了流体、载体、流向、流量、流程、流速、流效七个方面。流体，即“物”；载体，即承载“物”的设备和这些设备据以运作的设施；流向，即“物”转移的方向；流量，即物流的数量表现；流程，即物流路径的数量表现，亦即物流经过的里程；流速，即流体流动的速度；流效，即流体流动的效率和效益、成本与服务等。

流动七要素之间有极强的内在联系：流体的自然属性决定了载体的类型和规模，流体的社会属性决定了流向和流量；载体对流向和流量有制约作用，载体的状况对流体的自然属性和社会属性均产生影响；流体、流向、流量、流程决定流速，其他物流要素的具体运作决定了流效。

三、物流的物质基础要素

随堂记

基础设施是组织物流系统运行的基础物质条件，包括物流场站、物流中心、仓库、物流线路、建筑、公路、铁路、港口等。

物流装备是保证物流系统开动的条件，包括仓库货架、进出库设备、加工设备、运输设备、装卸机械等。

物流工具是物流系统运行的物质条件，包括包装工具、维修保养工具、办公设备等。

信息技术及网络是掌握和传递物流信息的手段，包括通信设备及线路、传真设备、计算机及网络设备等。

组织及管理是物流系统的“软件”，起着连接、调运、运筹、协调、指挥其他各要素以保障物流系统目的实现的作用。

任务实施

1. 选择最近一次网购经历，分析这次购物的物流过程涉及的流动要素，具体写出它的流体、载体、流向、流量、流程、流速、流效分别是什么。

2. 小组合作，寻找身边的一家物流企业进行调研，分析这家物流企业的业务运营都需要哪些物质基础要素进行支撑，并完成表 1-3 的填写。

表1-3　物流企业的业务运营物质基础要素调研表

<table>
<tr><td>企业名称</td><td></td><td>成立时间</td><td></td></tr>
<tr><td>企业类型</td><td></td><td>年产值</td><td></td></tr>
<tr><td>经营范围</td><td colspan="3"></td></tr>
<tr><td>开办初期</td><td colspan="3"></td></tr>
<tr><td>物质基础要素</td><td colspan="2">具体要素内容</td><td>该要素的作用</td></tr>
<tr><td>基础设施</td><td colspan="2"></td><td></td></tr>
<tr><td>物流装备</td><td colspan="2"></td><td></td></tr>
<tr><td>物流工具</td><td colspan="2"></td><td></td></tr>
<tr><td>信息技术及网络</td><td colspan="2"></td><td></td></tr>
<tr><td>组织及管理</td><td colspan="2"></td><td></td></tr>
</table>

项目评价表

《揭开物流的神秘面纱》项目实施评价表

考核任务	考核要求	配分	评分标准				得分		备注
			优	良	中	差	自评	师评	
认识物流各环节	能够准确描述物流七大环节的具体内容	30	24～30	15～23	8～14	0～7			
理解物流各环节的作用	能从生活中找出物流各环节，并举例说明各环节的作用	30	24～30	15～23	8～14	0～7			
了解物流的流动要素	能够分析生活中某一次物流活动的各项流动要素	20	15～20	11～14	6～10	0～5			
了解物流的物质基础要素	能够分析生活中某一次物流活动的物质基础要素	20	15～20	11～14	6～10	0～5			
总 计		100							

项目三

探寻物流的昨天、今天与明天

虽然物流的概念最早源于20世纪30年代的美国，但是早在周代，我国便已出现物流活动的雏形。据《周礼》记载，周王朝的官职中设置了主管邮驿、物流的官员“行夫”，其职责要求是“虽道有难，而不时必达”。当人们开始认识物流、研究物流之前，物流活动就已在人类社会中充当着非常重要的角色。

那么物流的过去是怎么样的？物流未来还会有哪些发展？让我们一起来看看物流的昨天、今天和明天吧！

学习目标

知识目标

- 了解物流业的昨天。
- 认识物流业的今天。
- 展望物流业的明天。

技能目标

- 借助网络工具搜索物流公司相关信息。
- 开展物流发展规划调研与现状分析。
- 探索智慧物流发展趋势。

素养目标

- 通过了解物流历史变革培养职业自豪感。
- 养成观察问题、分析问题的主动性。
- 树立创新、变革意识。

项目分析

通过解读马士基的故事了解物流的起源，认识我国物流的发展历程。通过解读当下物流的发展现状，了解现今物流业的发展情况。通过对物流业发展趋势的解读，畅想未来物流业发展的前景。

任务一 了解物流业的昨天

案例导入

马士基的故事

中世纪，在遥远的欧洲北方有一群人被称为维京人，他们没有充足的良田，因此在公元790年时他们开始迁徙。维京人在寻找新家园的路上不断进行掠夺，当时欧洲大西洋沿岸地区都遭到过维京人的掠夺。这种掠夺持续了近300年，欧洲笼罩在维京恐怖之中。维京人乘坐的战船速度很快，他们每到一个城市或村庄就开始掠夺，将掠夺之物运回船上后就立即离开。

维京人在自己的家园作为农民、渔夫和手工业者生活。早先的维京人都是农民，他们种植农作物和蔬菜，养猪养牛，有时候也去捕猎。维京人很会加工金属，雕刻是他们的拿手绝活。

维京人掠夺的范围很广，其中一些维京人到不列颠、爱尔兰、法国、意大利后，就在那里定居了下来，甚至在俄罗斯也有他们的身影。在这群四海为家的维京人中有一个叫穆勒的家族，他们在意大利定居下来，安稳的日子并没有泯灭他们基因里对大海的向往，出生在罗马的家族继承人彼得·马士基·穆勒，毅然决定回到祖先的土地，也就是现在的丹麦，他靠着祖上遗留下来的财富，组建了一支船队，开展捕鱼和贸易业务。

到了20世纪，他们组建了合法正规的船公司，在第二代继承人阿诺德·彼得·穆勒和第三代麦克·凯尼·穆勒的努力下，这个家族建立了世界著名的船运帝国，公司几经改名，成为现在大家耳熟能详的马士基公司（见图1-9）。

图1-9 如今的马士基船运

阅读思考：

1. 本案例中的马士基公司有着怎样的历史？
2. 你所知道的马士基是一家经营什么业务的公司？

知识储备

物流一词的起源有各种各样的说法。一般来说，物流一词的使用始于1905年。但是现代社会的物流，特别是作为经营领域的物流，实际上始于第二次世界大战。不论是古代的战争、第二次世界大战还是现代海湾战争，没有物流的支援，军事行动都寸步难行。

随堂记

我国的物流研究晚于发达国家，但在历史中我国也有非常出色的物流运作成果。早在隋朝，京杭大运河就承担着沟通南北、南粮北运的任务，是一条世界闻名的物流大通道，如图1-10所示。

图1-10 京杭大运河

改革开放初期，我国经济百废待兴，寻求加快经济发展的路径成为当时一代人的努力目标。1978 年，我国从日本引入了“物流”这一概念，让我们开启了认识、了解现代物流的窗口。由于我国工业化起步较晚，而且长期处于商品短缺的状态，使得人们对现代工业的认知水平较低，局限在产品的生产和配给概念上。此外，对生产环节的高效运转、对流通价值的获取、对利用物流降低成本等的认知还远远不及经济发达的国家。即便改革开放初期，利用难得的出国机会看到物流产生的利润，但仍然存在诸多不理解。

经过长时间的摸索，特别是加入世界贸易组织之后，我国的物流业取得了快速发展。回顾我国物流业的发展历程，存在三次飞跃：第一次是 2001 年 4 月 20 日，中国物资流通协会更名为中国物流与采购联合会，物流基础工作全面展开；第二次是我国加入世界贸易组织，对我国物流业产生了全面冲击；第三次是我国“十一五”规划的落实，使物流产业的重要地位得以全方位确立。

不仅国家重视物流业的发展，并将其作为降本、增效、提质的重要手段，企业也认识到了物流对竞争力提升的重要作用。企业在管理中不仅接受了物流理念，而且已经将物流管理嵌入企业的发展战略、经营管理、流程再造和信息控制中。此外，随着跨国企业在我国的长足发展，使得我国的物流管理与服务总体上进入应用较为普遍的阶段。

任务实施

1. 通过翻阅书籍报刊，找一找我国历史中关于物流的小故事。

2. 通过查找网络资源，了解世界各大船公司的前世今生，选取其中一个进行介绍，并完成表 1–4 的填写。

表1–4 世界知名船公司信息表

名称		英文缩写	
成立时间		所属国家	
世界排名			
开办初期			
发展历程			
发展现状			
主要经营业务			
你对这家船公司的评价			

任务二 认识物流业的今天

案例导入

京东物流的“苦尽甘来”

位于北京的京东集团总部，以24小时亮灯的方式，庆祝了京东物流迈出的关键一步。2017年4月25日上午，京东集团宣布组建京东物流子集团，京东物流自此正式独立运营。

自2016年推出“京东物流”品牌，并宣布京东物流将全面向社会开放时起，业界猜测京东物流拟拆分独立的声音便不绝于耳。京东CEO在其个人社交平台上也抒发了感想，称十年前京东自建物流时就想到了今天，现在能为社会提供物流服务，没有辜负京东十年的艰辛和坚持。

2007年年初，京东拿到第一轮1 000万美元的融资后，便在一片质疑声中，开始自建物流。要知道，那可是电商平台和第三方物流繁荣共生的时期，京东自建物流之举自然显得格格不入。更何况做物流本身就是一个无底洞，仓储、分拣中心、干线运输、配送站、配送员等环节缺一不可。所以仅仅一年，京东的第一轮融资就花完了，而且还不幸地赶上了世界金融危机。

京东CEO分享过那段辛酸往事，“一夜白头”的故事更是令人印象深刻。当年，因为投资物流花掉了太多的钱，导致刚完成一轮融资的京东，马上开始寻找下一轮融资。他急需资金，紧急到若一周内拿不到融资，京东就会倒闭。为了拿到这笔钱，京东CEO最多的时候一天见了五个投资人，但见了四十多家后却仍然无果，其额头上方从此也多了一撮白发。最后在借了几笔过桥贷款之后，京东终于完成了2 100万美元的第二轮融资。其中雄牛资本领投1 200万美元，今日资本跟投800万美元，百富勤投资的创始人以个人名义投了100万美元。完成这轮融资后，京东把资金都用在了物流平台建设和服务技术更新上。京东的连年亏损与此不无关系，因为随着业务量的日益增长，物流也需要进行持续投入。据京东CEO后来回忆，京东最多时一年亏了十几亿元。不过，像2008年那样的危机，后来再也没有出现过。

现如今，“京东配送”已成为京东的招牌。目前，京东已拥有仓储网络、综合运输网络、最后一公里配送网络、大件网络、冷链物流网络和跨境物流网络六大物流网络，并在全球范围内拥有超1 600个仓库，仓储总面积超3 200万平方米。截至2023年6月30日，京东云仓生态平台合作云仓的数量已超过2 000个。当初京东自建物流饱受争议，但现在已经证明了该战略的正确。

阅读思考：

1. 京东集团CEO为什么会“一夜白头”？
2. “一夜白头”之后，是什么举措让京东苦尽甘来？

知识储备

经历过热火朝天的“双十一”之后，如果说有什么能够再次引起人们的热议，自然就是物流了。伴随着物流的不断发展，人们的生活自然也方便了不少。相信即使对不是投身于物流业的人来说，只要身处物流时代，人们就不能不关注和物流有关的话题。

一、全球物流行业发展状况

随着全球经济一体化的深度推进以及互联网信息技术的广泛运用，全球物流业的发展经历了深刻的变革并获得了越来越多的关注。目前，现代物流已经发展成包括合同物流（第三方物流）、地面运输（公路和铁路系统提供的物流）、快递及包裹、货运代理、第四方物流以及分销公司在内的庞大体系。我国物流业市场规模现已位居全球第一，美国位列其次，预计未来几年，全球物流业仍将快速发展。目前，现代物流行业的发展趋势是从基础物流、综合物流逐渐向供应链管理方向发展。供应链概念是传统物流理念的升级，将物流划为供应链的一部分，综合考虑整体供应链条的效率和成本。供应链是生产及流通过程中，涉及将产品或服务提供给最终用户活动的上游与下游企业所形成的网链结构。供应链管理渗透至物流活动和制造活动中，涉及从原材料到产品交付最终用户的整个物流增值过程。供应链管理属于物流发展的高级阶段，供应链管理的出现标志着物流企业与客户之间从物流合作上升到战略合作的高度。物流企业从基础服务的提供逐渐转变为供应链方案的整合与优化，在利用较少资源的情况下，为客户创造更大的价值。

随堂记

二、我国物流业发展现状

我国物流业的发展目前仍然保持在一个比较平稳、健康、适度的状态，某些领域还呈现出比较快的增长速度。现代物流业属于生产性服务业，是国家重点鼓励发展的战略行业。现代物流业作为国民经济基础产业，融合了道路运输业、仓储业和信息业等多个产业，涉及领域广，吸纳就业人数多。现代物流业的发展可以推动产业结构优化升级，其发展程度成为衡量综合国力的重要标志之一。物流行业规模与经济增长速度具有直接关系，近十几年来我国物流行业快速发展主要得益于国内经济的快速发展，但是与发达国家物流发展水平相比，我国物流业尚处于发展期向成熟期过渡的阶段。一方面，物流企业资产重组和资源整合步伐进一步加快，形成了一批所有制多元化、服务网络化和管理现代化的物流企业；另一方面，物流市场结构不断优化，以“互联网 +”带动的物流新业态增长较快；同时，社会物流总费用占 GDP 的比例逐渐下降，物流产业转型升级态势明显，物流运行质量和效率有所提升。

三、物流行业发展的新动态

网络信息技术升级带动行业新技术、新业态不断涌现。随着信息技术和供应链管理不断发展并在物流业得到广泛运用，通过物联网、云计算等现代信息技术，可实现货物运输过程的自动化运作和高效化管理，提高物流行业的服务水平，降低成本，减少自然资源和市场资源的消耗，实现智能物流。现代物流行业兼并收购趋势明显，行业整合加速。自 2005 年开始，我国物流行业受经济环境波动、国家政策刺激以及行业自身发展等三重因素的影响，企业并购热潮不断上涨，成为物流产业增长的新驱动力。2015 年以来，各类资本不断挖掘物流企业的投资机会，从 2015 年 1 月 3 日至 12 月 9 日，我国物流行业公开融资 58 起，大部分是新型的平台型商业模式创新企业，同时物流企业也通过兼并重组等多种方式，实现规模化和协同化运作。2015 年，四大航运央企启动重组，预示着市场向强势企业进一步集中，物流行业的集中程度将逐渐增加。物流行业服务不断向供应链两端延伸，逐渐与制造业建立深度合作。物流企业从最初只承担简单的第三方物流，逐步拓展到全面介入企业的生产、销售阶段，并通过整合供应链上下游信息，优化企业各阶段的产销决策，物流企业专业化服务水平和效益显著提高。在国家政策的鼓励和引导下，更多物流企业向提供供应链服务方向延伸发展。

此外，在密切融合当中，我国的物流业出现了许多非常有画面感的新事物，例如“四无”——无人机、无人车、无人仓（见图 1-11）、无人港。

而这还只是表面的，实际上在先进物流技术和先进物流方式的融合背后，所反映出来的是物流商业模式和组织方式的一种颠覆性变化。过去我们谈物流，主要是关注高效、安全、稳定，现在社会经济发展对物流提出的要求却不止于此，还需要物流更加敏捷、更加柔性，并且可以定制化，如果没有新技术融合，这些是很难做到的。

图1-11　京东物流的无人仓

随堂记

任务实施

1. 说一说在你的家乡，近些年有哪些关于物流方面的变化。

2. 小组合作，通过调查研究或查找资料，寻找当地物流发展规划，解读当地发展规划中物流的发展现状，完成表 1-5 的填写。

表1-5　当地物流发展规划调研表

所在省份		所在地市	
规划发布时间		规划发布部门	
发展规划文件名称			
物流规划的提纲			
当地物流发展现状			
该物流规划中你所感兴趣的内容			
该物流规划将为你的家乡带来哪些变化			
小组成员			

任务三 展望物流业的明天

案例导入

"科幻式"未来物流

未来物流会是什么样？京东物流会给你两个像是科幻电影中的答案——地下空间和智能化"人机CP"[㊀]化全智能！

1. 地下空间

在2018年全球智能物流峰会上，京东物流向业界宣布了一个超乎想象的可能：物流已超越传统货物运输的概念——走地下空间！

面对日益凸显的城市用地、安全隐患、区域经济协同等问题，京东物流率先提出"地下管廊"等物流建设规划，在十余年的基础设施建设、供应链协同的丰富经验基础上，已在智能城市建设中具备提供一整套物流解决方案的能力。中国工程院院士陈湘生认为，地下空间是城市中具有巨大潜力的宝贵资源，德国、瑞士等不少国家相继开展空间物流相关科学研究，我国在该领域有很大的探索空间和发展潜力。

2. 智能化"人机CP"

京东物流仓库管理人员透露，京东物流的分拣员现在已经不用直接进行分拣了，转而去管理几十台机器，让机器去做分拣员，京东的仓里正努力做到"无人化"。京东物流的无人仓目前已经实现仓配一体智能拣货。

与此相关的公开报道显示，亚马逊每年为期四天的机器人大赛几乎都是围绕"智能拣货"开展的。例如，大赛会要求机器人从一堆物品中挑选出指定的产品并将其放入可能用于配送的盒子里，或是把目标物从一个容器中拿出来放到仓库里等。

毫无疑问，技术已对现代物流网络产生重大而深远的影响，亦成为关系全球供应链创新、重构的重要因素。京东物流把输出全链路数字化的智慧系统、应用于无人仓等领域的无人技术、依托大数据技术的数字供应链等，作为实现全球智能供应链基础网络（GSSC）的重要组成，并基于这些能力为客户、行业、社会提供一体化解决方案。

京东构建的这些现代物流体系一旦实施，将成为智能城市建设的核心战略资源，这些智能物流体系建设将大大提升货物的流通效率。

阅读思考：

1. 京东提出的"科幻式"未来物流是什么？
2. "地下空间"的设想如果实现了，对物流的发展将起到什么作用？
3. 智能化"人机 CP"的实现需要哪些技术支撑？

知识储备

近年来，我国的物流行业保持了较快的增长，物流业在我国经济中的地位稳步提升，

㊀ CP，英文 Coupling 的缩写，此处指耦合关系。

从业人员的素质也在不断提高，互联网、大数据等技术手段合理运用，展望未来，我国物流行业快速发展态势有望延续，可能会呈现以下几种趋势。

一、智慧物流创新变革

智慧物流发展得到了业界的广泛关注，成为物流业发展与创新领域里的一道靓丽风景。未来，智慧物流发展将会更快，将继续成为物流行业的创新热点。

智慧物流系统由物流大脑、信息传输系统和作业执行系统组成。目前，物流大脑创新方面处于数字化发展阶段，正在向程控化和智能化全面进化；信息传输系统方面处于“互联网 +”阶段，正在向物联网和信息物理系统（CPS）进化；作业执行系统目前的热点是自动化和机器人，正在向柔性自动化、无人化和智能硬件系统进化。

传统物流领域智慧物流发展将加速，传统智慧物流发展预计将先从数字化开始，通过物流订单标准化与电子化，打通物流各个流程，实现一切流程数字化，进一步推动传统物流全链路的信息互联互通，实现一切数据流程化，全面推动传统物流领域实现数字化发展。同时，在智慧物流信息传输体系方面，将呈现由“互联网 +”向“物联网 +”进化的趋势。

未来，智慧物流发展创新将全面开花，除了上述几个方面的进展外，关键的智慧物流装备的核心零部件国产化将取得重要进展，物流机器人得到更广泛应用，无人驾驶技术在货运领域开始得到应用，智慧物流市场规模增长迅速等。

二、即时物流配送推动末端物流变革

即时物流看似简单，表面看仅仅是物流最原始的点对点配送模式，但在互联网成为基础设施的今天，大数据、云计算、物联网等先进技术都在即时物流配送体系中得到应用，数据驱动、智能调拨已经成为即时物流的核心竞争力。即时物流的技术变革解决了传统的点对点配送的大规模、高延时、不确定等问题，降低了成本，提升了效率，更提升了服务体验；又通过与新零售对接、与电商物流前端配送系统对接、与供应链系统对接，打通了物流最后一千米的末端配送网络，推动着物流系统的变革。

即时物流的变革带来了市场需求的高速增长，2014—2021 年即时配送市场蓬勃发展，订单规模呈增长态势，年复合增长率超 60%，吸引了众多传统快递企业、电商物流企业、城市配送企业的加入，引起了资本市场的广泛关注，引发了城市配送模式的深度变革。

三、物流技术装备行业市场需求旺盛

近年来，随着我国电子商务与新零售的快速发展、智能制造的全面推进、人口红利的消失和劳动力成本的不断上升，物流领域物流作业机械化、自动化、智能化发展迅速，通过实现机器代人而减少人工成本已经成为行业共识，推动了物流装备市场需

随堂记

求的快速增长。

预计未来几年我国物流装备行业将继续处在高速增长的发展阶段，其中家居领域的市场需求将成为快速增长的新热点，电商、快递、新零售、服装、新能源、新制造等领域的市场需求继续保持快速增长。

四、物流标准化与单元化物流将加速发展

我国商务部近年来大力推进商贸物流标准化试点示范工作以及托盘标准化和托盘的循环共用，带动了物流周转箱、货运车辆车厢、货运集装箱、货架货位、装卸设备、包装箱等产品的尺寸规格标准化，推动了产品包装模数标准化，激活了单元化物流发展的市场机制，为全面实施单元化物流打下了良好基础。

2018 年，商务部在围绕“物”的标准化基础上，又以“物”的单元标准为载体，推动标准化工作由标准货物单元向计量单元、信息单元、订货单元方向发展，通过给标准单元赋码，推进 GS1 编码标准全面实施，推动了物流、信息流、商流三流合一，促进了以单元化为基础的供应链体系建设。单元化物流是物流业提质增效的基础，在商务部的大力推进下，目前托盘标准化工作取得了重大成绩，单元化物流深入人心，带动了围绕托盘标准化和单元化物流的一系列创新。

五、我国物流企业走向全球

我国物流企业海外拓展的步伐进一步加快，以全球化的视野，将供应链系统延伸至整个世界范围。随着“一带一路”倡议的稳步推进、跨境电商的快速发展，我国物流企业开始走向全球，在海外拓展，建立仓储物流基地，打造面向全球的现代物流网络体系。如目前顺丰集团已经在新加坡、韩国、马来西亚、美国等十余个国家开设了营业网点，至少开通了 14 条国际航线。菜鸟网络加快在全球“织网”，目前搭建的全球航空运输网络已连接航线达 106 条，日均飞行航班 225 班，可飞达全球 40 多个国家和地区；菜鸟跨境网络已经遍布全球，服务覆盖众多国家和地区，初步搭建起了一张真正具有全球配送能力的跨境物流骨干网。京东物流则瞄准供应链服务全球化网络，计划搭建中国制造通向全球、全球商品进入中国的双通网络，并通过建设海外仓等方式，缩短配送距离，实现中国与全球的互通。

目前走向国际的物流企业已经不再局限于简单的仓运配服务，随着服务链条变长，更需要发挥物流与供应链全流程的优化整合设计能力，

同时考虑与本土化企业的生态联动，建立当地的落地配网络，从而形成双向对流的物流通道。这是一条艰险的道路，任重而道远，随着我国产品走出去和国外产品买进来，中国物流企业走向国际的步伐必将进一步加快。

任务实施

成立调研小组，寻找身边的智慧物流，并思考这种创新变革为我们的生活带来了哪些帮助，完成表 1-6 的填写。

表1-6　身边的智慧物流调研表

项目名称	
功能描述	
启用时间	
创新之处	
为生活带来的帮助	
小组成员	

项目评价表

《探寻物流的昨天、今天与明天》项目实施评价表

考核任务	考核要求	配分	评分标准				得分		备注
			优	良	中	差	自评	师评	
了解物流业的昨天	能够讲述历史中关于物流的小故事	30	24～30	15～23	8～14	0～7			
认识物流业的今天	能够分析当下物流的几种新模式	40	30～40	20～29	10～19	0～9			
展望物流业的明天	能简单阐述物流未来可能的发展趋势	30	24～30	15～23	8～14	0～7			
总　　计		100							

项目四

初识物流法律法规

物流，作为一个正在蓬勃发展的产业，正面临着很多机遇和挑战。物流法律法规的建立和完善正为物流的进步与发展保驾护航。国家对物流做了怎样的法规建设呢？物流活动不同，是否也会有不同的规范呢？保险在物流活动中又扮演着怎样的角色呢？

学习目标

知识目标

- 正确描述什么是物流法律。
- 正确阐述不同物流活动的法律规范。
- 正确描述物流保险内容。

技能目标

- 学会查阅物流法律法规相关条款。
- 有辨识物流活动中的违法违规行为的意识。

素养目标

- 强化物流人的法律意识。
- 培养辩证思维能力。
- 增强自我认同感。

项目分析

根据国家相关政策和生活实例，了解物流法律内容，知晓最新物流活动相关法律动态。结合不同物流活动的案例，认识不同物流活动的法律规范。通过案例解读，了解物流保险条款部分内容，学会划分保险责任，能查阅最新物流相关政策和法规，增强对物流政策法规信息的敏感性。

任务一 了解什么是物流法律

案例导入

货主维权

家住云南的王亮夫妇从事家禽蛋鸡养殖业，养殖的蛋鸡产的蛋主要销往云南省内各州市县及离云南较近的广西、贵州等地。2023年中秋过后，王亮夫妇将价值20余万元的鸡蛋交由张强等运输至广西并交给吴云升等6位客户，按照交易习惯双方未订立书面运输合同。运输途中，因张强未保持安全行车距离从而导致其驾驶的货车车头与赵明驾驶的拖拉机尾部相撞，造成赵明受伤、张强驾驶车辆侧翻的事故，货车所拉总价值20余万元的鸡蛋全部损毁。此后货物运输的双方当事人在损失赔偿方面发生争议，托运人（货主）将张强（实际的运输人、交通事故发生时的驾驶人）、严峰（交通事故发生时的随车人员）、陈贵龙（事故车辆的登记车主）诉至法院，要求赔偿全部损失，后经法院判决承运人承担货物损失的全部责任。

阅读思考：

1. 案例中涉及哪个物流活动的法律内容？
2. 案例中王亮夫妇借助法律手段维权，体现了法律在物流活动中起到怎样的作用？

知识储备

上述案例根据《中华人民共和国民法典》第八百三十二条的规定，承运人对运输过程中货物的毁损、灭失承担赔偿责任。被告张强作为货物的承运人，应按照双方的约定，在约定期限内将承运的货物安全运送到约定地点。同时根据《中华人民共和国民法典》第九百七十三条的规定，合伙人对合伙债务承担连带责任。清偿合伙债务超过自己应当承担份额的合伙人，有权向其他合伙人追偿。因此，陈贵龙虽不是本案合同的相对人，但其应依法对张强驾驶车辆从事运输而给他人造成的损失承担连带赔偿责任。

物流企业在实际经营过程中要与客户订立物流服务合同，按照契约提供相应物流服务，合同约定不同，物流企业所承担的责任也就不相同。物流活动具有内容广、范围大等特点，在物流活动过程中会涉及各种各样的企业、多种多样的物流功能以及不同国家之间的物流活动，所以物流法律法规具有多样性、广泛性、综合性以及独立立法的困难性几个特点。

一、多样性

多样性在立法形式、立法的主体上表现明显，例如行业法规中由全国人民代表大会常务委员会颁布的《中华人民共和国环境保护法》《中华人民共和国海关法》《中华人民共和国道路交通安全法》等。现代物流行业相关产业政策，例如由商务部等22部门颁布的《“十四五”国内贸易发展规划》，国家发改委颁布的《关于加快实施现代物流重大工程的通知》及2018年国务院办公厅印发的《关于推进电子商务与快递物流协同发展的意见》等。

二、广泛性

物流法律法规的广泛性主要体现在不同活动领域的相关法律、法规或者公约，如2021年8月由商务部、国家发展和改革委员会等多部门制定的《商贸物流高质量发展专项行动计划（2021—2025年）》，2022年5月由财政部办公厅、商务部办公厅联合发布的《关于支持加快农产品供应链体系建设进一步促进冷链物流发展的通知》等。

三、综合性

现代物流是集信息化、多样化于一体的综合物流活动，那么它所对应的物流法律法规也应该具有一定的内在联系，具有综合性的特点。

四、独立立法的困难性

由于物流这一产业正处于发展中阶段，会面临很多不同的可能性，且物流涉及很多产业和方方面面，所以很难订立一部专门的物流法，只能通过不同形式的法规规范物流活动，助力物流的正常发展。

任务实施

1. 查找与物流相关的法律内容，找出一条并说明该条是如何维护人民群众利益的。
2. 以《货主维权》为背景，查找运输合同相关法律，进行庭审模拟，要求见表1-7。

表1-7 《货主维权》庭审模拟要求

目标	（1）了解货物运输合同订立注意事项 （2）了解货物运输合同相关法律内容
准备	（1）人员：以组为单位，每组4～6人，设立原告、被告、法官三方人员 （2）地点：多媒体教室或实训室 （3）素材：相关资料、法律、证据等
过程	（1）模拟法庭案例陈述 （2）原告提出诉讼理由 （3）被告进行辩护意见陈述 （4）双方争议 （5）法官根据法律规定做出判决

任务二 认识不同物流活动的法律规范

案例导入

规避风险，畅行物流

2023年3月15日，某铝材厂因生产需要燃料，向某物资供应部订购柴油。该物资供应部给铝材厂送去柴油一车，铝材厂试烧后对柴油质量感到满意，提出继续供货。同年4月17日、5月1日、5月20日，铝材厂先后收到物资供应部柴油9车，共计60吨，但物资供应部给铝材厂出具的发票中写的品名为废柴油，而铝材厂收货时在收货单上注明的品名是柴油。铝材厂因为库房紧张，无法储存该批柴油，于是2023年5月28日与某石化综合厂签订了关于这批柴油的仓储保管合同。合同约定石化综合厂为铝材厂保管柴油60吨，铝材厂自备容器，保管费为每月3 500

元，保管期限为3个月。合同签订后，铝材厂将60吨废柴油以柴油的名义交付石化综合厂保管。

同年6月24日，石化综合厂仓库管理员发现柴油库气味浓烈，便打开油泵来抽取漏油槽中泄漏的柴油。在抽取过程中，柴油库突然发生爆炸。石化综合厂仓库区的十几名工人前往救火，在救火过程中油气又发生第二次爆炸，烧伤了救火员工15名，随后大火被消防队扑灭，受伤员工也被送往医院治疗。

事后，石化综合厂统计受到以下损失：救治伤员共支出医疗费、伤员营养费382 950.5元，因爆炸导致其他物资损失共计30万元。事后石化综合厂向法院起诉，要求被告铝材厂赔偿经济损失70万元。

阅读思考：

1. 本案例是哪个物流活动过程中出现了法律纠纷？
2. 今后铝材厂应该如何避免这类法律风险？
3. 结合案例，浅谈物流活动中“诚信”与“法律”的作用。

知识储备

一、运输相关法律

合同即契约，是人们相互之间就一定事物的权利义务以各种不同方式所达成的协议。根据《中华人民共和国民法典》（以下简称《民法典》）规定，运输合同是承运人将旅客或者货物从起运地点运输到约定地点，旅客、托运人或者收货人支付票款或者运输费用的合同。当事人即承运人和托运人或旅客订立合同，有书面、口头和其他几种形式。在实际工作中，合同是证明当事人权利和义务的直接证据，也是解决当事人纠纷的确定性证据，很多时候承运人和托运人为了交易便捷不签订合同，而由承运人直接向托运人出具货物运单，这种做法很容易造成承运人的风险隐患，其效力也弱于运输合同。

常见的一些货物运输风险可以分为以下几类：

1. 承运人可能会面临的法律风险

（1）承运人承运危险品时的法律风险。

（2）承运人未尽管货义务的法律风险。

（3）承运人延迟交付货物的法律风险。

（4）承运人未向收货人履行到货通知义务的法律风险。

（5）承运人对送货单及回单管理不善导致的法律风险。

（6）承运人结算费用的法律风险。

2. 托运人可能会面临的法律风险

（1）托运人托运不明或者托运违法货物导致承运人的法律风险。

（2）托运人未申报货物价值或申报过低，货物损毁时导致承运人的法律风险。

随堂记

（3）托运人未按照约定条件交付货物的法律风险。

（4）托运人申报不实导致承运人的法律风险。

（5）托运人解除运输合同导致承运人损失的法律风险。

二、仓储相关法律

物流企业可分为运输型物流企业、仓储型物流企业及综合类物流企业。仓储型物流企业可分为自营仓储、公共仓储、合同仓储（第三方仓储）。物流企业参与仓储活动的方式不同，法律内容自然也就不同。仓储型企业为客户提供仓储类服务，需要签订仓储合同，仓储合同是当事人双方约定由保管人（又称仓管人或仓库营业人）为存货人保管储存货物，存货人支付仓储费的合同。在订立合同时要注意保管人必须是具备仓储营业资质的人，即具有仓储设施、设备以及专门从事仓储保管业务资质的人。仓储合同可以是口头形式，也可以是书面形式，仓储合同的订立可以有效区分保管人的责任和存货人的权利及义务。

三、配送相关法律

配送是物流的一个缩影，是现代物流的重要组成部分，物流企业参与配送的形式不同，其法律要求和法律地位也不尽相同。

有些客户与物流企业签订的是纯粹的配送服务合同。有些客户除要求负责集货、配货、送货外，还要求物流企业负责订货、购货，所以签订的是销售配送合同。还有一些物流企业属于综合性比较强的物流企业，除了可以给客户提供短距离配送服务外，还会为客户提供长距离的干线运输和仓储服务，这种物流企业具有两项以上的物流服务功能，此时他们与客户签订的是综合性物流服务合同，双方的权利义务依据拟定的合同内容实施。

配送活动集拣选、加工、包装、装卸、配货、运输等一系列复杂活动为一体，涉及的法律法规问题也错综复杂，因此更适合于《民法典》的相关规定，也可参照其他法律法规中的相似的规定。

配送合同是配送人根据用户需要为用户配送商品、用户支付配送费的合同。用户是配送的需求者，配送人是配送活动的提供者。

四、其他物流活动相关法律

承揽与物流业中的流通加工环节联系非常密切。所谓承揽合同是承揽人按照定做人的要求完成工作，交付工作成果，定做人给付报酬的合同，包括测试、检验、加工合同等。承揽合同落实了承揽人的权利和义务，如是否有自己的设备、技术、劳力及接受必要的监督检查等。同时也规定了定做人权利和义务，如定做人可以随时解除承揽合同，造成承揽人损失的要赔偿损失，定做人应当按照约定期限支付报酬等。

流通加工也是物流系统中的重要组成部分，对于在流通过程中弥补生产加工的不足，满足客户个性化的需求等方面起着非常重要的作用。根据流通加工加工对象的不同，适合的法律规范也不同。当流通加工的货物为普通物品时，可以参考铁道部（现为中国铁路总公司，下同）于2007年发布的《铁路行李、包裹运输包装技术条件》（TB/T 2336—2007）。若加工对象为出口货物时，《出口商品运输包装检验管理办法（试行）》适用于出口商品运输包装容器的性能检验，《海运出口危险货物包装检验管理办法（试行）》也是国际物流流通加工方面的重要法律依据。若加工对象为危险品时，由于危险品本身的特性以及属性差异，管理不当可能会造成很大的危害，因此在各个作业环节中对危险品的加工包装设备要求都非常高，而交通运输部于2015年发布的《铁路危险货物运输安全监督管理规定》（交通运输部令2015年第1号）是关于危险品运输的重要法律法规。

任务实施

1. 列举我国颁布的与运输相关的现行法律法规有哪些?
2. 作为物流人应该如何才能做到知法、守法、护法?
3. 请根据所学内容查阅相关资料并进行一场辩论赛，要求见表 1–8。

表1–8 辩论赛要求

辩题要求	正方：物流市场主要以法律作为制约手段 反方：物流市场主要靠道德作为制约方式
辩论目的	理解法律在物流行业中的规范作用
辩论准备	小组分工，6～8 人一组，分为正方、反方和评委三方人员
过程及评分	（1）立论陈词（15 分） 论点明晰，论据充足，语言表达清晰，逻辑严谨 （2）攻辩环节（20 分） 提问简明，直击要害；回答精准，巧妙灵敏；表达清晰，驳论有理有力 扣分事项：所提问题与辩题无关，进行人身攻击或发言内容不健康 （3）自由辩论（30 分） 能抓住对方漏洞，驳论精准，切中要害；能阐述本方观点，博采众长 扣分事项：对方已经明确回答，但仍然纠缠不休；措辞不当或进行人身攻击；发言与辩题无关；一方发言，另一方很久未起立发言 （4）总结陈词（15 分） 语言清晰流畅、逻辑严密；能强化本方观点，能对对方观点提出质疑 扣分事项：应针对整体势态进行总结陈词，脱离实际背稿适当扣分 （5）评委提问（10 分） 反应敏捷，应对力强，巧妙回避，很好地把握现场气氛 （6）团队合作（10 分） 合作默契，观点统一
注：比赛超时，适当扣分。去掉一个最高分，去掉一个最低分，取剩下分数的平均分为最终得分	

任务三 了解物流保险内容

案例导入

以案说法：注意保险合同中的“擦边球”

2022年，杭州居民申强在中国人民财产保险公司投保了两份定期国内公路货物运输保险。保险合同约定，保险期限自2022年10月29日零时至2023年10月28日24时止，保险金额每份1万元，保险费每份260元。2022年12月5日，申强为鱼台县某物流公司运输24吨大蒜时，货车因线路老化起火，一车大蒜化为灰烬并造成货物损失3.8万余元。

事后，申强向保险公司索赔2万元，却遭到拒绝。2023年8月20日，申强起诉至当地法院，要求中国人民财产保险公司支付保险赔偿款2万元。

保险公司认为，按照保险合同的约定，保险人按照《国内公路货物运输定额保险条款》的约定承担保险责任。《国内公路货物运输定额保险条款》第三条规定，蔬菜、水果、活牲畜、禽鱼类和其他动物不在保险货物范围内，大蒜属于蔬菜，所以不能赔偿。而申强认为，大蒜和花椒、大料一样只是调味品，而不是蔬菜，所以应当赔偿。

法院认为，双方之间签订的定期国内公路货物运输保险合同为有效合同。保险公司辩称大蒜为蔬菜，不属于保险合同约定的赔偿范围，但未提供大蒜属于蔬菜的证明材料，保险条款中也没有对蔬菜的范围做出界定。采用保险人提供的格式条款订立的保险合同，保险人与投保人、被保险人或者受益人对合同条款有争议的，应当按照通常理解予以解释；对合同条款有两种以上解释的，人民法院或者仲裁机构应做出有利于受益人的解释。结合本案情况看，申强运输的货物为大蒜，按照《现代汉语词典》的解释说明，大蒜应为调味品。按照通常理解及人民群众的生活习惯，大蒜也是作为调味品使用。

最后，法院判决保险公司支付申强保险赔偿款2万元。

阅读思考：

1. 阅读案例后，你最大的感受是什么？
2. 如何规避保险合同中的“擦边球”？

知识储备

物流保险是一切与物流活动相关的保险，综合了传统货运保险和财产保险的责任，是针对承保货物在运输、储存、加工包装、配送过程中由于自然灾害或意外事故造成的损失和相关费用而进行的补偿行为。一般受保险重视的环节有仓储作业、空运、海运、陆路运输作业等阶段。很多情况下港口作业过程的保险是作为运输保险的一部分投保的，海运过程中的险种分为基本险和附加险，陆路运输过程中的险种主要有陆运险和陆运一切险两种，航空运输过程中的保险分为航空运输险和航空运输一切险两种。

这里所说的运输保险是以运输中的货物作为保险标的，保险人要承担因为自然灾害或者意外事故造成的损失的一种保险。而财产保险则是承保机器设备、厂房、仓储材料等财产的自然灾害和意外事故的风险。近年来，我国社会物流总额逐渐增长，2022年我国社会物流总额达347.6万亿元，同比增长3.7%左右，据此推算未来我国货物运输类保险的规模有望达千亿元。

我国物流方面可以依据的保险法律是 2015 年 4 月由全国人民代表大会常务委员会修正的《中华人民共和国保险法》（以下简称《保险法》），凡是在中华人民共和国境内从事保险活动的都适用于《保险法》。只有依据《保险法》设立的保险公司，才可以经营商业保险业务，其他单位和个人，不得经营商业保险业务。《保险法》规定了保险公司设立的条件，保险公司的经营规则，投保人、被保险人或受益人的法律责任以及保险合同的条款等，明确了保险合同的法律规定。

保险合同应当包括下列事项：

（1）保险人的名称和住所。

（2）投保人、被保险人的姓名或者名称、住所，以及人身保险的受益人姓名或者名称、住所。

（3）保险标的。

（4）保险责任和责任免除。

（5）保险期间和保险责任开始时间。

（6）保险金额。

（7）支付办法。

（8）保险金赔偿或者给付办法。

（9）违约责任和争议处理。

（10）订立合同的年、月、日。

国际货物运输主要以海上货运方式为主，由于受到运输条件的限制，国际上还没有统一的陆运货物保险条款。我国的国际货物运输保险以 1982 年中国人民保险公司颁布的《海洋货物运输保险条款》（即中国保险条款 CIC）为主要规章，条款中规定海洋货物运输基本保险主要分为平安险、水渍险及一切险三种，此外还有附加险（包括一般附加险和特别附加险）；同时也对保险公司的赔偿责任、责任起讫、被保险人的义务和索赔期限都做了详尽规定。

任务实施

1. 请分组查阅海洋货物运输保险合同的范本。
2. 谈一谈与物流相关的保险在物流业中的地位。
3. 保险在生活中也是一种针对风险的保障，但生活中不乏有“骗保”的案例出现，对此行为你是怎么看的？

项目评价表

《初识物流法律法规》项目实施评价表

考核任务	考核要求	配分	评分标准				得分		备注
			优	良	中	差	自评	师评	
了解什么是物流法律	能够了解物流法规的最新立法情况，描述出物流法规的特点	20	15～20	11～14	6～10	0～5			
认识不同物流活动的法律规范	能够列举不同物流活动适用的物流法规	30	24～30	15～23	8～14	0～7			
物流法规的合同	能够查找并认识不同物流合同的样式范本	20	15～20	11～14	6～10	0～5			
了解物流保险内容	能够知道物流保险内容，会划分保险责任	30	24～30	15～23	8～14	0～7			
总　计		100							

项目五 认识物流岗位

中等职业教育物流专业的学生在校期间更多的是注重技能的训练和素养的提高，进入工作岗位后，承担较多的是技能型工作。那么要满足企业对岗位的真正需求，实现无缝对接，就必须清楚地知道物流企业的岗位设置与需求。那么，物流企业中的岗位是如何设置的呢？又有什么要求呢？

学习目标

知识目标

- 正确描述物流企业岗位设置，明确岗位任务。
- 明确各物流岗位的职业素养和技能需求。

技能目标

- 能客观地进行物流职业岗位认定分析。
- 初步进行物流职业规划设计。

素养目标

- 形成自我认知能力。
- 增强职业能力需求认识。
- 强化职业职场规划思维。

项目分析

通过对物流企业不同岗位的认识，了解岗位设置，明确不同岗位所需的技能和职业素养。了解中职学生的主要岗位设置，强化自身技能，加强技能训练，提升职场竞争力。

任务一 认识物流企业岗位设置

案例导入

难忘的面试经历

2023年7月，高强毕业于某中等职业学校物流专业，离校后便去学校附近的物流园区应聘与物流相关的工作。但让他苦恼的是，偌大的物流园，这么多家物流公司，他却不知从何入手，好不容易鼓足勇气走进一家贴有招聘广告的公司，当面试官问他想要应聘什么岗位时，他却不知道有什么岗位适合自己，尴尬的面试就这样草草地结束了。

不服输的高强，决定做好充分的准备再去找工作。他在招聘网站上搜索了很多物流招聘信息，最终锁定了一家物流企业，该物流企业的招聘内容及要求见表1-9。

表1-9 某物流企业招聘内容及要求

职务	能力要求	技能要求	学历要求	工作内容
仓管员	工作时间长、有数字概念、体力佳	熟练操作叉车、拖板车，会用RF、CAPS	中职	装卸、验收、入库、补货、拣货、复核、整仓、退货整理、流通加工、环境清洁、储位整理、库存盘点
配运员	工作时间长、有数字概念、眼力佳、反应快、服务观念强	有机动车驾驶证、会操作拖板车，会用 GIS、GPS	中职	车辆一级保养、路线安排、点货上车、行车安全、交货验收、入库上架、退货点收、异常处理、回程提货、交单回报、洗车收班
信息员	有数字概念、反应快、服务观念强、信息处理能力佳、沟通技巧佳、了解流程	文字录入速度快、熟练掌握单据整理技能、熟悉 RF 操作	中职	接单、核单、批价、回单、查单、异常回报、盘点
作业员	沟通协调能力强、领导统御能力佳、抗压性强、以身作则、现场管理、撰写 SOP	熟练掌握物流技术和物流管理流程	中职、高职	新人培训、工作计划、工作分配、作业绩效考核
物流中心主管	了解中层主管技能、物流质量设计、物流成效分析、物流文化塑造、物流战略规划、物流系统设计	熟悉并有以下业务经验：物流技术、物流管理、质量管理、信息管理、物流战略、物流价值工程、物流中心兴建规划、物流人力资源开发、业务开发、商业谈判、供应链管理	高职、本科、研究生	干部培训、流程优化、工作计划、工作分配、管理绩效考核、市场营销、客户关系管理

高强仔细研究了该企业的招聘内容，结合自身的特点和长处，最终面试了信息员的岗位，并且成功入职。未来的路还很长，高强万里长征只走完了第一步，工作过程中还会遇到很多机遇和挑战，接下来迎接高强的会是什么呢？

阅读思考：

1. 你知道哪些关于物流的岗位？每个岗位的工作任务及岗位要求是什么？
2. 成为一名合格的物流人，你应该做好哪些准备？

知识储备

物流企业工作人员从职业性质角度划分，大致可以分为企业决策人员、管理人员及一线操作人员等几个层次。其中一线操作人员是物流企业中占从业人员比例较大的岗位，以中职学校输出为主要力量，且主要从事设备的操作与维护、物流信息收集、加工、整理、储存、运输、配送等工作。

一、物流岗位群设置

企业结合自身需求也会设置不同岗位群，根据自身性质、规模不同设置不同组织结构。同一岗位在不同企业也有着不同的名称、作用和职责。物流岗位群设置见表 1-10。

表1-10 物流岗位群设置

企业类别	岗位群设置	所在行业	主要岗位
企业物流	企业物流	生产、流通企业事业单位的物流部门	企业物流信息员、采购员、生产计划与调度员、仓储管理员、叉车司机、装卸工
物流企业	运输业务	物流运输公司、货运公司	业务员、调度员、客服人员、货运管理员
	仓储配送	配送中心、大型超市等	采购员、单证员、仓储管理员、叉车司机、管理员、装卸搬运员
	国际货运代理	国际货代公司、航空货代公司、进出口贸易公司	单证员、客服人员、操作员、报检员、业务员等
	港口码头作业	远洋运输公司、外贸运输公司、港口装卸公司	港口码头机械操作员、集装箱场站业务操作员、船舶靠泊离岸服务员等

二、仓储型企业组织结构

物流岗位设置错综复杂，企业需求不同，岗位设置要求也不同，以某仓储型企业组织结构为例，如图 1-12 所示。

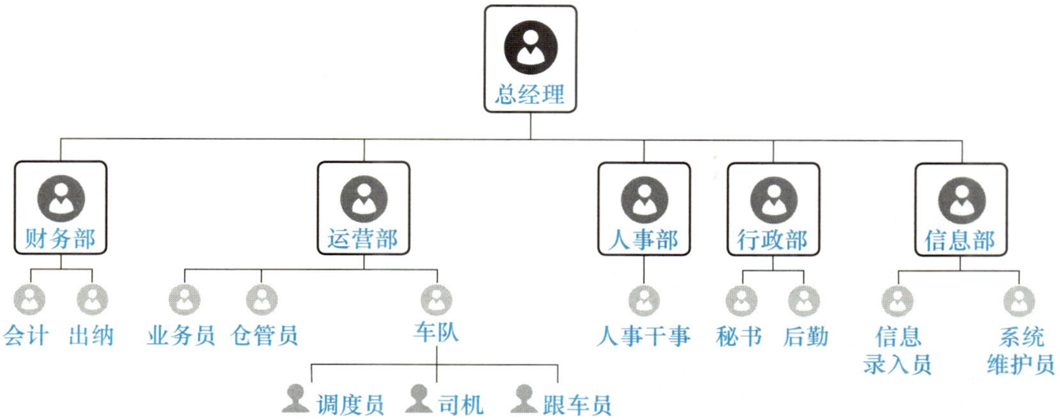

图1-12 某仓储型企业组织结构图

该仓储企业与物流相关的职位以运营部为主，中职学校毕业的学生可以从事业务员、仓管员、调度员等工作。业务员主要职责是开发新客户，需要有较强的市场开拓能力；仓管员主要职责是对客户的仓储货物进行管理，工作内容包括收货入库（正常入库、拒收入库、取消入库）、发货出库、在库管理和仓库设施的管理等，看似简单的工作却需要特别严谨的工作态度和强烈的责任心，否则就容易给公司造成损失；调度员是负责货物仓储和运输等作业调度管理工作的人员，例如仓库物资的调度工作、物资运输调度工作、车辆的调度工作、搬运工的搬运调度工作等。

三、运输型企业组织结构

以某运输型企业岗位设置为例，其组织结构如图1−13所示。

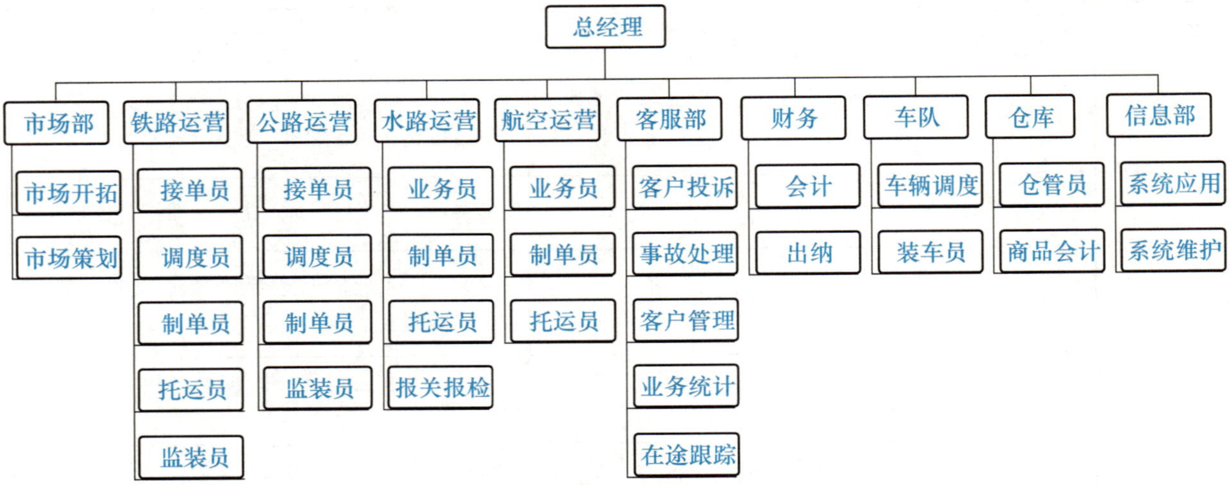

图1−13 某运输型企业组织结构图

每个公司的岗位设置都不同，需要根据公司的核心业务进行岗位分配。总经理负责全面的统筹和指导工作，而各个部门负责不同的业务领域，他们之间既相互分离，又互相关联。

任务实施

1. 在仓储型、运输型、国际货运、港口码头等物流企业中，你最感兴趣的是哪个类型的企业？为什么？

2. 调研你感兴趣的物流岗位，说出适合中职学生就业的岗位及其具体职责，并根据自己的职业生涯规划目标为自己拟一份短期的学习计划。

任务二 明确物流岗位任务的职业素养和技能需求

案例导入

不寻常的“物流之路”

陈亮去年毕业于某中职学校物流专业，本以为自己经过三年的学习，已经做好了进入物流职场的充分准备，但当他成功入职一家当地仓储型企业后，经过三个月的实习，却苦恼不已。

他初入职场后发现，工作环境和学校环境存在巨大差异，喜欢干净的他，每天要面对很多的包装箱、装卸搬运设备，有时还会尘土飞扬。曾经在学校握笔看书的手，因为要不停地搬运货物而变得粗糙脏污起来。更让他心里难受的是，身边不再是自己熟悉的同学和老师，而是和自己有着“代沟”的同事，兴趣难投，开朗的陈亮竟也慢慢变得沉默寡言起来，对于自己未来的职业发展也愈发迷茫，他不知道是否能继续坚持下去。心里矛盾重重的他，重新走进学校，向曾经的班主任王老师讨教。王老师听了他的哭诉后，帮他进行了分析，并给出了一些建议：

首先是心理准备。陈亮先要确定自己是否热爱物流行业并已经做好了在这个行业摸爬滚打的准备。兴趣是最好的老师，如果热爱，就要做好“牺牲”与“付出”的准备。

其次是技能上的准备。学校学到的知识和技能通常与企业实际的需求有一定差距，毕业后是否具备了举一反三的能力以及不断学习的精神，这些需要陈亮自己来加强。

最后是素养上的准备。社会是个大课堂，脱离了学校，就要学会融入社会这个课堂中去，不断学习、不断提升，除技能方面外还包括自我调节、吃苦耐劳、沟通表达等能力和精神的培养。

王老师的建议让陈亮豁然开朗，同时也让他陷入沉思：物流行业注定是个不寻常的行业，要想做出成就，必须稳扎稳打，做好一切准备，不能半途而废。

而陈亮自此也下定了决心，想要成为一个合格的物流人，必须要走这条“不寻常”的路。

阅读思考：

1. 分析案例，想一想若要从事物流行业，你应该做好哪些准备。
2. 你怎么看待物流职场。

知识储备

物流行业要求员工具有一定的专业技能和较强的职业素养。一般来说，员工能否在职场上取得一系列的成绩，在很大程度上取决于该员工的从业素质。2020年3月，工作在北京普田物流有限公司（以下简称北京普田物流）的王金宝荣获“龙城工匠”的殊荣。他自2010年进入公司以来，就从最基层的装卸工做起，历经10年的努力与坚持后，顺利成长为生产一线的中流砥柱。他不仅带头弘扬和践行劳动精神，每天提前进入工作岗位对装卸设备进行排查，确保工作安全平稳地运行，而且他始终怀揣“学徒初心”，在工作间隙学习理论知识，磨炼操作技能。正因为这样，他在公司举办的叉车岗位技能竞赛中屡次获得优异成绩，但成绩的取得并未使他心浮气躁，更宝贵的是他还在工作中将自身经验进行转化分享，发挥传帮带作用，引领他人提高技能水平。可见，任何成绩的取得都离不开过硬的从业素质和良好的技能水平。

企业员工的素质可以概括为身体素质、心理素质和品德素质等几个方面。对于中职学校物流专业的学生来说，可以从以下几个方面去做好准备。

随堂记

一、明确个人职业生涯规划

职业生涯规划是指个人和组织相结合，对自己的兴趣、爱好、能力、特长、经历等方面进行综合分析和权衡，结合时代特点，根据自己的职业倾向，确定最佳的职业奋斗目标，并为实现这一目标做出行之有效的安排。

物流行业本身就是一个比较特殊的行业，它既不"光鲜"也不"靓丽"。选择了物流行业，就要考虑应该如何在物流这片天地中成长自我、获得价值。这需要从进入到这个行业开始，我们就树立正确的职业理想，明确职业目标，在确定目标时，可以先树立阶段目标，取得一定结果后，再进行长远规划。目标设置最好能结合"SMART"原则进行，切忌盲目、越过自身能力和没有意义的设置。在进行职业生涯规划设置时要进行正确的自我分析和岗位分析，对自己有清醒的认识，不能好高骛远，急功近利。同时构建合理的物流知识体系，不能因为走出校园就放弃了学习，要因地制宜，因需学习，只有不断反思和进步，才能形成系统的知识结构和较强的学习能力。

二、提升物流职业专业技能

物流行业竞争激烈，专业分工很细致。企业从降低成本的角度上更喜欢专业技能比较强且一专多能的复合型人才。比如，从事海运进出口的工作人员，不仅要做好办公室的工作，相应的报关、报检、报验等操作也要知晓，并且上下游的操作也能熟练于心，具有这样一专多能的本领，才能为企业创造更多的财富，才会受到企业的青睐。

对于仓储型物流企业来说，初入职场的员工要掌握仓储设备的使用维护与管理、仓库管理的基本职能、单证的制作与打印以及常用办公设备的使用。

运输型企业的员工，首先要懂得货物运输的管理，其次车辆的调度、客户服务关系的管理、业务的处理等也是要能驾驭的内容。

与国际物流相关的企业对外语水平有着较高的要求，员工要能用外语进行交流与沟通，并且能够读懂外文的单据及书面材料，能够进行报关报检业务的处理，能够及时响应国外客户的服务需求。

三、具备过硬的职业素养

职业素养的高低在很大程度上影响着从业人员的职业生涯发展。影响和制约物流从业人员职业素养的因素有很多，比如教育程度、工作经历和个人素质等。对于一线工作人员要求具备以下职业素养：

1. 具有挑战复杂环境的心理准备

物流行业是一个综合性较强的行业，体现在物流活动内容广，环境复杂。一般的物流操作场地多设于城市郊区的仓库、车站、码头、堆场、港口、机场等地，环境艰苦且条件简陋。初入职场的人一般会因为这种工作环境与自己的预想存在巨大落差而选择放弃。因此，一个想要有所成就的物流人，首先要克服工作环境的挑战，承受压力，接受现实。

2. 具备吃苦耐劳的精神

物流业是服务性行业，讲究速度与效率。在快节奏生活的驱使下，物流也在加速度向前冲，这就要求每个物流人都要争分夺秒地抢时间、赶速度、夺市场。所以这个行业的劳动强度和辛苦程度也是显而易见。

3. 能够处理好不良情绪

新人初入职场，很多地方都会和自己想象的有所差距，无论是工作环境还是生活方式，都会有很大的变化，因此初入职场的转变适应期是艰难和刻骨铭心的，情绪自然也难免跌宕起伏。除此之外，个人思想上的不成熟也很容易受到周围环境、同事的影响，尤其是职场中如果有喜欢抱怨和偏激的人，当我们跟这些人接触的时候，就很容易被他们的情绪左右，从而产生不良情绪。不良情绪一旦失控就会影响正常工作的进行。因此快速适应工作环境，有选择地听取别人的意见，用积极乐观的心态对待问题，做到及时妥善处理不良情绪，有助于职场新人度过最艰难的时期。

4. 能够处理好职场关系

职场是员工展现自我的舞台，而每个职场人在这个舞台上的演出也绝对不是一场独角戏。每个人都需要处理好和同在这个舞台上的伙伴的关系，这样才能展现出自己应有的光彩。职场人际关系是建立在工作的基础上的，职场不同于生活，想要在职场上成为什么样的人，就要去努力改变自己，建立自己独特的职场人格，既不拉帮结派，也不唯唯诺诺，多观察、多学习，做好自己的本职工作，恰当处理和同事的关系。

5. 能够进行有效沟通

工作中我们肯定需要与身边的人进行沟通，如果沟通不当就会产生分歧，严重影响同事关系和工作效率，那么如何进行有效的沟通呢？首先要主动与人沟通，千万不要自以为“我不说别人也知道”；其次要主动说出来，有些话不说不明，坦率地讲出你内心的感受、感情、痛苦、想法和期望，自己心里舒服，别人也能明白；同时，在职场上尽量做到不批评、不

随堂记

责备、不抱怨、不攻击、不说教，因为这些都是与人沟通的障碍，这样不仅于事无补，甚至还会使事情和关系恶化。沟通过程中要注意互相尊重，绝不口出恶言，恶语伤人。除此之外还要勇于承认自己的错误、勇于道歉，承认“我错了”是沟通的消毒剂，这也是解冻、改善与转化沟通中问题的一剂良药。

6. 能够承受巨大压力

物流作业尤其是一线作业通常都在仓库、码头、堆场等地，多与货物和设备为伴，工作内容枯燥单调。很多年轻的员工难以忍受工作的沉闷，所以经常会通过轮岗、调休来调节。沉闷、枯燥、单调之中经常蕴含着非常大的安全隐患，因此一旦从事物流工作，我们就要在思想上做好准备，学会自我减压，坚守岗位，为企业尽职尽责，同时也为自己负责。

7. 具备自我保护和风险防范意识

物流作业是一个风险大，与客户、货主、企业和个人利益关系密切的行业。当物流企业接受客户的委托，通过储存、装卸、包装、运输等环节实现对客户和货主的承诺时，就意味着有风险存在。有些商品的价值很高，有些商品的性质特殊，加之物流作业过程中存在的不可控因素，使得我们作业时一旦出现差错就会产生巨大损失。因此，作为物流人要时刻提醒自己，低廉的服务费用远远抵偿不了巨大的经济和信誉损失。走上物流岗位就要坚守岗位，遵守章程，尽心尽力，这也是自我保护的一种举措。

任务实施

1. 你认为物流人应该具备怎样的素养？

2. 物流行业对我国经济的发展有着重要的支撑作用。作为未来的物流人，要全面了解物流职业，夯实物流技能，承担起未来物流行业发展的责任与使命，树立正确的物流职业价值观，加强职业自信。请同学们从以下四个方面出发，分析你为成为一名合格的物流人做好了哪些准备（见图 1−14）。

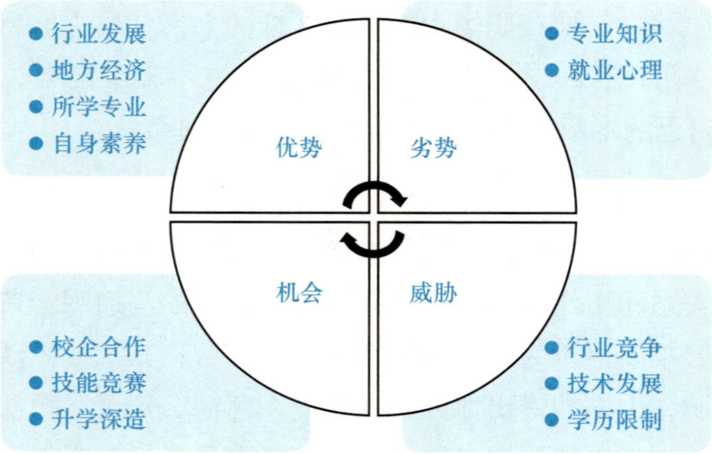

图1−14 自我分析图

项目评价表

《认识物流岗位》项目实施评价表

考核任务	考核要求	配分	评分标准				得分		备注
			优	良	中	差	自评	师评	
物流企业设有哪些物流岗位	能够描述出主要的物流岗位	20	15～20	11～14	6～10	0～5			
物流岗位应该具有怎样的技能	能够说出物流岗位对应需要的技能点	30	24～30	15～23	8～14	0～7			
你认为物流人应该具备怎样的素养	能够知晓物流人应该具备的素质要点	20	15～20	11～14	6～10	0～5			
作为物流人你做好了哪些准备	能够分析自己的优劣，明确自己的技能和素养提升目标	30	24～30	15～23	8～14	0～7			
总　计		100							

模块二

走进物流企业

项目一

走进货运物流

货运物流企业是构成国民经济发展的关键要素，货运物流在整个物流作业过程中起到连接和协调的纽带作用，认识不同类型的货运物流企业及其运作特点有助于我们更清晰地把握物流行业脉络。

学习目标

知识目标

- 认识货运物流类型。
- 能阐述货运物流企业的定义。
- 梳理新兴货运物流模式的类型及其特点。

技能目标

- 能对货运物流模式进行分析。
- 能结合货运物流模式的特点进行类型的辨析。

素养目标

- 形成团结协作的意识。
- 通过团队协作享受“合作共赢”的体验。
- 建立对物流行业的职业认同感。

项目分析

本项目我们从了解常见的货运物流企业入手，带领大家认识国内外不同类型的货运物流企业，通过以点带面的方式列举各类型中的典型代表，帮助大家对货运物流企业形成整体认知，熟悉货运物流企业的运输流程，并一探新兴货运物流模式。让我们一起走进货运物流吧！

任务一 了解货运物流企业

案例导入

“公转铁”“公转水”，全国货运系统大调整

近年来，运输行业转型升级取得积极成效，但依然存在不少问题，比如综合运输体系结构不合理，公路货运量在全社会货运中占比过高；各种运输方式比较优势未能充分发挥；部分区域铁路运输能力不足，港口和大型企业铁路专用线建设滞后、通达性不高，铁路水路运输低成本、低能耗优势没有得到充分发挥等矛盾仍然比较突出。

目前我国沿海港口铁水联运比例仅为2.6%左右，与发达国家20%左右的水平还存在较大差距。在我国货运物流行业中表现为综合运输组织化水平不高，信息资源共享不足，标准规范和运输服务规则不衔接，跨方式一体化运输组织程度低，多式联运市场主体少、发展严重滞后。

公路货运车辆特别是中重型柴油货车尾气排放是主要的大气污染源之一。截至2017年底，我国柴油车保有量仅占全国机动车保有量的6.3%，但氮氧化物排放量却占了63.4%，颗粒物排放量高达95.9%，而铁路单位货物周转量的能耗和污染物排放仅为公路的1/7和1/13。

为推进环境治理，我国利用几年时间将货运系统进行了一次大规模的调整，调整的范围涉及全国范围内的铁路、公路和水运系统。京津冀、长三角以及汾渭平原被明确圈定为“主战场”。截至目前，全国货物运输结构呈现明显优化，铁路、水路承担的大宗货物运输量显著提高，港口铁路集疏运量和集装箱多式联运量大幅增长，重点区域运输结构调整取得突破性进展。

阅读思考：

1. 请说说什么是“公转铁”“公转水”。
2. 你所熟悉的公路、铁路、水路运输企业分别有哪些?

知识储备

交通运输是国民经济基础性、战略性、先导性产业，也是重要服务性行业，是服务构建新发展格局的重要支撑。综合交通运输体系的不断完善，交通支撑实体经济降本增效的能力也将不断提升。中共中央、国务院印发的《交通强国建设纲要》指出，到2035年，基本建成交通强国；到本世纪中叶，全面建成人民满意、保障有力、世界前列的交通强国。

交通运输是承担物流总量最大、衔接物流环节最多、服务市场范围最广的物流关键环节，是现代物流发展的基础主体。

货运物流企业，即货物运输企业是指专门从事货物运输或直接为运输生产服务的企业，属生产性企业，按运输工具不同可分为公路货运企业、铁路货运企业、航空货运企业、水路货运企业和管道运营企业。

一、公路货运企业

公路货运企业是指利用公路运载工具（货车）为客户提供货物运输服务的企业。公路货物运输是现代运输的主要方式之一，也是构成陆上货物运输的两种基本运输方式之一。它在整个货物运输领域中占有重要地位，并且发挥着日益显著的作用。由于公路货物运输业务量庞大，相关企业众多，他们往往会汇集到一定区域从而形成货运市场，如温州潘桥国际物流中心里就汇聚着众多温州当地的公路货运物流公司，是温州主要的公路物流集散地之一。公路运输货车如图2-1所示。

图2-1　公路运输货车

此外，我们所熟知的众多快递公司也属于公路货运企业，如顺丰、申通、圆通、韵达等。而德邦、安能、顺丰重货则是目前大件货物运输领域的佼佼者。

二、铁路货运企业

铁路货运企业是指利用铁路运载工具（火车）为客户提供货物运输服务的企业。铁路是社会经济发展的重要载体之一，同时又为社会经济发展创造了前提条件。在各种运输方式组成的交通运输体系中，铁路运输仍处于骨干地位，对国民经济发展起到了强有力的支持作用。铁路货运火车如图2-2所示。

图2-2　铁路货运火车

在我国，中国国家铁路集团有限公司是铁路运输公司的典型代表，是经国务院批准，由中央管理的国有独资企业，注册资金10 360亿元。目前，中国国家铁路集团有限公司以铁路客货运输服务为主业，实行多元化经营，拥有3个专业运输公司，包括中铁集装箱有限责任公司、中铁特货物流股份有限公司和中铁快运股份有限公司。

三、航空货运企业

航空货运企业是指利用各类航空飞行器（飞机）作为载运工具，为客户提供货物运输服务的企业。航空货运也叫航空运输，是现代物流中的重要组成部分，拥有能提供综合性物流服务的机场等设施，在降低商品生产和经营成本、提高产品质量、保护生态环境、加速商品周转等方面发挥着重要的作用。

航空货运企业一般隶属于各地机场集团公司，主要负责航空货物运输作业任务的安排和调度，如温州航空货站有限公司，定位于中性航空货运站，既服务于航空公司又服务于货运销售代理人。航空货运飞机如图2-3所示。

图2-3　航空货运飞机

四、水路货运企业

水路货运企业，也称航运公司，是指利用各类船舶作为运载工具，为客户提供货物运输服务的企业。在经济全球化的时代，航运公司在连接全球各地贸易往来上发挥了重要的作用。目前全球范围内航运公司众多，规模较大、较为知名的航运公司有：马士基航运公司、地中海航运有限公司和法国达飞海运集团等。

我国的航运公司代表为中国远洋海运集团有限公司（简称中国远洋海运集团），它是我国最大的航运企业，也是全球最大的海洋运输公司之一。中国远洋集装箱货轮如图2-4所示。

图2-4　中国远洋集装箱货轮

五、管道运营企业

管道运营企业是指使用长距离专用管道作为运载工具，为客户提供货物运输服务的企业。目前此类企业一般附属于一些规模巨大的能源、初级原材料供应商。如中油管道投产运行公司（中油投运），是中国石油天然气管道局所属的管道投产运行专业化公司，主营业务为管道投产服务油气运营服务、石油化工产品。

我国目前管道运输的对象主要包括原油、成品油和天然气。石油运输管道如图 2-5 所示。

图2-5　石油运输管道

任务实施

1. 在你周边有什么货运物流企业吗？列举一些你所知道的货运物流企业。

2. 成立调研小组，选择附近的货运物流企业进行调研，了解该货运物流企业的业务流程，并将此流程进行整理，进行小组汇报展示。货运物流企业调查表见表 2-1。

表2-1　货运物流企业调查表

<table>
<tr><td>企业名称</td><td colspan="3"></td></tr>
<tr><td>地址</td><td colspan="3"></td></tr>
<tr><td>联系人</td><td></td><td>联系电话</td><td></td></tr>
<tr><td>运作流程</td><td colspan="3"></td></tr>
<tr><td>存在的问题</td><td colspan="3"></td></tr>
<tr><td>提出的建议</td><td colspan="3"></td></tr>
</table>

任务二 认识新兴公路货运物流企业

案例导入

货拉拉让货运不那么麻烦

一大早，热干面店的老板娘彭女士就在厨房里忙碌着，打包好各种要分配给其他分店的食材。整理好箱子，她掏出了手机，点了几下，才安心地休息了一会儿。不一会儿，一辆贴着橙黄色车贴的中型面包车停到店门口，一个皮肤黝黑的司机微笑着快步走进店里。

“您好老板！我是货拉拉司机，很高兴为您服务！”

只见他三两下就帮彭女士快速地把这些箱子扛上了车厢，确认订单信息无误后就开车走了。

“老板娘，你不用叫人跟车啊，不怕那个师傅拉着货就跑了吗？”店里的客人看了几眼，有点担心。

“不怕！放心着呢，都老主顾了！”彭女士大笑，继续转头招待其他客人去了。

郑州的王先生是一家钢材厂的老板，此时他正在办公室里等着货拉拉师傅上门，把客户订的钢材运送到指定地点。货拉拉APP手机界面如图2−6所示。

图2−6 货拉拉APP手机界面

“本来我是有自己的车队的，但是今年生意太好了，自家的忙不过来，你说要再招个师傅嘛，到了淡季又不划算，现在有这些拉货平台挺好的啊，给我省了不少成本，再也不怕被那些黑车给骗了！”

阅读思考：

1. 案例中的货主是如何实现货物运送的？
2. 案例中所描述的货运形式有哪些特点？

知识储备

随着“互联网+”物流概念的提出和深化，以互联网技术改造传统物流模式的理念越来越被货运物流行业所接受，也相继出现了一些新兴的货运物流模式。在众多货运物流企业中，公路货运企业的进入门槛是相对较低的，众多的市场参与者也使得公路货运市场竞争更加激烈，因而在这一领域的模式变革也更容易产生。

一、货运 O2O

货运O2O（货运Online To Offline），即通过互联网技术将部分传统货运作业环节转移到线上完成，从而提高货物运输的效率和质量的一种货运模式。这些线上环节包括运力查找与匹配、沟通、估价、下单、追踪、反馈、结算等。

随堂记

货运O2O的主要表现形式为货运APP，即专门用于帮助组织、处理和协调货运业务的应用软件。其主要模式是用户通过手机APP一键呼叫附近的在平台注册的货车，货车司机接单后，即时或在指定时间将货物运输到指定地点，从而完成短程货运任务。

货运APP的出现，有力地促进了物流行业的发展，也是我国物流行业迈向标准化和信息化的一个有效途径，这将为物流行业的发展带来划时代的意义。传统货运物流企业一个典型的特征是具备一定数量的运输工具，而基于互联网和大数据处理技术的“互联网+短途货运”正在影响着公路货运行业格局。目前在这一领域中较有知名度的公司有货拉拉、58速运和运满满等。运满满APP手机界面如图2-7所示。

图2-7　运满满APP手机界面

二、公路港（货运信息中心）

在公路货运行业中，空驶现象一直是影响企业物流成本的重要因素，如果能消除空驶现象，使货车在去程或返程时都能有货可运，则能大大提高货运企业的单位里程利润。公路港（货运信息中心）就是一个借助互联网技术汇集众多货运物流信息的平台，能帮助货运企业或个体找到符合行程的货源，撮合货运需求方和运力供给方，从而在最大程度上减少空驶现象。目前，浙江省的杭州传化物流基地在这方面取得了示范性的成绩。杭州传化公路港如图2-8所示。

图2-8 杭州传化公路港

三、无车承运人

无车承运人是指不拥有车辆而从事货物运输的个人或单位。无车承运人具有双重身份，对于实际托运人来说，其是承运人；但是对于实际承运人而言，其又是托运人。无车承运人一般不从事具体的运输业务，只从事运输组织、货物分拨、运输方式和运输线路的选择等工作，其收入来源主要是规模化的“批发”运输而产生的运费差价。

无车承运人是以承运人身份与托运人签订运输合同，承担承运人的责任和义务，通过委托实际承运人完成运输任务的道路货物运输经营者。无车承运人依托移动互联网等技术搭建物流信息平台，通过管理和组织模式的创新，集约整合和科学调度车辆、站场、货源等零散物流资源，能够有效提升运输组织效率，优化物流市场格局，规范市场主体经营行为，推动货运物流行业转型升级。

任务实施

1. 下载一款货运 APP，了解其界面构成及操作方法。

2. 调查该货运 APP 的应用情况，并尝试对该货运 APP 存在的问题提出意见或建议。将你的调查结果制作成 PPT 向全班同学展示。货运 APP 应用情况调查见表 2–2。

表2–2 货运APP应用情况调查表

APP 名称	
所属公司	
发展历程	
主要功能	
存在的问题	
提出的建议	

项目评价表

《走进货运物流》项目实施评价表

考核任务	考核要求	配分	评分标准				得分		备注
			优	良	中	差	自评	师评	
认识货运物流	能够准确描述不同货运物流企业的类型	20	20	15～19	11～14	6～10			
知晓不同货运物流企业	能够列举不同类型货运物流企业	40	31～40	21～30	11～20	0～10			
领略新兴货运物流模式	能简述新兴货运物流的运行模式及其特点	40	31～40	21～30	11～20	0～10			
总　计		100							

项目二 走进快递物流

你是否网购过？你有过网上买东西，早上刚下单，下午就送货上门的经历吗？现在，你可以足不出户就能买遍全中国，甚至全世界。而实现这一目标的基础便是众多快递物流企业提供的优质快递服务。让我们一起走进快递物流，一探快递物流企业。

学习目标

知识目标

- 认识快递物流行业格局。
- 能阐述快递物流企业类型。
- 描述典型的快递物流企业及其特征。

技能目标

- 能根据快递物流企业特征辨析类型。
- 学会分析快递物流发展趋势。

素养目标

- 培养良好的人际沟通能力。
- 感知物流快递职业特征。
- 建立清晰的职业发展认知观。

项目分析

本项目我们将通过了解日常生活中的快递活动，认识快递行业现状以及不同快递企业的类型，从而对快递物流行业格局有一个整体认识。此外，快递物流行业发展速度迅猛，整个行业时刻都在变革与创新，探索快递物流行业的发展趋势有利于我们更好地分析和理解快递物流企业。

任务一 认识快递物流行业

案例导入

2021年中国快递行业市场现状、竞争格局及发展前景

随着我国居民的消费升级，网购逐渐兴起，相关的政策持续助力，促进了我国快递行业的迅猛发展。近年来，我国快递业保持高速增长，每年增长约100亿件。自2014年起，我国快递业务量已连续9年稳居世界第一，超过美、日、欧等发达经济体总和。

2020年初，新冠疫情暴发，无接触经济的推行使得网购的方式逐渐深入人心，快递行业得到了极大的发展。据国家邮政局数据显示，2020年我国快递业务量累计达到833.6亿件，同比增长31.2%；快递业务收入累计达到8 795.4亿元，同比增长17.3%，快递收入约占邮政总收入的80%。

在我国快递市场中，国有、民营、外资快递企业在业务结构中各具优势。目前，我国的快递市场有三大竞争主体：国有快递企业、外资快递巨头、民营快递企业。其中国有快递企业包袱沉重，份额下降，但具政策和网络优势；外资快递巨头国内市场份额发展缓慢；民营快递企业市场份额最大，竞争加剧。

2020年上半年，在我国几大民营快递企业中，顺丰快递实现营业收入711亿元，位居行业首位。与其他上市快递企业相比，直营模式是顺丰最大的不同。顺丰控股总部控制了全部快递网络，包括干支线运输、中转场和配送网点，收派件取得的收入、发生的成本，人员福利、购置设备支出等都纳入顺丰控股统一结算。相比于加盟经营模式，采用直营模式的顺丰控股对各业务环节具有绝对控制力，有助于内部管理的规范化，可以有效保障服务质量和客户体验，其快递单件收入金额远高于其他几家公司的快递收入，因此近年来顺丰快递的业务收入一直稳步增长。

《快递业发展“十三五”规划》提出，到2020年，快递业务量达到700亿件以上，年均增长27.6%；快递业务收入超过8 000亿元，年均增长23.6%。而据国家邮政局在2021年全国邮政管理工作会上披露的数据来看，2020年完成的快递业务量（833.6亿件）和快递业务收入（8 795.4亿元）已经远远超过了规划的情景，“十三五”规划超额完成。

2021年，在疫情期间的居家倡议及无接触经济的催化下，线上购物方式在消费者之间的渗透率仍在不断攀升，对快递产业的发展形成了持续的推动力，与此同时，快递市场也在不断的发展中趋于成熟。

2020年11月，《中共中央关于制定国民经济和社会发展第十四个五年规划和二〇三五年远景目标的建议》发布，建议中提到要构建现代物流体系、健全现代流通体系和完善运输物流网络，可见快递产业仍是我国国民经济和社会发展中重要的一环。据估计，2021—2026年，我国快递产业业务收入将以10%左右的年均增长率不断增长，到2026年突破15 000亿元。

阅读思考：

1. 案例中出现了哪家快递公司？它与其他快递公司在经营模式上有什么区别？
2. 你是否曾经网上购物并体验过快递公司的服务？请结合你的故事列出几条你给快递公司的建议。

知识储备

随着以淘宝、京东为代表的电商平台的兴起，快递行业也越来越广泛地被大众所接受。快递行业的快速发展，为我们的生活、工作和学习带来了前所未有的便利，让我们一起走进快递企业。

一、快递企业的定义

快递又称速递或快运，是指物流企业（含货运代理）通过自身的独立网络或以联营合作（即联网）的方式，将用户委托的文件或包裹，快捷而安全地从发件人送达收件人的门到门（手递手）的新型运输方式。以提供快递服务为主的企业即为快递企业。

二、快递企业类型

1. 按照递送区域范围分类

（1）国内快递。国内快递是指在一个国家内部完成对服务对象的运送服务的活动，收发货人包括整个运送过程都在一个国家境内，其进一步可分为同城快递、区域快递和全国快递。

（2）国际快递。国际快递是指在两个或两个以上国家（或地区）之间进行的快递、物流业务。国际快递早期的服务对象为外贸行业的商业信函、文件、票据等物品，而随着全球化程度加深，许多小件物品也可通过国际快递寄送。

2. 按照快递服务的主体分类

（1）国有快递企业，包括中国邮政速递物流（EMS）、民航快递（CAE）、中铁快运（CRE）等，国有快递企业依靠其背景优势和完善的国内网络而在国内快递市场处于优势地位。中国邮政EMS标识如图2−9所示。

图2−9 中国邮政EMS标识

（2）国内民营企业，包括顺丰速运、宅急送、申通快递、韵达快递、圆通快递、中通快递、百世快递等，这些大型民营快递企业目前已经具备了完善的服务网络和完备的设施设备，其快递服务能力在市场经济环境中更能显现竞争优势。顺丰速运与申通快递标识如图2−10和图2−11所示。

图2−10 顺丰速运标识

图2−11 申通快递标识

（3）外资快递企业，包括联邦快递（FedEx）、敦豪（DHL）、联合包裹（UPS）等，外资快递企业具有丰富的经验、雄厚的资金以及发达的全球网络。联邦快递与敦豪标识如图2-12和图2-13所示。

图2-12　联邦快递标识

图2-13　敦豪标识

任务实施

1. 你心中的快递是怎么样的？
2. 你所经历过的一次快递服务是怎样的，并将这个过程详细记录下来。
3. 除了文中所提到的快递企业，你还能列举哪些快递企业名称？选择一个快递企业，对其发展历程、企业规模、专注领域、优势与挑战等资料进行收集，并制作PPT进行介绍。快递企业调查见表2-3。

表2-3　快递企业调查表

企业名称	
创始人	
发展历程	
企业规模	
专注领域	
存在的优势	
面临的挑战	

任务二　探索快递物流企业

案例导入

320亿！全球第四、亚洲第一！——鄂州“顺丰机场”

2019年1月11日，国家发展改革委发布了《国家发展改革委关于新建湖北鄂州民用机场工程可行性研究报告的批复》，顺丰也发布了《关于湖北国际物流核心枢纽项目的进展公告》。这意味着，总投资320.63亿元，全球第四个、亚洲第一个专业货运枢纽——鄂州“顺丰机场”获得国家发改委通行证，机场主体建设进入快车道。

鄂州“顺丰机场”定位为客运支线、货运枢纽机场，主要发展国内各主要城市及境外的航空快递运营中转业务，兼顾传统航空客、货运服务。

顺丰在航空物流方面的布局比同行业内其他企业投入的资金、人力、物力、资源等要多很多。顺丰在拥有自己的飞机之前，采用国内民航客机腹舱的形式进行空运。当时在竞价民航客机腹舱的时候，顺丰给出的价钱要比其他企业高很多，所以一半以上的民航客机腹舱被顺丰承包下来，这也保证了顺丰航空运力的充足。

2019年2月12日，顺丰航空有限公司（简称“顺丰航空”）第52架全货机完成客改货，由成都飞抵深圳，正式加入顺丰机队，投入航线运行。这是顺丰航空于2019年投用的第2架新运力，主力机型B757-200F数量也由此增长至28架。

阅读思考：

1. 快递上飞机已经不是什么稀奇的事情，你还知道哪些快递公司用飞机运送快递的案例？
2. 越来越多的快递公司开始购置自己的货机，使用飞机运送快递的优缺点分别有哪些？

知识储备

经过多年的沉淀与积累，我国正在从物流大国走向物流强国。为更好地服务我国经济社会的高质量发展，邮政快递行业下一阶段的重点任务是推动行业高质量发展、高效能治理，在“加快建设交通强国、努力当好中国现代化的开路先锋”新征程中勇挑畅通重担，更好地满足人民群众的新需求、新期待。

一、国内快递企业

1. 中国邮政速递物流（EMS）

中国邮政速递物流股份有限公司（简称中国邮政速递物流）是经国务院批准，由中国邮政集团公司作为主要发起人，于2010年6月发起设立的股份制公司，是我国经营历史最悠久、规模最大、网络覆盖范围最广、业务品种最丰富的快递物流综合服务提供商。

EMS（Express Mail Service）是邮政特快专递服务，是万国邮联管理下的国际邮件快递服务，在我国境内是由中国邮政提供的一种快递服务。该业务在海关、航空等部门均享有优先处理权，它以高质量为用户传递国际国内紧急信函、文件资料、金融票据、商品货样等各类文件资料和物品。中国邮政速递站点如图 2-14 所示。

2. 顺丰速运（SF）

顺丰速运是国内领先的快递物流综合服务商。1993 年，顺丰诞生于广东顺德；2016 年 12 月，顺丰速运取得证监会批文获准登陆 A 股市场；2017 年 2 月 24 日，正式更名为顺丰控股。

顺丰速运经过多年发展，已初步构建为客户提供一体化综合物流解决方案的能力，为客户提供仓储管理、销售预测、大数据分析、金融管理等一揽子解决方案。顺丰航空货机如图 2-15 所示。

图2-14　中国邮政速递站点

图2-15　顺丰航空货机

3. “三通一达”

早先有“四通一达”之称，即申通快递、圆通速递、中通快递、百世汇通、韵达快递五家民营快递公司的合称。2016 年，“百世汇通”更名为“百世快递”，因此“四通一达”也变成了“三通一达”。申通快递货车如图 2-16 所示。

图2-16　申通快递货车

二、国外快递企业

1. 联邦快递（FedEx）

联邦快递（FedEx）成立于 1971 年，创始人是弗雷德·史密斯，总部设于美国田纳西州。从 20 世纪 80 年代开始飞速发展，其于 1984 年开始向海外市场扩张。经过不到 30 年的时间，联邦快递于 2001 年终于跻身世界 500 强之列。联邦快递货车如图 2-17 所示。

随堂记

图2–17 联邦快递货车

与其他快递巨头不同的是，联邦快递是首个采用飞机隔夜递送小型包裹的公司，首创隔夜快递服务。联邦快递航空货机如图 2–18 所示。

图2–18 联邦快递航空货机

2. 联合包裹（UPS）

联合包裹（United Parcel Service）在 1907 年作为一家信使公司成立于美国华盛顿州西雅图，是一家全球性的公司，其商标 UPS 也是世界上知名商标之一。联合包裹作为世界上最大的快递承运商与包裹递送公司，同时也是运输、物流、资本与电子商务服务的提供者。联合包裹航空货机如图 2–19 所示。

图2–19 联合包裹航空货机

3. 敦豪（DHL）

敦豪（DHL）是一家全球性的国际快递公司，总部位于德国。它提供专业的运输、物流服务，拥有全球最大的快件递送网络之一，在五大洲拥有将近 34 个销售办事处以及 44 个邮件处理中心。其运输网络覆盖全球 220 多个国家和地区的约 12 万个目的地（主要城市）。敦豪快递物流设施如图 2–20 所示。

图2–20　敦豪快递物流设施

任务实施

1. 选择一家国内快递品牌的网点，实地调查该网点的运营现状（作业流程、业务量、服务范围、作业规范性、8S 管理等内容）。

2. 将调查结果整理成调查报告，向同学展示你的调查成果。快递网点运营状况调查表见表 2–4。

表2–4　快递网点运营状况调查表

网点名称				
地址				
联系人			联系电话	
网点规模	场地面积		员工数	
业务量	日收件量		日发件量	
作业流程				
服务范围				
作业规范性				
8S 管理	□整理　□整顿　□清扫　□清洁　□素养　□安全　□节约　□学习			
存在的问题				
提出的建议				

任务三 把握快递物流发展趋势

案例导入

智能快递柜，市场规模近500亿，你怎么看？

2022年，我国快递业务量完成1 105.8亿件，业务收入完成1.06万亿元，同比增长率分别为2.1%和2.3%。如此一来，快递末端的配送压力也在逐日增加。为缓解末端压力，近几年各种智能快递柜应运而生。而且，智能快递柜因其高效、便利而越来越受到快递员和用户的信赖和欢迎。智能快递柜如图2–21所示。

图2–21 智能快递柜

数据显示，2017—2022年，我国智能快递柜市场规模从127亿元增长至421亿元，年均复合增长率超12%。随着我国快递业务的不断增长，智能快递柜市场规模很快将超过500亿元。但是，随着智能快递柜在全国范围内快速扩张，其发展瓶颈也越来越凸显。

智能快递柜成本包括柜体成本、场地租金、设备折旧、铺设代理佣金、维护维修费、电费网费、通信费、管理费等。一组尺寸为2 500mm×1 950mm×500mm的智能互联网快递柜，网上起订价格为1.2万元左右，一般在1.8万元到6万元不等。再加上场地的租赁费，早期一般不超过2 000元/年，所以一组快递柜初始运营投资金额至少在4万元左右。

以丰巢为例，从其官网上可以看到，快递柜的五大盈利模式包括线上寄件、柜体广告、屏保广告、取件服务页面广告、丰巢微信/支付宝/短信页面，广告载体正是快递柜的重要商业卖点。根据相关查询结果，京东自提柜广告价格显示，柜体展示月租金为6 000元；PPT格式的电子海报或视频每月250元；图片海报展示价格200元，时间为15天。

阅读思考：

1. 说一说你使用智能快递柜的经历，列举智能快递柜的优缺点。
2. 技术创新使快递变得更便捷，你还知道哪些快递领域的新兴技术？

知识储备

继“互联网+物流”热潮掀起的物流技术创新热之后，以“无人”概念为主导的智慧物流热又再度席卷快递物流行业，各种智能“无人”设施投入快递领域。《交通强国建设纲要》指出，加速新业态新模式发展。积极发展无人机（车）物流递送、城市地下物流配送等。

一、智能快递柜

智能快递柜是一种全天候无人值守的快递收发储藏柜。快递员将用户的快递放入智能快递柜并给用户发送一个提取码便可离开，用户在空闲时间自行去智能快递柜领取。

这一过程达到了“时间错配”的目的。同理，用户需要寄件时，也不必亲自到快递网点或等快递员上门收件，可以直接通过智能快递柜进行投寄，线上下单、估价及结算，同样能节省用户的寄件时间。

“丰巢”是目前智能快递柜领域较为常见的一个品牌。丰巢科技由顺丰、申通、中通、韵达、普洛斯5家物流公司于2015年6月6日合资成立。丰巢智能快递柜如图2-22所示。

图2-22　丰巢智能快递柜

二、无人配送

无人配送是指使用配送机器人代替人实现配送任务，目前主要形式有无人物流车、配送机器人、无人机等。

2018年11月22日，京东物流配送机器人智能配送站启用仪式在长沙举行，随着载有用户包裹的配送机器人编队从站内依次发出，全球首个由机器人来完成配送任务的智能配送站正式投入使用。京东物流配送机器人及菜鸟联盟无人物流车如图2-23和图2-24所示。

图2-23　京东物流配送机器人

图2-24　菜鸟联盟无人物流车

2016年12月，美国亚马逊完成了商业性的无人机送货的首飞。亚马逊无人机在英国剑桥给一位顾客送上了一包咸甜口味的爆米花和Fire TV电视盒，从完成下单到货物送达共计用时 13分钟，整个过程无须人员操控，借助GPS完成定位，无人机送完货后自动返回。亚马逊无人机和京东无人机如图2-25和图2-26所示。

随堂记

图2-25　亚马逊无人机

图2-26　京东无人机

三、无人驾驶

无人驾驶汽车是智能汽车的一种，也称为轮式移动机器人，主要依靠车内的以计算机系统为主的智能驾驶仪来实现无人驾驶的目的。真正拉开物流革命序幕的是叫车服务巨头Uber（优步，是一家美国硅谷的科技公司），自从2017年11月以来，Uber Rush就开始使用无人驾驶卡车在美国亚利桑那州全境送货。沃尔沃无人驾驶卡车如图2-27所示。

图2-27　沃尔沃无人驾驶卡车

任务实施

1. 请你查阅资料，罗列最新的快递物流技术，总结这些物流技术在哪些方面对物流行业进行了革新。根据你所收集的资料，制作演示文稿向同学们展示。

2. 智能机器人的运用会取代很多简单工作岗位，快递员、分拣员、司机等工作岗位面临失业风险。如果你以后从事物流行业，你将如何应对？请将你的想法记录下来，并与同学进行分享和讨论。

项目评价表

《走进快递物流》项目实施评价表

考核任务	考核要求	配分	评分标准				得分		备注
			优	良	中	差	自评	师评	
认识快递物流行业	能够准确描述什么是快递企业，能对众多的快递企业进行分类	30	24 ～ 30	15 ～ 23	8 ～ 14	0 ～ 7			
知晓快递物流企业	能知道目前国内外主流快递企业的名称及其发展情况	40	31 ～ 40	21 ～ 30	11 ～ 20	0 ～ 10			
探索快递物流发展趋势	能了解快递物流的发展趋势，并探索更多发展趋势	30	24 ～ 30	15 ～ 23	8 ～ 14	0 ～ 7			
总　　计		100							

项目三 走进电商物流

快递业能够迅速发展到今天的规模，与我国电子商务的迅速崛起密不可分。大型电商平台的形成、一些新兴电商陆续加入以及微商的活跃，使得零售市场已经发生了翻天覆地的变化，越来越多的消费者已经养成网购的习惯，成为快递业持续发展的动力，也为电商物流带来前所未有的发展机遇。

学习目标

知识目标

- 认识电商物流。
- 能阐述电商物流的发展现状。
- 梳理电商物流的类型。

技能目标

- 能对企业电商物流企业所处的发展状况进行判断。
- 能判断电商物流企业的类型。

素养目标

- 培养与时代发展同进步的意识。
- 培养良好的调研能力。

项目分析

电商物流是时代发展的产物，也与我们的日常生活、工作和学习息息相关，那什么是电商物流，它有什么特点，都有哪些形式呢？让我们一起走进电商物流。通过认识电商物流，进一步加深对货运物流的理解。在剖析电子商务现状的基础上，了解当前主流的电商物流形态和典型企业。

任务一 认识电商物流

案例导入

从“当日达”到“买全球”，电商物流改变生活

国庆长假，北京某大学在读研究生小吴和四个小伙伴一起前往印度尼西亚巴厘岛旅游。沙滩、棕榈、海岛、乌布皇宫……异域风景让她们目不暇接。在当地乳胶店，小吴看中了一只乳胶枕，打算买下送给妈妈。这时她犯了难：这么大的枕头怎么拿回去呢？

这时，会一口流利中文的当地店员帮小吴解决了这个难题。原来，这家乳胶店和中国物流公司有合作，只要填上收货地址，便可以快递到家。惊喜的小吴立即付了款，填上了家里的收货地址，畅想着妈妈收到枕头的情景……

这一幕，正是当下电商物流融入我们日常生活的缩影。如今，从雪域高原到南海之滨，从繁华都市到淳朴乡村，从"当日达"到"买全球"，无处不在的电商物流真正做到了普惠大众。

在过去5年内，我国物流快递行业诞生了市值2 000亿元的顺丰，四大快递巨头"三通一达"也先后上市，民营快递企业取代外资公司，在中国这个全球最大快递市场占据绝对主导地位。

随着国民经济全面转型升级和互联网、物联网发展，以及基础设施的进一步完善，电商物流需求将保持快速增长，服务质量和创新能力有望进一步提升，渠道下沉和"走出去"趋势凸显，将进入全面服务社会生产和人民生活的新阶段。

阅读思考：

1. 电商物流的兴起，为你的生活和学习带来了哪些改变？
2. 国家出台一系列促进电子商务物流发展的政策规定对于电商物流行业的发展有哪些作用？

知识储备

党的二十大报告提出："加快发展数字经济，促进数字经济和实体经济深度融合，打造具有国际竞争力的数字产业集群。"以用户为中心，新电商更加擅长发现和满足消费者的潜在需求，通过创新发展持续构建新消费场景，就能不断满足个性化、多样化、多层次的消费新需求，结合物流产业的联动支持作用，实现消费需求和供给在更高水平上的动态平衡。

一、电商物流

电子商务平台的兴起加速了快递物流行业的快速发展，而快递服务质量地不断提升又进一步促进了电子商务平台的不断壮大。在两者相互促进、协同发展的背景下，产生了主要服务于电商平台货物流通的快递物流形式，我们通常把这些物流活动构成的集合称为电商物流。它具有时效性强、服务空间广、供应链条长等特点。

二、电商物流的现状

近年来，随着电子商务的快速发展，我国电商物流保持较快增长，企业主体多元发展，经营模式不断创新，服务能力显著提升，已成为现代物流业的重要组成部分和推动国民经济发展的新动力。

1. 发展规模迅速扩大

《中国电子商务报告（2022）》显示，2022年全国电子商务交易额达43.83万亿元，同比增长3.5%。全国网上零售额达13.79万亿元，同比增长4.0%；农村网络零售额达2.17

万亿元，同比增长3.6%；跨境电商进出口总额达2.11万亿元，同比增长9.8%，占进出口总额的5.0%。

此外，电子商务服务业营收规模达6.79万亿元，同比增长6.1%。电子商务从业人数达6 937.18万人，同比增长3.1%。

2. 企业主体多元发展

企业主体从快递、邮政、运输、仓储等行业向生产、流通等行业扩展，与电子商务企业相互渗透融合速度加快，涌现出一批知名电商物流企业，如京东物流、菜鸟物流等。

3. 服务能力不断提升

第三方物流、供应链型电商物流、平台型电商物流、电商物流企业联盟等多种组织模式加快发展。服务空间分布上有同城、异地、全国、跨境等多种类型；服务时限上有限时达、当日递、次晨达、次日递等多种选择；同时提供预约送货、网订店取、网订店送、智能柜自提、代收货款、上门退换货等多种服务。

4. 信息技术广泛应用

企业信息化、集成化和智能化发展步伐加快，条码、无线射频识别、自动分拣技术、可视化及货物跟踪系统、传感技术、全球定位系统、地理信息系统、电子数据交换、移动支付技术等得到广泛应用，提升了行业服务效率和准确性。

任务实施

1. 你心中的电商物流是怎么样的？

2. 寻找你在生活中亲身经历过的一次电商物流服务，这次物流服务给你带来了什么感受？请你将这一物流过程详细记录下来，并分享给同学。电商物流服务体验记录表见表 2−5。

表 2−5 电商物流服务体验记录表

服务名称		体验时间	
服务流程			
服务结果			
你的感受			

任务二　明辨电商物流企业

案例导入

京东物流“211限时达”

京东最早以手机、家电业务起家，由于包裹的价值相对较高，包裹损毁或丢失的情况时有发生，客户投诉不断，基于此，京东认为只有自建物流才可以解决这些问题，并在2007年成立了京东物流，成为我国第一家自建物流的电商平台。京东如此的“重资产模式”一直引发行业热议，之后物流业务带给京东的连年巨额亏损，也使得众多投资人开始对京东模式产生怀疑。

然而无论外界如何质疑，消费者的正向反馈却是实实在在的。京东2010年推出“211限时达”服务，在部分区域内，实现上午11：00前下订单的当天送到，夜里11：00前提交的订单次日上午送到。加之京东CEO对于物流体系的重视，每年他都会亲自体验快递配送工作，京东快递员的服务也一直备受消费者赞誉，这为京东树立了良好的口碑，还有很多消费者成为京东的忠实粉丝，原因很简单，就是送的快、服务好。京东物流航空货机如图2-28所示。

图2-28　京东物流航空货机

从供应链整合及网络的构建到对第三方商家和客户的开放平台，再到对个人快递业务的逐步渗透，很多人说京东在下一盘很大的棋。未来伴随着整体物流科技的不断发展，物流的商业价值将会继续提升，目前估值百亿美元的京东物流，已于2021年5月在香港上市。

阅读思考：

1. 京东物流为什么能做到又快又好？
2. 京东物流的成功给电商物流带来了哪些启示？

知识储备

目前电商物流形式尚未形成统一的标准，有电商平台自建物流的，有电商平台组织快递联盟的，也有快递公司跨界电子商务平台的。形式虽然不尽相同，但最终的目标都是通过电子商务平台和高质量的物流服务满足客户的物流需求。

一、平台自建物流

平台自建物流即电子商务平台自身经营物流业务，建设全资或是控股物流子公司，完成企业物流配送业务，即企业自己建立一套物流体系。典型的平台自建物流企业就是

随堂记

京东和苏宁易购，京东建立了京东物流，苏宁易购则建立了苏宁物流。京东物流中心及苏宁物流共享快递盒如图2–29和图2–30所示。

图2–29 京东物流中心

图2–30 苏宁物流共享快递盒

自建物流具有以下优势：有利于企业掌握控制权，可以利用企业现有资源，降低交易成本，保护商业秘密，提高企业品牌价值，提升客户关系管理水平。当然，自建物流也具有一些缺点，如投资多、风险大、增加企业管理难度等。

二、平台整合物流资源

平台整合物流资源即利用智慧物流平台，搭建智慧物流骨干网，全面整合社会物流资源，建设服务于电子商务网购平台的智慧物流体系。最典型的代表便是菜鸟物流。菜鸟联盟宣传海报如图 2–31 所示。

菜鸟网络科技有限公司（菜鸟物流）是2013年5月28日，由阿里巴巴集团、银泰集团联合复星集团、富春集团、顺丰集团、“三通一达”（申通、圆通、中通、韵达）以及相关金融机构共同合作、共同组建的智慧物流平台。菜鸟物流专注打造我国智能物流骨干网，将通过自建、共建、合作、改造等多种模式，在全国范围内形成一套开放的社会化仓储设施网络，同时利用先进的互联网技术，建立开放、透明、共享的数据应用平台，为电子商务企业、物流公司、仓储企业、第三方物流服务商、供应链服务商等各类企业提供优质服务，支持物流行业向高附加值领域发展和升级。

随堂记

图2-31　菜鸟联盟宣传海报

三、快递跨界电商

快递跨界电商是指快递企业利用其全国快递网络的优势拓展电商平台业务，形成自己的电商物流。最典型的代表便是顺丰优选。

顺丰优选是顺丰集团旗下以“优选商品，服务到家”为宗旨，依托线上电商平台与线下社区门店，为用户提供日常所需的全球优质美食的平台。依托顺丰集团旗下快递服务网络，能迅速提升该电商平台的物流服务能力，形成独特的电商物流形式。顺丰优选电商平台如图2-32所示。

图2-32　顺丰优选电商平台

快递跨界电商的优势显而易见，就是依托快递公司自身的物流服务网络。但劣势也很明显，电子商务平台的运营管理需要多样化的人才和资源，这也是单一的快递企业所不具备的。

任务实施

1. 你体验过哪些电商物流形式，请根据你的理解比较这几种电商物流形式的异同点。将你的分析结果做成表格与其他同学分享，并共同探讨。

电商物流形式调查表见表2-6。

表2-6 电商物流形式调查表

	电商物流名称	组织形式	优点	缺点
平台自建物流				
平台整合资源				
快递跨界电商				

2. 尝试着亲身体验一次电商平台网购，记录体验感受并对电商物流存在的问题提出建议。电商平台网购体验记录表见表2-7。

表2-7 电商平台网购体验记录表

<table>
<tr><td>电商平台</td><td colspan="6"></td></tr>
<tr><td>体验途径</td><td colspan="6">□网页端 □ APP 端 □微信端</td></tr>
<tr><td>购物描述</td><td>物品名称</td><td></td><td>单价</td><td></td><td>数量</td><td></td></tr>
<tr><td>购买流程</td><td colspan="6"></td></tr>
<tr><td>购买感受</td><td colspan="6"></td></tr>
<tr><td>存在的问题</td><td colspan="6"></td></tr>
<tr><td>提出的建议</td><td colspan="6"></td></tr>
</table>

3. 通过小组合作，将你们对某电商平台的意见和建议整理成分析报告，反馈给该电商平台。

项目评价表

《走进电商物流》项目实施评价表

<table>
<tr><th rowspan="2">考核任务</th><th rowspan="2">考核要求</th><th rowspan="2">配分</th><th colspan="4">评分标准</th><th colspan="2">得分</th><th rowspan="2">备注</th></tr>
<tr><th>优</th><th>良</th><th>中</th><th>差</th><th>自评</th><th>师评</th></tr>
<tr><td>认识电子商务物流</td><td>能够准确描述什么是电子商务物流，并提出自己对物流的理解</td><td>30</td><td>24 ~ 30</td><td>15 ~ 23</td><td>8 ~ 14</td><td>0 ~ 7</td><td></td><td></td><td></td></tr>
<tr><td>剖析电子商务物流的特点</td><td>能够阐述电子商务物流的特点</td><td>30</td><td>24 ~ 30</td><td>15 ~ 23</td><td>8 ~ 14</td><td>0 ~ 7</td><td></td><td></td><td></td></tr>
<tr><td>明辨电商物流的类型</td><td>能够描述电子商务物流的类型及其优劣势</td><td>40</td><td>31 ~ 40</td><td>21 ~ 30</td><td>11 ~ 20</td><td>0 ~ 10</td><td></td><td></td><td></td></tr>
<tr><td colspan="2">总　计</td><td>100</td><td></td><td></td><td></td><td></td><td></td><td></td><td></td></tr>
</table>

模块三 解读物流模块

项目一 解读物流运输

自古以来，交通运输就是人类生存、发展的重要活动之一。物流作为现代社会经济活动的重要组成部分，在其发展和运行过程中同交通运输的关系极为密切。随着社会经济的快速发展和物流功能的完善，运输虽已不再是被视同为物流的存在，但依然在整个物流活动中居于核心地位。

学习目标

知识目标

- 能够准确陈述什么是物流运输。
- 能够正确描述常见的几种物流运输方式。
- 能够根据实际情况为不同的货物选择合适的物流运输方式。

技能目标

- 可以从纵向和横向对各种运输方式进行比较。
- 进行简单的物流企业调研，了解其主要的运输方式及原因。

素养目标

- 培养良好的语言表达能力。
- 通过团队协作享受“合作共赢”的体验。
- 建立对物流行业的职业认同感。

项目分析

本项目我们从认识物流运输入手，带领大家认识常见的物流运输方式，并了解各种运输方式在物流行业中的地位；分析不同运输方式的优缺点，进而为不同的货物（如煤炭、原油、生鲜、精密仪器和药品等）选择合适的运输方式。让我们一起走进物流运输作业一探究竟吧！

任务一 认识物流运输

案例导入

现代化交通运输体系支持大湾区高质量发展

为落实好《粤港澳大湾区发展规划纲要》，交通运输部研究制定了《关于支持粤港澳大湾区交通运输发展的实施意见》（以下简称《实施意见》），以推动粤港澳大湾区加快形成现代化交通运输体系，更好地支撑大湾区经济社会发展和对外开放。

未来大湾区交通运输发展将总体围绕“一条主线”，实现“两个提升”，努力建设“三区”，坚持以深化供给侧结构性改革为主线，提升大湾区交通运输服务能力、品质和效率，提升大湾区在全球交通网络中的枢纽地位和辐射地位，努力把大湾区打造成为交通强国建设示范区、交通运输改革创新的试验区和交通运输转型升级的先行区。

为推动粤港澳大湾区高质量发展，交通运输部门积极推动对外综合交通运输通道建设，加快构建以高速公路、干线铁路、快速铁路和西江航运干线等广东出省通道为骨干，连接泛珠三角区域和东盟国家的陆路国际大通道，形成布局合理、功能完善、衔接高效的综合交通网络。构筑大湾区快速交通网，打造多方式、多通道、复合型交通走廊，形成主要城市间高效连接的网络化空间格局，完善区域城际轨道网，推进“深中通道”建设，高质量建设现代化综合立体交通网络。

与此同时，珠三角港口群国际竞争力也将进一步提升，优化大湾区港口资源配置，完善国际航运功能，全面提升国际航运枢纽地位，形成具有国际影响力和竞争力的世界级港口群。世界级机场群建设进入快车道，推进粤港澳三地机场协同发展和资源综合利用，建成我国对外开放的重要航空门户和全球重要的航空枢纽。

在日常出行方面，立足于建设宜居宜业宜游的优质生活圈，大湾区的口岸接驳设施和联运服务将形成一体化，广、深、港、澳等城市间的高速客船航线更加密集，海陆空联程联运更加便利。大湾区城际客运实现公交化运营，在内地就业、就读的香港青年享受与内地同等的交通出行优惠政策。

而物流方面，构建现代货运物流体系将成为主题，将加快构筑以大湾区对外货运物流体系、城市群快速货运体系和城市共同配送体系为主的多层次、高效率、低成本货运物流体系。铁水、公铁、铁空等多式联运“一单制”服务将加快推广。新一代交通控制网和智慧公路、智慧港口等试点日益深化。而港澳投资者在交通运输领域投资的资质要求、持股比例和行业准入限制或将进一步放宽甚至取消，支撑粤港澳大湾区建设具有国际竞争力、充满活力的世界级经济区。

阅读思考：

1. 支持粤港澳大湾区高质量发展的现代交通体系包括哪些交通运输方式?
2. 为什么现代交通体系能够支持大湾区的高质量发展?
3. 党的二十大报告提出要加快建设交通强国。请思考推进交通强国战略，对于提高物流运输效率、降低快流运输成本有什么影响?

知识储备

运输是物流作业中最直观的要素之一，是指人和物的载运及输送。本书中的物流运输专指“物”的载运及输送，即货运。它是在不同地域范围间（如两个城市、两个工厂之间，或一个企业内相距较远的两车间之间），以改变“物”的空间位置为目的的活动，是对“物”进行的空间位移。

国家标准《物流术语》（GB/T 18354—2021）中对运输的定义是：用特定的设备和工具，将物品从一个地点向另一个地点运送的物流活动，其中包括集货、分配、搬运、中转、装入、卸下、分散等一系列操作。

作为物流过程的主要环节之一，同时也是物流各项业务的中心活动，运输具有产品转移和产品储存两大功能。

一、产品转移

无论产品处于什么形式—— 原材料、零部件、半成品或是产成品，不管是在制造过程中将被移到下一阶段，还是实际上更接近最终的顾客，运输都必不可少，如图3-1所示。运输需要消耗时间资源、财务资源和人力资源等，因此，只有当运输确实能提高产品价值时，该产品的移动才是必要的。

图3-1　运输实现产品转移功能

运输的主要目的就是要以最低的时间资源、财务资源和人力资源等成本，将产品从原产地转移到规定地点，而其转移方式必须能够满足顾客有关交付旅行和装运信息的可得性要求，在此过程中因产品损坏所支出的成本也必须是最小的。

二、产品储存

对产品进行临时储存是运输的特殊功能。将运输车辆作为相当昂贵的储存设施，看起来不合常理，但在特定情况下却是最优的选择，如图3-2所示。

图3-2　运输实现产品临时储存功能

如转移中的产品需要储存，但在短时间内（1～3天）需要重新转移，那么该产品在仓库卸下来和再装上去的装卸搬运成本会高于储存在运输工具中的成本，因此将运输工具作为临时储存设施将能够实现经济效益的最大化。

在仓库有限的时候，利用运输车辆进行产品储存也是一种可行的选择。如将产品装到运输车辆上去，然后采取迂回或间接线路运往目的地。对于迂回线路来说，它的转移时间将大于直接路线的转移时间，通过这个时间差，将可以有效地避开仓库仓储的高峰期，从而减缓仓储压力。因而，移动的运输车辆被用作临时储存设施，而非处于闲置状态也是符合经济效益最大化原则的。

任务实施

1. 在你生活学习地方的周围有什么物流企业吗？它们的核心业务是仓储还是运输？

2. 成立调研小组，选择附近的一家物流企业进行调研，了解该物流企业的运输作业流程。将其流程进行整理和罗列，并进行小组的汇报展示。物流企业运输作业流程调研记录表见表3-1。

表3-1 物流企业运输作业流程调研记录表

任务名称	物流企业运输作业流程调研
企业名称	
调研方式	
企业简介	
被调研人员情况简介	
调研过程	
企业运输作业流程	

任务二 认识常见的物流运输方式

案例导入

河南省调整运输结构，转移中长距离大宗物资运输方式

2019年3月4日在郑州举行的河南省运输结构调整工作推进会上确定，河南省各地进一步加大落实力度，加强不同运输方式间的衔接，提高运输组织效率，释放物流降本增效潜力，推进运输业转型升级。

据悉，改革开放以来，公路运输市场不断开放搞活，极大扭转了运输供给短缺的局面，为加快生产流通、改善居民消费环境、促进经济快速发展发挥了重要作用。2018年，河南全省公路、铁路、水路三大主要运输方式完成货运量26亿吨，其中公路占比高达90.6%，铁路、水路仅分别占比3.9%、5.5%。但与此同时，公路运输既是能耗大户，又是排放大户，也是造成空气污染的重要源头之一。

为了打赢蓝天保卫战，党中央国务院决定开展运输结构调整工作，要求减少公路运输量，增加铁路、水路运输量。截至2018年，河南全省机动车保有量超过2 400万辆，居全国第3位，每年仍以15%的速度在增长，尾气污染物年排放量近300万吨，居全国第1位，是必须实施运输结构调整的重要区域之一。

会议要求，全省要加快铁路基础设施保障，推进内河水运基础设施建设，优化铁路短驳运输环境，大力发展多式联运，推动中长距离大宗物资运输有序向铁路、水路等运输方式转移，进一步降低物流成本，保护碧水蓝天。

在提升铁路、水路运能的同时，今后将进一步加强公路超限超载治理。采取的措施包括：加大货物装载源头监管力度，禁止超限超载车辆出场（站）上路行驶；2019年6月底前全省高速公路全面实施收费站入口称重检测；加强科技治超，2019年年内实现跨区域、跨部门车辆信息、治超信息自动传递和交换共享等。

阅读思考：

1. 案例中提到了哪些运输方式？
2. 该省为什么要转移中长距离大宗物资运输方式？

知识储备

不同的货物需要不同的运输方式，而不同的运输方式则是由不同的运输工具决定的。因此，根据采用运输工具的不同，可以将运输方式分为铁路运输、公路运输、航空运输、水路运输和管道运输等五种形式。

一、铁路运输

铁路运输是一种重要的现代陆地运输方式，它是使用机车牵引车辆，从而实现货物位移的一种运输方式，在干线运输中起主力运输的作用。根据载重量的不同，铁路运输可以分为铁路整车货物运输、铁路零担货物运输和铁路集装箱货物运输（见图3-3）。

铁路运输具有适应性强、运输能力大、可持续运营、受气候影响小等优点。因此，铁路主要承担长距离、大批量的货物运输，在没有水路运输条件的地区，几乎所有大批量货物都是依靠铁路运输。

但是，铁路运输由于受路线、货站的限制，机动灵活性较差，不能直接送达运送物资。而且待运时间较长，不适合时效性强的短途运输。

截至2022年，我国铁路营业里程达到15.5万千米以上，其中高铁4.2万千米以上，“八纵八横”高铁网建设全面展开。我国铁路客运周转量、货运发送量、换算周转量、运输密度等主要运输经济指标稳居世界第一。图3-4为“复兴号”高铁。

图3-3 铁路集装箱货物运输

图3-4 “复兴号”高铁

随堂记

二、公路运输

公路运输一般是指汽车运输，主要是使用汽车在公路上进行货物运输的一种方式。我国的公路运输是一种地区性的运输方式，是生产企业内部运输的主要运输方式，为铁路运输、水路运输、航空运输起到集中疏散的作用。可以说，其他运输方式往往要依靠公路运输来最终完成两端的运输任务。公路运输如图3-5所示。

图3-5 公路运输

公路运输主要承担近距离、小批量的货物运输以及水路运输、铁路运输难以到达的长途、大批量货物运输和水路运输、铁路运输难以发挥优势的短途运输。由于公路运输有很强的灵活性，近年来，铁路和水路运输密集的地区，大批量的长途运输也开始使用公路运输。公路运输的优点是可以实现“门到门”运输，可做到上门取货、送货到家，实现直达运输，无须中途换装，运送速度较快，时效性较强。公路的“门到门”运输如图3-6所示。

图3-6 公路的“门到门”运输

但是公路运输也有其缺点：不适宜长距离、大批量运输；长距离运输成本费用较水路运输和铁路运输要高（公路运输的经济半径一般在200千米以内）；尾气排放易污染环境（随着新能源汽车的发展，尾气污染的情况在逐步改善）；车辆运行中震动较大，易造成货损货差事故。

三、航空运输

航空运输是使用飞机或其他航空飞行器进行货物运输的一种运输方

式。它是五种常见运输方式中速度最快、运费最高的运输方式。根据航线不同，可以分为国内航空货物运输和国际航空货物运输。航空运输如图3-7所示。

随堂记

图3-7　航空运输

航空运输可以满足长途运输对时间、舒适性的要求及快速货物运输需求，是我国正在快速发展的一种运输方式。航空运输的特点是时效性强、交货迅速、航行便利，可以运往世界各地并不受地面条件的限制。该种运输方式适用于体轻、贵重、易损、鲜活或急需商品。

四、水路运输

水路运输是以船舶为主要运输工具，以港口或港站为运输基地，以水域包括海洋、河流和湖泊为运输活动范围的一种运输方式。水路运输至今仍是世界上许多国家最重要的运输方式之一。水路运输由船舶、航道和港口所组成，包括内河航运（见图3-8）和海洋运输（见图3-9）。

图3-8　内河航运

水路运输的优点是运输能力大、运输成本低、航道投资少，水路运输可以运送其他运输方式不易运输的超高、超长、超重货物。水路运输中最重要的运输方式是海洋运输，其在国际物流运输中所占的地位和所起的作用大大超过其他运输方式。目前，世界贸易货物运量的三分之二都是通过海洋运输来完成的。

水路运输的缺点是航行速度慢，受航道和港口的限制而不够灵活，易

随堂记

受季节和气候的影响，运输的连续性较差。

图3-9 海洋运输

五、管道运输

管道运输是使用管道输送货物的一种运输方式，所输送的货物主要有油品、天然气、煤炭以及其他矿浆（见图3-10）。

图3-10 管道运输

管道运输的优点是运量大、连续性强、损耗少、不需包装、能不间断地均衡地进行运输、运输能力大、运输成本低，其缺点是运输的货物品种受到限制。

各种运输方式和运输工具都有各自的特点，不同类物品对运输条件的要求也不尽相同，合理选择运输方式，是合理组织运输、保证运输质量、提高运输效益的一项重要内容。

运输方式要根据物流系统的总体要求并结合不同方式的成本与服务特点进行选择。运输方式的选择是综合考虑运输价格、运输时间、运输服务可靠性、安全性和容易性等因素基础上做出的决定。

任务实施

1. 选择一种你所了解的运输方式进行重点介绍，包括该种运输方式的优点、缺点、适合运输的货物等，并完成表3-2的填写。

表3-2 运输方式登记表

运输方式	
优点	
缺点	
适合运输何种货物	

2. 成立调研小组，选择一家附近的物流企业进行调研，了解该物流企业的主要运输方式，并归纳其采用此种运输方式的原因，完成表3-3的填写。

表3-3 物流企业运输方式调研记录表

任务名称	物流企业运输方式调研
企业名称	
调研方式	
企业简介	
被调研人员情况简介	
企业主要运输方式	
采用此种运输方式的主要原因	

项目评价表

《解读物流运输》项目实施评价表

考核任务	考核要求	配分	评分标准				得分		备注
			优	良	中	差	自评	师评	
认识物流运输	能够准确描述运输的内容及其功能	20	16 ～ 20	11 ～ 15	6 ～ 10	0 ～ 5			
认识常见的物流运输方式	能够列举常见的五种运输方式，并简述其特点	50	41 ～ 50	31 ～ 40	21 ～ 30	0 ～ 20			
为不同货物选择合适的运输方式	能够为不同的货物选择合适的物流运输方式	30	26 ～ 30	21 ～ 25	11 ~ 20	0 ～ 10			
总　计		100							

项目二

解读物流仓储

2022年我国社会物流总费用为17.8万亿元，同比增长4.4%。其中，仓储费用为5.95万亿元，占社会物流总费用的33.4%，约占GDP的4.9%。由此可见仓储在国民经济中的重要地位和作用。近年来，仓储业占社会物流总费用的比例和仓储占GDP的比重都随着仓储业的发展而不断上升，仓储业在整个经济运行中的地位逐年提高。

学习目标

知识目标

- 能够准确陈述什么是物流仓储。
- 能够正确描述物流仓储的种类有哪些。
- 能够简单阐述仓储作业的各个环节。

技能目标

- 尝试根据各种仓储的储存特点，对校内仓储实训基地进行重新规划布局。
- 进行简单的物流企业调研，了解其仓储作业的各项环节并进行分析。

素养目标

- 培养学生学以致用的动手能力。
- 通过深入企业调研，分析企业仓储环节，感受物流人的职业。

项目分析

本项目我们将一起认识物流仓储作业，走访我们身边的仓储企业，了解仓储企业的种类，通过对仓储企业的走访调研，了解仓储工作内容、仓库工作流程。随着现代物流业的高速发展，仓储行业也在变革与创新，探索现代仓储的作业环节有利于我们更好地为现代物流行业服务。

任务一 认识物流仓储作业

案例导入

新时代下的物流仓储技术

我国的物流技术，在过去十多年中处于快速发展时期。一方面得益于市场的需求，如食品、烟草、医药、冷链以及电子商务等；另一方面，也得益于科学技术的发展，尤其是自动化技术、计算机信息技术和网络技术的发展。当然，一个充分竞争的市场也是使得我国物流技术领先于其他领域的重要原因。

如果从物流技术的总体来看，过去的研究重点在于码垛与输送、存储、拣选和分拣、配送诸环节，可以预见，在今后很长一段时间，他们仍然是研究和应用的重点。

1. 存储环节

各种形式的存储系统已经全面应用，如密集存储、自动化存储等。自动化立体库技术在过去的十多年中逐步完善，已经成为一项应用十分普遍和非常成熟的技术。与此对应的是，自动化立体库的规模越来越大，如鞋服行业、电商行业、家居行业、新能源行业等都出现了特大型的自动化立体库，这是前所未有的。

密集存储技术发展已经有很多年，多种密集储存技术的应用相对比较成熟，例如重力式密集存储、双深度密集存储、穿梭车密集存储等。该存储理念未来还有很大的发展空间。

2. 拣选和分拣环节

高效的拣选技术也得到了长足发展，传统的拣选技术如纸单拣选、电子标签拣选、RF拣选等虽然还是主流，但这些拣选技术都面临着效率和准确性较低的问题。所以，新的拣选技术应运而生，如“货到人”拣选技术，已经在很多领域应用，未来的发展不可限量。从技术发展的前景看，下一步将是自动拣选技术的发展，尤其是“货到人”自动拣选技术将首先得到突破。

快速分拣系统也已经成为十分流行的解决方案。我国海量的快递包裹是引发自动快速分拣技术大规模应用的根本原因。据统计，2022年全国的包裹量超过1 105.8亿件，并且今后相当长一段时期内将保持较快的增长，这是一个非常大的需求。市场对于快速分拣设备的需求巨大。

3. 配送环节

“最后一公里”曾经是过去几年里物流配送的热点问题，现在也已经有多种解决方案，其中智能快递柜系统的应用是一个成功的案例，而物美推出的多点APP会给电商带来新的解决方案。

在配送环节，无人机配送找到了新的着力点，即在比较困难的环境下解决配送问题，如山顶、孤岛、高层建筑等，尤其在应急情况下（例如地震发生时公路受阻）无人机会有特殊的用途。关键的一点是，无人机技术得到了根本解决。

有些电商企业热捧的无人配送概念应该还没有找到正确的应用场景，不过未来会有另外一种意想不到的突破，大家可以拭目以待。配送过程的透明化管理成为重点，这一点随着互联网技术的发展已经不成问题。

总结起来，过去十多年物流行业所重视的热点问题，在今后将仍然成为研究应用的重点。然而，随着物流技术的不断发展应用，一些过去没有被重视的物流环节或将被重视起来，从而弥补物流过程的“短板”。

阅读思考：

1. 案例中新时代的物流仓储技术有哪些?
2. 你认为未来的物流仓储技术其发展方向如何?

知识储备

“仓”即仓库，是用以存放物资的场地和建筑物；“储”即储存，表示收存物资以备使用；“仓储”即是利用仓库存放、保管物资的一种行为，图3-11所示为现代物流仓储。

随堂记

仓储总是出现在物流各环节的接合部，如采购与生产之间、生产的初加工与精加工之间、生产与销售之间、批发与零售之间、不同运输方式转换之间等。仓储是物流各环节之间存在不均衡性的表现，也是解决这种不均衡性的手段。

图3-11 现代物流仓储

一、仓储作业

现代仓储不是传统意义上的“仓库”“仓库管理”，现代物流中的仓储表示一个过程，是一项物流活动。仓储作业是指从商品入库到商品发送出库的整个过程，主要包括入库流程、在库管理和出库流程等环节。

传统物流与现代物流的最大差别就体现在仓储作业上：传统的仓储业是以收取保管费为商业模式的，希望自己的仓库总是处于饱和状态，这种模式与物流的宗旨是背道而驰的；而现代仓储业则着力于整合流程、协调上下游，确保静态库存越少越好。这两者的差别一目了然，但又在具体操作上如入库、出库、分拣、理货等方面很难区分。

二、仓储的功能

从整个物流过程看，仓储是保证这个过程正常运转的基础环节之一。仓储的价值主要体现在其具有的基本功能、增值功能以及社会功能三个方面。

1. 基本功能

仓储的基本功能是指为了满足市场的基本储存需求，包括储存、保管、分拣、包装、配送及信息处理六个方面的基础作业。其中，储存和保管是仓储最基础的功能。将配送作为仓储活动作业的基本功能之一，是因为配送不是一般意义上的运输，而是仓储的自然延伸。

2. 增值功能

仓储的增值功能是指通过基本功能的实现而获得的利益体现了仓储的基本价值。增值功能则是指通过仓储高质量的作业和服务，使经营方或供需方获取额外的利益，这个过程称为附加增值，这也是物流中心与传统仓库的重要区别之一。

3. 社会功能

仓储的社会功能是指仓储的基础作业和增值作业会给整个社会物流过程的运转带来不同的影响，良好的仓储作业与管理会带来正面的影响，如克服季节差异、调控市场价格、衔接商品流通等。

任务实施

1. 成立调研小组，选择一家附近的物流企业进行调研，了解该物流企业仓储环节的主要流程有哪些。

2. 分析该物流企业的仓储环节分别实现了物流中的哪些功能，并完成表3-4的填写。

表3-4　物流企业仓储环节调研记录表

任务名称	物流企业仓储环节调研
企业名称	
调研方式	
企业简介	
被调研人员情况简介	
企业仓储环节	
各仓储环节的主要功能	

任务二　知晓物流仓储的种类

案例导入

现代药品物流企业仓储作业面积不得少于10 000平方米

2018年7月，河北省食药监局印发《河北省药品现代物流指导意见》。根据该意见，从事药品现代物流的企业应具有符合GSP规定和与预期配送能力、经营范围、药品物流规模相适应的常温库、阴凉库、冷库等仓储设施。物流中心仓储用地与仓储设施应为自有，仓储作业面积不少于10 000平方米，其中阴凉库面积不少于5 000平方米；配备两个以上独立冷库，冷库的总容积不少于500立方米。

药品现代物流即依托专业化、现代化物流设备、技术和信息管理，通过第三方物流服务体系，优化药品供销配送环节中的验收、存储、分拣、配送等作业过程，降低药品物流运营成本，提高服务能力和水平，实现药品物流管理和作业的规模化、集约化、规范化、信息化、智能化。

意见提出，药品现代物流企业应当承担起药品追溯体系建设的主体责任，采用信息化手段对其整个经营活动如实进行记录，保证经营过程中数据的真实、准确、完整、可追溯。药品现代物流企业应配备密闭式自有运输车辆不少于5辆，配备自动调控和显示温度状况的自有冷藏车不少于2辆，并配备车载冷藏、冷冻等设备。

阅读思考：

1. 药品仓储属于何种种类的仓储企业?
2. 政府为何要求药品现代物流企业仓储作业面积不得少于10 000平方米?

知识储备

一、按照仓储经营主体分类

按仓储经营主体不同可分为企业自营仓储、专业经营仓储、公共仓储和战略储备仓储。

1. 企业自营仓储

企业自营仓储包括生产企业和流通企业的自营仓储。生产企业自营仓储是指生产企业使用自有的仓库设施，对生产使用的原材料、半成品和最终产品实施储存保管的行为，其储存对象一般来说品种较少，以满足生产为原则。流通企业自营仓储则为流通企业所经营的商品进行仓储保管，其目的是支持销售。

企业自营仓储不具有经营独立性，仅仅是为企业自身的产品生产或商品经营活动服务，相对规模小、数量多、专业性强，并且自动化程度低，设施相对简单。

2. 专业经营仓储

专业经营仓储是指仓库所有者以其拥有的仓储设施，向社会提供商业性仓储服务的仓储行为。仓储经营者与存货人通过订立仓储合同的方式建立仓储关系，并且依据合同约定提供仓储服务和收取仓储费。

专业经营仓储面向社会，以经营为手段，实现利润最大化。与企业自营仓储相比，专业经营仓储的使用效率更高。

3. 公共仓储

公共仓储是公用事业的配套服务设施，为车站、码头提供仓储配套服务。其主要目的是对车站、码头的货物作业和运输流畅起支撑和保证作用，具有内部服务的性质，处于从属地位。图3-12所示为公共智能仓储。

图3-12　公共智能仓储

对于存货人而言，公共仓储也适用专业经营仓储的关系，只是不独立订立仓储合同，而是将仓储关系列在作业合同、运输合同之中。

4. 战略储备仓储

战略储备仓储是国家根据国防安全、社会稳定的需要，对战略物资进行储备。战略储备仓储特别重视储备品的安全性，且储备时间较长。所储备的物资主要有粮食、食品、油料、有色金属等。图3-13所示为国家石油储备基地。

图3-13　国家石油储备基地

二、按照仓储功能分类

1. 生产仓储

生产仓储是为生产领域服务，用来保管生产企业生产加工的原材料、燃料、在制品和产成品等，主要形式包括原材料仓储、在制品仓储和成品仓储。

2. 流通仓储

流通仓储是为流通领域服务，专门储存和保管流通企业待销售的商品，主要形式包括批发仓储和零售仓储，如图3-14所示。

随堂记

随堂记

图3-14 流通仓储

3. 加工仓储

加工仓储是商品保管与加工相结合的仓储活动。其主要职能是根据市场需要，对商品进行选择、分类、整理、更换等流通加工活动。

4. 中转仓储

中转仓储处于货物运输系统的中间环节，存放等待转运的货物，一般货物在此仅进行临时停放，这一类仓库一般设置在公路、铁路的场站和水路运输的港口码头附近，以方便货物在此等待装运。

5. 保税仓储

保税仓储是指为满足国际贸易的需要，设置在一国国土之内，但在海关关境以外的仓库。外国企业的货物可以免税进出这类仓库而办理海关申报手续，而且经过批准后，可以在保税仓库内对货物进行加工、存储等作业，如图3-15所示。

图3-15 保税仓库

三、按照仓储对象分类

1. 普通物品仓储

普通物品仓储是指不需要特殊保管条件的物品仓储。其设备和库房建造都比较简单，使用范围较广。这类仓储配有一般性的保管场所和设施，常温保管、自然通风，无特殊功能。

随堂记

2. 特殊物品仓储

特殊物品仓储是指在保管中有特殊要求和需要满足特殊条件的物品仓储，如危险品或冷藏品等。这类仓储必须配备有防火、防爆、防虫等专门设备，其建筑构造、安全设施都与一般仓库不同，如冷冻仓库、石油库、化学危险品仓库（见图3-16）等。

图3-16 化学危险品仓库

四、按照仓储建筑形式分类

1. 平房仓储

平房仓储是指仓储建筑物是平房，结构简单，高度一般不超过5～6米的仓库。这类仓储建筑费用低，人工操作比较方便，在我国数量众多，如图3-17所示。

图3-17 平房仓储

2. 楼房仓储

楼房仓储是指建筑结构在两层或以上的仓储。这类仓储可以减少占地面积，进出库作业可以采用机械化或半机械化操作，但作业成本相对较高，如图3-18所示。

随堂记

3. 高层货架仓储

高层货架仓储是指以高层货架为主而组成的仓库。建筑本身是平房结构，内部货架层数较多，具有可以保管10层左右货架或托盘的能力，这类仓库一般配备拣选式巷道堆垛起重机等自动化设备，是一种发达国家普遍采用的先进仓储形式，可实现机械化和自动化操作。

图3-18 楼房仓储

4. 柱式仓储

柱式仓储的构造呈柱形或球形，主要用来储存石油、天然气、液体化工产品等液态或气态物品。

5. 简易仓储

简易仓储的构造简单，造价低廉，包括一些固定或活动的简易货棚等，属于提供临时使用的一种仓库，如图3-19所示。

图3-19 简易仓储

任务实施

各调研小组选择一家附近的物流企业进行调研，然后根据所学知识将其仓库进行归类并说明理由，完成表3-5的填写。

表3–5 物流企业仓储种类调研记录表

任务名称	物流企业仓储种类调研			
企业名称				
调研方式				
企业简介				
被调研人员情况简介				
企业仓储属于何种种类	按经营主体分	按仓储功能分	按仓储对象分	按建筑形式分
你的理由				

任务三 探究仓储作业环节

案例导入

智能仓储中最重要的环节：拣货作业

当今物流业界已经逐渐形成了无WMS不谈仓储管理的氛围。仓储管理系统（Warehouse Management System，WMS）渐渐深入仓储人员的思想，更加渐渐深入企业主的思想。

但是，我们必须明白：WMS只是一套软件系统，它必须和相关硬件设备的应用相配合，才能发挥更大的作用，实现真正无纸化管理的智能仓储功能。

拣货作业为仓储物流中心最重要也是最耗费成本的环节，其效率及准确性都大大地影响着企业的服务质量。而如何有效地提升作业效率并降低作业人员的误拣率是拣货作业最大的课题。大多数从事仓储工作的人都知道，PDA拣货系统、电子标签拣货系统和语音拣货系统都是仓库拣货环节中常用的管理系统，各有特点，但优势和缺陷也同样存在。

1. PDA拣货系统

PDA（Personal Digital Assistant），又称为掌上电脑，按使用来分类，分为工业级PDA和消费品PDA。工业级PDA主要应用在工业领域，常见的有条码扫描器、RFID读写器、POS机等。企业的仓库管理通过PDA拣货系统提高了盘点的高效性、准确性和数据的实时性，为企业库存管理提供大量的数据信息，大幅提升各环节的管理效率，从而节约企业经营成本。图3–20所示为PDA拣货系统。

图3–20 PDA拣货系统

优势：解放双手，提高效率；能够随时记录拣货员的操作信息，方便跟踪追溯；提高准确率；无纸化作业，扫描即可完成拣货，方便快捷。

缺点：需要拣货员对PDA操作熟悉，培训成本较高；核单效率受限于网络状态与PDA数量。

2. 电子标签拣货系统

电子标签拣货系统是一组安装在货架储位上的电子设备，通过计算机软件的控制，借由灯号与数字显示作为辅助工具，引导拣货员正确、快速、轻松地完成拣货工作，如图3-21所示。

图3-21 电子标签拣货系统

优势：借助视觉指示，解放双手；拣货速度快；在单个SKU（库存量单位，一般包括件、盒、托盘等）拣取效率上更高。

缺点：一旦布局完成，无法更改；增加SKU，就需要增加相应货架和标签，费用较高。

3. 语音识别拣货系统

在语音识别拣货系统环境中，理货人员接收耳机中的系统指令，去执行拣货工作，完成后再经由麦克风口头向系统回报确认。

优势：作业准确率高；无纸化作业；仅需较少的人工判断；作业速度较快。

缺点：设备投入费用较高；经常会受地方口音影响；受干扰的因素较多。

PDA拣货系统、电子标签拣货系统和语音识别拣货系统三者皆有优缺点和各具特色，不存在哪个更好。就行业的应用广泛程度来说，PDA拣货系统有一定优势；在拣选快流件且SKU数量较少的情况下，电子标签拣货系统有着绝对优势；如果是慢流件且SKU种类多，可能语音识别拣货系统更有优势。但是语音拣选在同一区域内，对工作人员数量有一定限制。

阅读思考：

1. 案例中提到了哪些拣货系统？
2. 你认为案例中提到的哪种拣货系统更适合现代物流仓储作业？为什么？

知识储备

仓储作业过程可归纳为订单处理作业、采购作业、入库作业、盘点作业、拣货作业、出库作业和配送作业七个环节。

一、订单处理作业

仓库的业务归根结底来源于客户的订单，它始于客户的询价、业务部门的报价，然后接收客户订单，业务部门了解库存状况、装卸能力、流通加工能力、包装能力和配送能力等，以满足客户需求。对于具有销售功能的仓库，核对客户的信用状况、未付款信息也是重要的内容之一。对于服务于连锁企业的物流中心，其业务部门也叫作客户服务部，每日处理订单和与客户沟通是客户服务部的主要功能。

随堂记

二、采购作业

采购作业环节一是将仓库的存货控制在一个可接受的水平，二是寻求订货批量、时间和价格的合理关系。采购信息来源于客户订单、历史销售数据和仓库存货量，所以仓库的采购活动不是独立的商品买卖活动。采购作业包括统计商品需求数量、查询供货厂商交易条件等，然后根据所需数量及供货商提供的经济订购批量确定采购单。服务于连锁企业的物流中心，此项工作由存货控制部来完成。

三、入库作业

仓库发出采购订单或订单后，库房管理员即可根据采购单上预定入库日期进行作业安排，在商品入库当日，进行入库商品资料查核、商品检验，当质量或数量与订单不符时，应进行准确的记录，及时向采购部门反馈信息。库房管理员按库房规定的方式安排卸货、托盘码放和货品入位。对于同一张订单分次到货或不能同时到达的商品要进行认真的记录，并将部分收货记录资料保存到规定的到货期限。图3-22所示为智慧仓储入库作业。

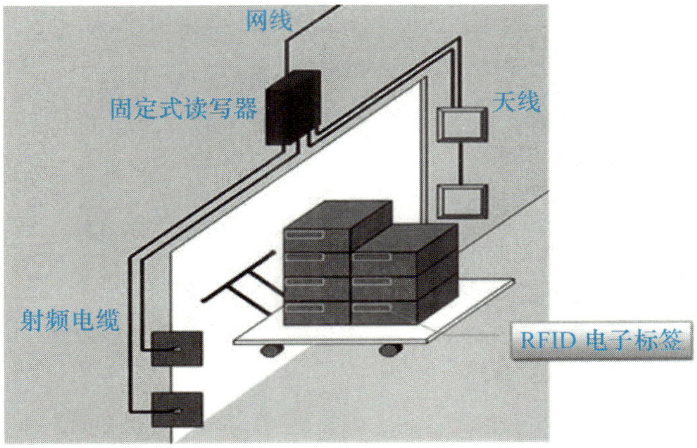

图3-22　智慧仓储入库作业

四、盘点作业

盘点作业是指定期对仓库在库货品实际数量与账面数量进行核查。通过盘点，掌握仓库真实的货品数量，为财务核算、存货控制提供依据，如图3-23所示。

随堂记

图3-23 仓储盘点作业

五、拣货作业

拣货作业是指根据客户订单的品种及数量进行商品的拣选。拣选可以按路线拣选也可以按订单拣选。拣选工作包括拣取作业、补充作业的货品移动安排和人员调度。

六、出库作业

出库作业是完成商品拣选及流通加工作业之后、送货之前的准备工作。出库作业包括准备送货文件、为客户打印出货单据、准备发票、制订出货调度计划、决定货品在车上的摆放方式、打印装车单等工作。RFID扫描出库作业如图3-24所示。

图3-24 RFID扫描出库作业

七、配送作业

配送作业包括送货路线规划、车辆调度、司机安排、联系客户、商品在途信息跟踪、意外情况处理及文件处理等工作。

任务实施

1. 请你根据现有的实训条件，将仓储作业各环节分别录成微视频，以供分享。

2. 各调研小组走访当地的一家物流企业，了解其仓储作业环节并尝试为之提供优化建议，完成表3-6的填写。

表3-6 物流企业仓储环节调研记录表

任务名称	物流企业仓储环节调研
企业名称	
调研方式	
企业简介	
被调研人员情况简介	
企业仓储环节	
优化建议	

项目评价表

《解读物流仓储》项目实施评价表

考核任务	考核要求	配分	评分标准				得分		备注
			优	良	中	差	自评	师评	
认识物流仓储作业	能够准确描述什么是仓储企业，并准确理解其功能	20	15～20	11～14	6～10	0～5			
知晓物流仓储的种类	能知道目前国内外主要物流仓储企业的名称及其主要业务的发展情况	40	31～40	21～30	11～20	0～10			
探析物流仓储作业环节	理解物流仓储作业的各环节，并能熟练掌握实操技能	40	31～40	21～30	11～20	0～10			
总计		100							

项目三

解读物流配送

配送是物流作业环节中最能体现物流行业特征的一环，又被称为“小物流”，你知道这是为什么吗？日常生活中，我们会经常提到收货、送货，那配送与这里的“送货”相同吗？让我们一起走进物流配送作业，一探究竟吧！

学习目标

知识目标

- 能够准确陈述什么是物流配送。
- 能够简单描述配送的作业形式。
- 能够正确阐述配送作业的流程。

技能目标

- 学会按照配送作业流程操作要求，完成备货、补货、拣货、配载等操作。
- 学会分析生活中常见的送餐配送及快递配送的作业形式。

素养目标

- 培养学生理论指导实践的动手能力。
- 通过深入企业调研，分析企业配送，感受物流人的职业。

项目分析

通过认识和了解我们身边物流企业中的配送作业，初步了解配送作业的概念及主要内容。通过对各种形式的配送作业进行分析，加深对配送作业的了解，并进一步对配送作业流程进行探析，深入理解配送作业为什么可以被称为“小物流”。

任务一 认识物流配送作业

案例导入

半小时送达——盒马鲜生带你享受新零售生活

最近一段时间，武汉的小伙伴们听到了一个新词语——“盒区房”。据说这个“盒区房”可以享受新鲜海鲜且免费配送，甚至自己不想做饭的时候，会有一位大厨亲自为你烹饪佳肴，总之，“盒区房”就是一个吃货的天堂。不过这个“盒区房”到底是什么呢？

经过多方打探，原来这个神奇无比的“盒区房”就是大名鼎鼎的盒马鲜生三千米配送范围，2018年4月28日武昌南国首义汇盒马鲜生正式开业，附近三千米“盒区房”免费配送，线上线下完美融合，为用户打造一个全新的零售生活方式。

盒马鲜生（见图3-25）不是超市，不是便利店，不是餐饮店，也不是菜市场。盒马鲜生是通过数据驱动，线上、线下与现代物流技术完全融合的创新型业态，可为消费者提供30分钟极速送达的智能购物体验，因此我们可以把盒马看成一个数据和技术驱动的新零售平台。

图3-25　盒马鲜生

早在2016年阿里巴巴就提到了新零售理念：“第一个是新零售，线上、线下以及物流的结合才会诞生新零售，新零售诞生后又会对纯电商和纯线下产生冲击。”盒马鲜生就是根据新零售概念，打造了一个3千米的“盒区房”，来让用户体验新零售的美妙之处。

盒马鲜生配送服务是其最值得夸耀的地方，它严格遵守30分钟的实效性，不管生熟皆保证30分钟内准时送达，而且最重要的是盒马鲜生“盒区房”范围内免费配送。针对传统快递行业时效性不强的特点，盒马采用分布式拣货，用算法把订单打散，变成不同的拣货员就近拣货。所有商品都有电子价签和专属条码，每个拣货员都是使用RF手持终端工作，确保拣货、合单、发货百分之百准确；在每个订单的拣货环节，时间都要严格控制在3分钟之内。那些平时苦等外卖的小伙伴们，是不是也应该考虑抛弃外卖，去APP点一份可口的生鲜佳肴，享受新零售美妙生活呢！

阅读思考：

1. 盒马鲜生是如何做到半小时配送的？
2. 你认为本案例中的“配送”与我们所说的“送货”的区别是什么？
3. 盒马鲜生配送最大的优势是什么？

知识储备

一、认识配送

配送是物流活动中一种典型的、综合的业务形式，它与商流、物流、资金流紧密结合，并且主要包括了商流活动、物流活动和资金流活动，可以说它是包括了物流活动中大多数必要因素的一种业务形式。一般的配送集装卸、包装、保管、运输于一身，通过一系列活动完成货物送达的目的，特殊的配送则还要以加工活动为支撑。图3-26所示为物流城市配送。

图3-26　物流城市配送

国家标准《物流术语》（GB/T 18354—2021）中对配送的定义是：在经济合理区域范围内，根据用户要求，对物品进行拣选、加工、包装、分割、组配等作业，并按时送达指定地点的物流活动。

根据定义可知，配送属于物流活动范畴，且属于第三方物流的服务领域。第三方物流是给客户提供配送服务的实体，除了要对商品进行配送以外，还要对商品进行拣选、加工和包装等活动，这是其他物流方式所不具备的。

二、辨析物流和配送

从物流来讲，配送几乎包括了所有的物流功能要素，是物流的一个缩影或在某个小范围中物流全部活动的体现。配送的主体活动与一般物流有所不同，一般物流是运输及保管，而配送则是运输及分拣配货。分拣配货是配送的独特要求，也是配送作业中最具特点的活动，以送货为目的的运输则是最后实现配送的主要手段。从这一主要手段出发，常常将配送简化地看成物流运输中的一种形式。

从商流来讲，配送和物流不同之处在于，物流是商物分离的产物，而配送则是商物合一的产物，配送本身就是一种商业形式。虽然配送具体实施时也有以商物分离形式实现的，但从配送的发展趋势看，商流与物流越来越紧密的结合，是配送成功的重要保障。

任务实施

1. 你心中的配送是怎样的？你身边的配送业务有哪些？
2. 记录你在生活中亲身经历过的一次配送服务，并归纳和分析它的配送过程。

任务二 配送作业的形式

案例导入

多家平台春节不打烊，“即时配送”成刚需

前几年一到春节，大街上就显得比较冷清，快递公司基本都已放假，网购的东西也没有人给配送了，大家想要吃什么、用什么都需要提前做好准备。而今年就不同了，随着春节的来临，众多快递企业以及外卖、电商平台都纷纷对外宣布“春节不打烊”的消息，给消费者带来了不小的福利，大家再也不用担心春节期间买不到心仪的商品了。

大多数平台在春节期间继续为消费者提供服务，“即时配送”备受青睐。因为在春节期间，大多数消费者想要购买的商品往往都优先选择同城的物品或是外卖，因此即时配送的市场缺口非常大，可能会成为下一个市场拐点。其实不仅是在节假日，平时电商平台也依靠即时配送等服务来争夺消费者的订单。

数据显示，2021年我国即时配送行业订单规模为279亿单，在各大平台选择“即时配送”服务的主流消费群体为公司白领和在校学生。如果从“即时配送”订单主要配送的商品来看，大家最常购买的商品前三位依次是外卖食品、商超便利商品、生鲜果蔬。虽然外卖食品依然牢牢地占据着主要份额，但是从单一“送外卖”到“送万物”的趋势正在凸显。

总之，即时配送已经成为人们日常生活中必不可少的一项内容。尤其对于那些白领和学生来讲，更是不可或缺。如果想要在这一领域赢得更大的市场，各个配送平台就要好好比一比：谁送得快、谁的服务态度更好、谁的配送价格更实惠……简而言之，只有得到消费者的信赖，才能在行业里活得更好。

阅读思考：

1. 你对“天猫超市黄马甲配送”有哪些了解？
2. 除了案例中提到的即时配送，你还知道哪些典型的配送形式？

知识储备

《交通强国建设纲要》指出，加速新业态新模式发展。发展“互联网+”高效物流，创新智慧物流营运模式。建立通达全球的寄递服务体系……积极发展无人机（车）物流递送、城市地下物流配送等。

物流配送作业，由于其配送主体、配送商品和配送时间的不同，又可以分为多种配送形式。

一、按配送主体分类

1. 销售配送

销售配送是指配送企业是销售性企业或销售企业作为销售战略的一环所进行的促销型配送形式。其对象和用户一般不固定，取决于市场状况，随机性较强，大部分商店的送货上门服务属于这一类配送。图3-27所示为亚马逊的生鲜食品销售配送服务。

图3-27　亚马逊的生鲜食品销售配送服务

2. 供应配送

供应配送是指用户为了自己的供应需要所采取的配送形式。在大型企业、企业集团或联合公司中，常常采用这种配送形式组织对本企业的供应，例如商业中广泛采用的连

随堂记

锁商店，就常常采用这种方式。用配送方式进行供应，是保证供应水平、提高供应能力、降低供应成本的重要方式。图3–28所示为沃尔玛超市满足自己门店需求的供应配送。

图3–28 沃尔玛超市满足自己门店需求的供应配送

3. 销售——供应一体化配送

销售——供应一体化配送是指对于基本固定的用户和基本确定的配送产品，销售企业可以在自己销售的同时，承担用户有计划供应者的职能，既是销售者的同时又成为用户的供应代理人，起到用户供应代理人的作用。

4. 代存代供配送

代存代供配送是用户将属于自己的货物委托配送企业代存、代供，有时还委托代订，然后由配送企业组织配送的形式。其特点是货物所有权不发生变化，所发生的只是货物的位置转移，配送企业从代存代供业务中获取服务费。

二、按配送商品分类

1. 单（少）品种大批量配送

一般来讲，对于工业企业需要量较大的商品，由于单独一个品种或几个品种就可达到较大输送量，可以实行整车运输，这种情况下就可以由专业性很强的配送中心实行配送，往往不需要再与其他商品进行搭配。由于配送量大，可使车辆满载并使用大吨位车辆。这种情况下，由于配送中心的内部设置、组织、计划等工作也较为简单，因此降低了配送成本。

2. 多品种少批量配送

多品种少批量配送是根据用户的要求，将所需的各种物品（每种物品的需要量不大）配备齐全，凑整装车后由配送据点送达用户。这种配送作业水平要求高，配送中心设备要求复杂，配货送货计划难度大，因此需要有高水平的组织工作来保证和配合。而且在实际中，多品种、少批量配送往往伴随多用户、多批次的特点，配送频度往往也比较高。

3. 配套成套配送

配套成套配送是指根据企业的生产需要，尤其是装配型企业的生产需要，把生产每一台件所需要的全部零部件配齐，按照生产节奏定时送达生产企业，生产企业随即可将此成套零部件送入生产线以装配产品。

随堂记

三、按配送时间分类

1. 定时配送

定时配送就是按照规定的时间和时间间隔对物资进行配送，具体的形式包括小时配、日配、准时配送等。

2. 定量配送

定量配送就是对客户的货物量进行补充，特点是配送的货物数量是固定的，在操作过程中，配送中心可能以托盘、集装箱等形式测算定量来满足客户对量的需求。

3. 定时定量配送

定时定量配送是指按照规定的配送时间和配送数量进行配送，兼有定时、定量两种方式的优点，是一种精细化的配送服务方式。

4. 定时定线路配送

定时定线路配送是指在规定的运行路线上，制定配送车辆到达的时间表，按运行时间表进行配送。用户可以按照配送企业规定的路线及规定的时间选择这种配送服务，并到指定时间及指定位置接货。

5. 即时配送

在特殊情况下，客户突然提出一种没有计划性的物资需求时，配送中心要立即进行应急配送。这种配送形式虽然成本较高，但却是保证配送合理化的一种手段，也是配送中心最佳服务的体现。图3-29所示为宅急送的即时配送业务。

图3-29　宅急送的即时配送业务

任务实施

1. 你心中的配送是怎么样的？你身边的配送业务有哪些？

2. 记录你在生活中亲身经历过的一次配送服务并归纳它的配送过程，完成表3-7的填写。

表3-7 配送服务情况记录表

任务名称	配送服务情况记录		
配送企业名称			
配送企业简介			
配送服务流程			
你对本次服务的评价	□ 较好	□ 一般	□ 较差
你的建议			

任务三 探析配送作业流程

案例导入

揭秘日本经典生鲜配送中心是如何构成的

一、生鲜食品配送中心的组织结构

生鲜食品配送中心与其他商品配送中心类似，一般由信息中心与仓库构成。信息中心起着汇集信息并对配送中心进行管理的作用；仓库根据各部门不同的功能又可分为不同的作业区，包括收货区、储存区、理货区、配装区、发货区、加工区等。因超市类型不同，配送中心的类型也有所不同，其仓库各作业区面积大小也不尽相同。

二、生鲜食品配送中心的营运流程

1. 生鲜食品配送流程分类

第一类：保质期较短或对保鲜要求较高的食品，如点心类食品、肉制品、水产品，要求能够快速送货。

第二类：保质期较长的食品，一般在备货后安排储存工序，有时是放在冷库中储存。

第三类：对需要加工的食品的操作程序如下：大量货物集中到仓库后，先进行初加工，包括将大块的货物分成小块，然后划分等级，给蔬菜去根、去老叶，鱼类去鳞、去头、去内脏，配制成半成品等，然后再进行储存到配送的各道工序。

第四类：有些产品为了提高商品周转速度，维持商品新鲜度，虽由配货中心向供应商订货，但是供应商不是将商品发给配送中心，而是将商品直接发给各个门店。这是流程最短的一种商品配送方式。

2. 生鲜食品的配送流程

我们以上述第三类配送方式的主要操作流程为例进行说明：订货→收货→加工→储存→配货→配装→送货。

（1）订货。订货是配送中心运作周期的开始。配送中心收到和汇总门店的订货单后，首先要查询配送中心现有库存种类和数量，如果没有现货或虽然有货但存货数量不足，则要及时发出订单或向总部采购部门申请发出订单，进行订货。

（2）收货。收货流程包括收货和验收入库两个环节。验收入库主要是对商品数量和质量的检验。按照规定，质量不合格的商品将退回由供应商自行处理。经过验收合格之后的商品，配送中心的工作人员随即要按照类别、品种将其分开，分门别类地存放或直接进行下一步操作。

（3）加工。加工包括两方面的内容：一是制成品加工，二是初级产品加工。生鲜食品的加工有助于对企业特色产品、核心产品和主力商品的品质、成本及货源的把握。

（4）储存。储存主要是为了保证销售需要，但要求是保持合理库存，同时还要注意在储存环节中做到确保商品不发生数量和质量变化。在存放地点上，要注意便于分拣、配货和出库；在存放时间上，要贯彻“先进先出”的原则；在储存管理上，要安全、正确、经济、简捷、经济地保存生鲜食品。

（5）配货。配货是配送中心的工作人员根据订单信息，将货物挑选出来的一种活动。

（6）配装。配装是指为了充分利用载货车厢的容积和提高运输效率，配送中心常常把同一条送货路线上不同门店的货物组合、配装在同一辆载货车上。

（7）送货。送货包括装车和送货两项活动。为适应不同门店的需要，配送中心在进行送货作业时，常常做出多种安排：有时是按照固定时间、固定路线为固定用户送货；有时也不受时间、路线的限制，机动灵活地进行送货作业。

阅读思考：

1. 日本经典生鲜配送中心由哪些机构组成？这些机构的主要功能是什么？
2. 生鲜食品的配送经过了哪些环节？

知识储备

配送作业是配送企业或部门运作的核心内容，这是因为配送作业流程的合理性以及配送作业效率的高低都会直接影响整个物流系统的正常运行。配送作业的流程如图3-30所示。

当配送中心收到客户订单后，首先将订单按其性质进行“订单处理”，然后根据处理后的订单信息，进行从仓库中取出客户所需货品的“拣货”作业。拣货完成后，如果拣货区的存货量低于库存安全标准，则必须由储存区申请“补货”；如果储存区的库存也出现不足，则应向供应商采购订货。从仓库拣选出的货品经过整理之后即可准备发货，等到一切发货准备就绪，便可将待送货品配装在车辆上，即为“配货”作业，待配装完成后由司机向用户进行“送货”作业。值得注意的是，在所有作业过程中，只要涉及物品的流动作业，期间就一定有“装卸搬运”作业发生。

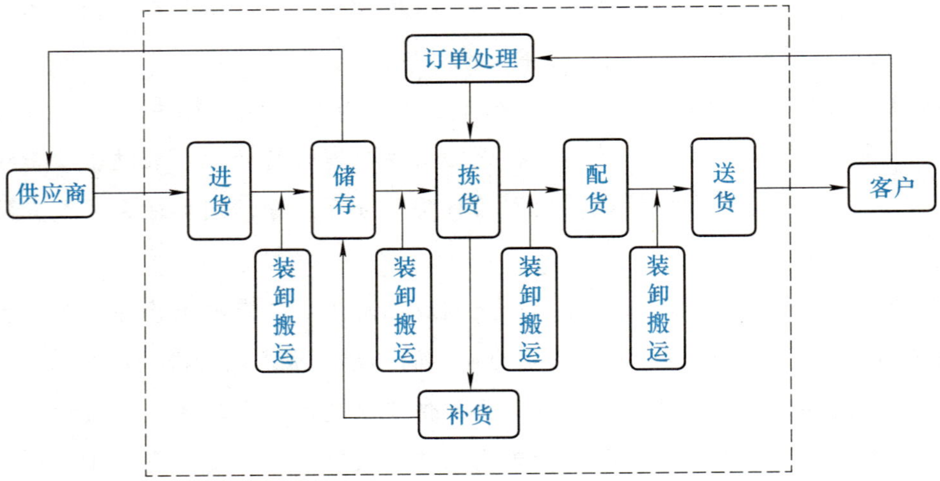

图3-30 配送作业的流程

任务实施

1. 选择你亲身经历过的一次配送服务，说一说该配送服务属于哪种形式。

2. 成立调研小组，选择附近的物流企业进行调研，了解其配送业务并将其配送形式归类，完成表3-8的填写。

表3-8 配送服务形式调研记录表

任务名称	配送服务形式调研		
企业名称			
企业简介			
配送服务内容			
配送流程环节			
配送形式	按配送主体分类	按配送商品分类	按配送时间分类
你的理由			

项目评价表

《解读物流配送》项目实施评价表

考核任务	考核要求	配分	评分标准				得分		备注
			优	良	中	差	自评	师评	
认识物流配送作业	能够准确描述什么是配送，并能正确理解配送和物流的区别	30	25～30	18～24	10～17	0～9			
知晓配送的作业形式	知晓配送作业的各种形式，并能准确分类	40	35～40	25～34	11～24	0～10			
探析配送作业的流程	熟悉配送作业的流程，并能够准确描述其作业过程	30	25～30	18～24	10～17	0～9			
总　计		100							

项目四

解读流通加工

流通加工不是生产加工，因此对所有物流活动来说不是必需的，也不及运输和保管那么普遍。但这绝不是说流通加工不重要，实际上它也是不可或缺的。那么，到底什么是流通加工呢？它与生产加工又有哪些区别呢？让我们一起学习吧！

学习目标

知识目标

- 能够准确陈述什么是流通加工。
- 能够准确描述流通加工和一般加工之间的区别。
- 能够准确阐述流通加工的类型和方式。
- 能够简单描述流通加工的合理化要求。

技能目标

- 会进行简单流通加工，并能区别于生产加工。
- 进行物流企业调研，记录流通加工的内容及形式。

素养目标

- 培养良好的语言表达能力。
- 培养团队协作的能力，通过合作取得共赢。

项目分析

流通加工是社会经济和专业化分工发展到一定阶段的必然产物，是生产活动的一种延续。本项目让我们一起从认识流通加工开始，理解流通加工和生产加工的区别，知晓流通加工的各种类型，并了解流通加工的合理化内容。

任务一 认识流通加工

案例导入

阿迪达斯的“流通加工”

阿迪达斯在美国一家超级市场里设立了组合式鞋店，摆放着不是做好了的鞋，而是做鞋用的半成品。款式花色多样，有6种鞋跟、8种鞋底，均为塑料制造。鞋面的颜色以黑、白为主，搭带的颜色有80种，款式有百余种。顾客进店后可任意挑选自己喜欢的各个部件，交给导购员现场进行组合，一双充满个性的新鞋便到手了。

这家鞋店昼夜营业，工作人员技术熟练，鞋子的售价与成批制造的价格差不多，有的还略微便宜些，所以顾客络绎不绝，销售业绩比邻近的鞋店多十倍。

阅读思考：

1. 案例中的“流通加工”指的是哪些操作？
2. 阿迪达斯的“流通加工”是如何完成的？

知识储备

党的二十大报告指出，建设高效顺畅的流通体系。流通体系是现代化产业体系的重要组成部分，建设高效顺畅的流通体系是构建新发展格局的必然要求，也是实现社会主义现代化的题中应有之义。

一、认识流通加工

流通加工也称物流加工，是指在产品从生产领域向消费领域流动的过程中，为了利于流通所进行的一些附带的加工作业。国家标准《物流术语》（GB/T 18354—2021）中对流通加工的定义是：物品在从生产地到使用地的过程中，根据需要施加包装、分割、计量、分拣、刷标志、拴标签、组装等简单作业的总称。流水线上的流通加工如图3-31所示。

图3-31　流水线上的流通加工

流通加工是流通中的一种特殊形式，它在物流操作系统中属于一种可选择性的附带服务作业，并不是每一种商品或每个客户都需要此项作业，但它却是一项可以提高服务品质、增加附加价值的作业。流通加工通过改变或完善流通对象的形态来实现“桥梁和纽带”作用，因此流通加工是生产的一种延续。

二、流通加工和生产加工的区别

1. 加工对象不同

流通加工的对象是进入流通过程的商品，具有商品的属性，以此来区别多环节加工中的一环。而生产加工的对象不是最终产品，是原材料、零配件、半成品。

随堂记

2. 加工程度不同

流通加工大多是简单加工，而不是复杂加工。一般来讲，如果必须进行复杂加工才能形成人们所需的商品，那么，这种复杂加工应专设生产加工过程。生产过程理应完成大部分加工活动，流通加工对生产来说是一种辅助及补充。需要特别指出的是，流通加工绝不是对生产加工的取消或代替，如图3–32所示。

图3–32 流通加工属于简单加工

3. 附加价值不同

从价值观点看，生产加工的目的在于创造商品的价值及其使用价值，而流通加工则在于完善其使用价值，并在不作大改变的情况下提高其商品价值。

4. 加工责任人不同

流通加工的组织者是从事流通工作的人，能密切结合流通的需要进行这种加工活动。从加工单位来看，流通加工由商业或物资流通企业完成，而生产加工则由生产企业完成。

5. 加工目的不同

商品是为交换和消费而生产的，流通加工一个重要的目的是为了消费（或再生产）所进行的加工，这一点与商品生产有共同之处。但是流通加工有时候也以自身流通为目的，纯粹是为流通创造条件，这种为流通所进行的加工与直接为消费进行的加工从目的来讲是有区别的，这又是流通加工不同于一般生产加工的特殊之处。

任务实施

1. 你心中的流通加工是怎么样的？

2. 成立调研小组，走访身边的一家物流企业，了解其流通加工作业的环节，做好详细记录并分析其各个环节是否必须，完成表3–9的填写。

表3-9　流通加工作业环节调研记录表

任务名称	流通加工作业环节调研
企业名称	
企业简介	
流通加工环节	
不必要环节	
你的理由	

任务二　正确表述流通加工的分类

案例导入

超市“加工”服务成卖点

“这个菠萝是削好的，马上就可以吃，既卫生又方便。”刘瑞在南岸某超市购物时发现，这里销售的进口菠萝全是削好皮的，购物者立马就可以吃。

“你这个菠萝不需要泡盐水，就这样吃吗？”面对刘瑞的疑问，工作人员一边削皮一边说，“这个菠萝是菲律宾的品种，削皮后就可以食用，无须泡盐水，味道还很不错。我们是论个卖，13.8元一个，买了就帮你削皮，装在保鲜盒里面。”

刘瑞注意到，工作人员的手法很熟练，先将菠萝两头的皮去掉，然后立起来分成四份后，再将菠萝每一份的皮削掉，最后切成小块状，放入保鲜盒内。十多分钟的时间里，就售出了八九个。“这菠萝看上去不错，买两个来试着吃。”旁边正打算购买菠萝的购物者告诉刘瑞。

随后，刘瑞看到，除了菠萝外，木瓜等水果也有加工服务，超市内其他有加工服务的产品也格外受到市民喜爱。河粉、卤菜、钵钵鸡等，在下午下班的时候，柜台前站着不少选购的市民。“下班已经六点了，回家做饭来不及，就买点熟食，快捷方便。”

阅读思考：

1. 超市加工食品为什么受到广大市民的欢迎?
2. 超市加工属于流通加工吗？你认为超市中还有哪些作业属于流通加工?

知识储备

一、流通加工的类型

1. 为弥补生产领域加工不足的深加工

有许多产品在生产领域的加工只能到一定程度，这是由于存在许多限制因素限制了生产领域不能完全实现终极的加工。例如木材如果在产地制成木制品，就会造成运输的极大困难，所以原生产领域只能加工到原木、板方材这个程度，进一步的下料、切裁、处理等深加工环节则是由流通加工完成，如图3-33所示。这种流通加工实际上

随堂记

是生产的延续，是生产加工的深化，对弥补生产领域加工不足有重要的意义。

图3-33 木材的深加工

2. 为满足需求多样化进行的服务性加工

从需求角度看，需求存在着多样性和多变性两个特点。为满足这种要求，就需要用户自己设置加工环节。就用户来讲，现代生产的要求是生产型用户能尽量减少流程，尽量集中力量从事较复杂的、技术性较强的劳动，而不愿意将大量初级加工包揽下来。这种初级加工带有服务性，由流通加工来完成，生产型用户便可以缩短自己的生产流程，使生产技术密集程度提高。

3. 为保护产品所进行的加工

在物流过程中，直到用户投入使用前都存在对产品的保护问题，防止产品在运输、储存、装卸、搬运、包装等过程中遭到损失，使其使用价值能顺利实现。和前两种加工不同，这种加工并不改变进入流通领域的“物”的外形及性质。这种加工主要采取稳固、改装、冷冻、保鲜、涂油等方式进行。

4. 为提高物流效率、方便物流进行的加工

有一些产品本身的形态使之难以进行物流操作，进行流通加工可以使物流各环节易于操作，如鲜鱼冷冻、过大设备解体、气体液化等。这种加工往往改变“物”的物理状态，但并不改变其化学特性，并最终仍能恢复原物理状态，图3-34所示为为方便物流对食品进行包装。

图3-34 为方便物流对食品进行包装

5. 为促进销售的流通加工

流通加工可以从若干方面起到促进销售的作用，如将大包装或散装物分装成适合一次销售的小包装的分装加工，以起到吸引消费者、指导消费的作用等。这种流通加工可能是不改变“物”的本体，只进行简单改装的加工，也有许多是组装或分块等深加工。

6. 为提高加工效率的流通加工

很多生产企业的初级加工，由于人员、设备数量有限而使得加工效率不高，也难以投入先进科学技术。流通加工以集中加工的形式，解决了单个企业加工效率不高的弊病。以一家流通加工企业代替了若干生产企业的初级加工工序，促使了生产力水平的大幅提高。

7. 为提高原材料利用率的流通加工

流通加工利用其综合性强、用户多的特点，可以实行合理规划、合理套裁、集中下料的办法，这就能有效提高原材料的利用率，减少损失和浪费。

8. 衔接不同运输方式、使物流合理化的流通加工

在干线运输及支线运输的结点，设置流通加工环节，可以有效解决大批量、低成本、长距离干线运输与多品种、少批量、多批次末端运输和集货运输之间的衔接问题。在流通加工点与大的生产企业间形成大批量、定点运输的渠道，又以流通加工为核心，组织多用户的配送；也可在流通加工点将运输包装转换为销售包装，从而有效衔接不同目的的运输方式。

9. 以提高经济效益、追求企业利润为目的的流通加工

流通加工的一系列优点可以形成一种“利润中心”的经营形态，这种类型的流通加工是经营的一环，在满足生产和消费要求基础上取得利润，同时在市场和利润引导下使流通加工在各个领域中有效地发展。

10. 生产——流通一体化的流通加工形式

依靠生产企业与流通企业的联合，生产企业涉足流通或者流通企业涉足生产，实现生产与流通加工的合理分工、规划与组织，统筹进行生产与流通加工的安排。这种形式可以促成产品结构及产业结构的调整，充分发挥企业集团的经济技术优势，是目前流通加工领域的新形式。

随堂记

二、流通加工的形式

常见的流通加工形式包括剪板加工（见图3-35）、集中开木下料（见图3-36）、配煤加工（见图3-37）、冷冻加工、分选加工（见图3-38）、精制加工、分装加工、组装加工和加工定制等。

图3-35 钢材的剪板加工

图3-36 原木的集中开木下料

图3-37 配煤加工

图3-38 茶叶的分选加工

任务实施

走访身边的物流企业，调研该企业有哪些流通加工形式，完成表3-10的填写。

表3-10 流通加工作业形式调研记录表

任务名称	流通加工作业形式调研
企业名称	
企业简介	
加工对象	
加工类型	
加工形式	
你的理由	

任务三　解读流通加工的合理化要求

案例导入

活鱼加工运输舱船——“移动的加工厂”

2019年3月，由挪威Havyard船厂负责建造的全球最大的活鱼运输舱船“Ronja Storm”号（见图3-39）日前在土耳其完成船体建造，该船的船体已经抵达了挪威Havyard船厂，将进行最后的舾装工作。

从许多方面来看，“Ronja Storm”号都将是全球最大的活鱼舱船，将用于鱼类分类、加工和鲑鱼的运输等方面。该船长达116米，比任何活鱼舱船都长。

图3-39　全球最大的活鱼运输舱船

其淡水生产设施也是全球最大的，每天能制造1 680万升淡水，相当于平均10万挪威人的日常淡水消耗量。该船生产出的淡水用途广泛，如活鲑鱼3小时以上的淡水运输、转运鲑鱼到淡水中以治疗阿米巴鳃病（AGD）等。该船产生的大量淡水确保了船舶可以在海上连续进行工作，而不必像其他船只那样经常上岸补充淡水。

该船的活鱼处理及运输能力也是全球最大，是普通活鱼舱船平均能力的近两倍。船上设有4个活鱼舱，数量在单艘船里为全球最多，每小时能装载1 000吨活鱼。

该船还在全球范围内率先使用了一套直流电系统，不但能节约燃料，还能确保良好的处理活鱼。

阅读思考：

1. 案例中的活鱼舱船处理活鱼属于流通加工吗？
2. 你认为活鱼运输舱船有哪些优势？

知识储备

流通加工合理化指实现流通加工的最优配置，不仅要做到避免各种不合理的流通加工作业，使流通加工更具价值，而且要综合考虑流通加工与配送、运输、商流等的有机结合，做到最优的选择，以达到最佳的流通加工效益。实现流通加工合理化，主要应考虑以下几方面。

随堂记

1. 加工和配送相结合

加工和配送相结合就是将流通加工点设置在配送点中，一方面按配送的需要进行加工；另一方面，加工又是配送业务流程中分货、拣货或配货作业中的一环，加工后的产品直接投入配货作业。这就无须额外单独设置一个加工的中间环节，使流通加工有别于独立的生产加工，而使流通加工与中转流通巧妙地结合在一起。同时，由于配送之前进行了加工，可使配送服务水平大大提高。这是当前对流通加工合理选择的重要形式，在煤炭、水泥等产品的流通中被广泛使用并已表现出较大的优势。

2. 加工和配套相结合

在对配套要求较高的流通中，配套的主体来自各个生产单位，但完全配套有时无法全部依靠现有的生产单位进行。适当的流通加工可以有效地促成配套，大大提高流通作为连接生产与消费的桥梁和纽带作用。

3. 加工和合理运输相结合

流通加工能有效地衔接干线与支线运输，促进两种运输形式的合理化。利用流通加工，在支线运输转干线运输或干线运输转支线运输这本来就必须停顿的物流环节中，不进行一般的干线转支线或支线转干线，而是按照干线或支线运输的合理要求进行适当加工，加工完成后再进行中转作业，从而大大提高运输效率及运输转载水平。

4. 加工和商流相结合

通过流通加工有效地促进销售，提高商流的合理化程度，也是流通加工合理化的考虑方向之一。流通加工与配送的结合，提高了配送水平，强化了销售，也是流通加工与合理商流相结合的一个成功例证。

5. 加工和节约相结合

节约能源、节约设备、节约人力、节约耗费是流通加工合理化的重要考虑因素，也是目前我国设置流通加工时考虑其合理化的比较普遍的形式。对于流通加工合理化的最终判断，应看其能否实现社会和企业本身的两个效益，以及是否取得了最优效益。对流通加工企业而言，与一般生产企业的重要不同之处在于，流通加工企业更应把社会效益放在首位。如果片面追求企业的微观效益，不进行适当地加工，甚至与生产企业争利，不仅有违流通加工的初衷，而且其本身也已不属于流通加工的范畴了。

任务实施

走访当地物流企业，了解该企业的流通加工环节，找出不合理之处并形成调研报告，完成表3-11的填写。

表3-11 流通加工作业合理化调研记录表

任务名称	流通加工作业合理化调研	
企业名称		
企业简介		
流通加工流程		
是否合理	□ 合理	□ 不合理
不合理环节		
你的建议		

项目评价表

《解读流通加工》项目实施评价表

考核任务	考核要求	配分	评分标准				得分		备注
			优	良	中	差	自评	师评	
认识流通加工	能够准确描述什么是流通加工	20	16～20	11～15	6～10	0～5			
理解流通加工和一般加工的区别	能够阐述流通加工和一般加工的区别，并能从多角度进行分析	30	24～30	16～23	9～15	0～8			
知悉流通加工的类型和形式	能够描述流通加工的主要类型及其形式	30	24～30	16～23	9～15	0～8			
了解流通加工的合理化要求	了解流通加工的合理化要求并能简述其内容	20	16～20	11～15	6～10	0～5			
总　计		100							

项目五

解读物流包装

我国的包装工业发展迅速，包装生产在促进国民经济发展、改善居民物质需求的作用越来越明显。包装设计不仅会影响物流的作业效率，也会提高产品的产出量。包装产业作为一个独立的行业，其发展已经被列入国民经济和社会发展的重要规划中。接下来就让我们认识一下什么是包装吧！

学习目标

知识目标

- 发现生活中的物流包装。
- 正确表述各种常见的各种包装材料及特点。
- 说一说物流包装的发展趋势。

技能目标

- 能够发展生活中物流包装的使用场合。
- 能够说出物流包装在社会物资流通过程中的作用。

素养目标

- 树立良好的工作观察意识。
- 养成认真工作的严谨态度。
- 树立良好的工作服务意识。

项目分析

包装已经成为物流活动中必不可少的组成部分，货物包装不仅会影响商品的流通效率，也会影响货物在装卸搬运过程中产生的货损货差。通过对本项目的学习，主要了解商品包装的相关基础知识，认识一下生活中各种常见的包装材料和包装设备。

任务一 发现生活中的物流包装

案例导入

鸡蛋运输的困扰

小王是一家大型养鸡场的负责人，该养鸡场每年除了能提供新鲜的家禽以外，还负责销售鲜鸡蛋。由于近年来各个大型养鸡场和规模养殖户的发展迅速，养鸡数量与规模的不断扩大，鲜蛋除了满足本地市场的需求外，还有一部分是外销的。这些外销的鸡蛋在运输上却成了小王最头痛的问题。鸡蛋易碎，保存要求高。因此，鸡蛋的包装不仅决定了运输的效率，也会直接影响鸡蛋的质量。于是，小王找到了当地的一家包装企业为其解决鸡蛋运输的困扰。当地的包装企业给出如下的建议：

首先，建议利用蛋托来包装鲜鸡蛋，如图3–40所示。蛋托是一种用塑料或再生纸纸浆为原材料制作的鸡蛋专用包装。将鸡蛋放在其中，蛋的小头朝下，大头朝上，呈现倒立的状态。每一个蛋托可放置鸡蛋30枚至60枚。蛋托之间可以重叠堆放，不会将蛋压碎。

其次，利用纸箱、木箱、塑料盒来填装鲜鸡蛋，如图3–41所示。每箱以包装300枚至500枚鸡蛋为宜。另外，纸箱内还可以用切短的麦秆、稻草、谷糠来填充。纸箱外注明品名、重量，并贴上“切勿倒置”“小心轻放”字样或标志。

图3–40　蛋托装蛋

图3–41　塑料盒装蛋

阅读思考：

1. 帮助小王解决鸡蛋运输困扰的办法是什么？
2. 什么是包装？案例中的包装在鸡蛋运输中起了什么作用？
3. 你知道的物流包装技术还有哪些？

知识储备

从上述的案例中我们可以发现，包装已经进入我们的日常生活并且给我们日常的消费带来方便。

国家标准《物流术语》（GB/T 18354—2021）中对包装的定义是：包装是指在流通的过程中为了保护产品、方便储运、促进销售，所使用的容器、材料和辅助物的总体名称。也指为达到上述目的，在采用容器、材料和辅助物的过程中施加一定技术方法等的操作活动。

包装的作用主要有三个方面：

1. 保护货物

保护货物使商品不受各种外力的损害，这也是物流包装的最基本作用。货物生产结束进入销售流通环节直至到消费者手中，需要经过多次装卸、搬运、运输、储存作业。在货物流通的过程中应对货物实施有效的保护包装，例如加入衬垫、填充，不仅可以防止货物破损变形，还可以防止货物受潮、发霉、变质、生锈以及防止有害生物对货物产生损害、防止异物混入并污染货物。

2. 便于处理

产品生产后具有不同形态，并有大小、规则和不规则形态之分，例如奶粉是罐装的、白酒是玻璃瓶装的、薯片是充气包装的。如果在运输的过程中单纯地利用货物的销售包装来运输，例如瓶、罐、小包装等会降低货物的流通速度，也会产生较多的货损。因此，货物在运输或储存过程中大部分是利用瓦楞纸箱来提高运输的效率，或者采用成组化、集装化的包装来提高运输的效率。

3. 促进销售

良好的产品包装会使得商品更具有识别和促销的作用。在产品包装后，可与其他同类竞争产品产生区别。好的产品包装不仅可以直接吸引消费者的视线，还可以让消费者产生强烈的购买欲望，从而达到了产品促销的目的。

任务实施

1. 在生活中你在哪里见过物流包装?

2. 寻找生活中你亲身经历的一次使用物流包装的物流活动，并说说你是如何使用物流包装的。

3. “绿水青山就是金山银山。”在物流产业的发展过程中，一直存在过度包装、包装污染等问题。如何发展绿色、低碳的包装产业是迫切的社会需求。对此谈一谈你的看法。

任务二 正确表述常见的各种包装材料及其特点

案例导入

集装箱缓冲气垫让运输更安全

货物在使用集装箱运输的过程中，虽然货物以集装箱为单位进行公路、水路、航空等方式的运输，但在实际的运输过程中，集装箱内的货物以托盘为装卸单位储存在集装内，托盘和托盘之间有时候会存在空隙，特别在反复的装卸搬运、运输过程中还会出现倒垛或出现托盘之间的碰撞。另外，很多的罐装货物放置在集装箱内时，也会出现货物与集装箱产生空隙的情况。而这些空隙在运输过程中因运输路途的颠簸而产生的碰撞可能会导致货损货差的产生。面对集装箱内的货物间隙而造成的货损，我们该如何应对解决呢?

很多国家在采用集装箱运输时会使用集装箱缓冲气袋来稳固货物，如图3-42所示。集装箱缓冲气袋广泛应用于集装箱、海运、拖车、火车等各种运输方式中，特别适用于托盘、整板、成批集装箱化运输的货物，也作为特殊货物在集装箱内定位使用，更是国际货物运输中原木或发泡胶的新型环保替代产品，已经成为国际上普遍采用的集装箱填充方式。

图3-42　集装箱缓冲气袋

集装箱缓冲气袋的材质主要以牛皮纸或编织袋为主，在使用上比传统的缓冲包装材料更具优势：

第一，集装箱缓冲气袋比其他的泡沫、纸板的受力更均匀。

第二，集装箱缓冲气袋的制作材料更环保。

第三，集装箱缓冲气袋可根据间隙的大小来选择不同的尺寸，使得集装箱运输作业更方便快捷。

阅读思考：

1. 案例中主要介绍了什么包装材料？
2. 集装箱缓冲气袋对集装箱运输起到了什么作用？
3. 请你想一想，在生活中的物流活动中还有哪些物流缓冲包装？

知识储备

一、瓦楞纸箱

瓦楞纸箱是我们日常生活中最常见、应用最广泛的包装材料，如图3-43所示。瓦楞纸箱是经过模切、压痕、钉箱或粘箱制成的。瓦楞纸箱以其优越的使用性能和方便的加工性能逐渐成为运输、仓储领域的重要包装材料之一。

图3-43　瓦楞纸箱包装材料

1. 瓦楞纸箱的优点

（1）具有适宜的强度、耐冲击性和耐摩擦性。

（2）无毒、无异味。

（3）具有优良的成型性和折叠性。

（4）具有最佳的可印刷性。

（5）价格较低且重量轻。

（6）可回收重复使用。

2. 瓦楞纸箱的缺点

（1）防水性差。

（2）易受潮。

（3）反复使用易老化。

随堂记

二、塑料缓冲气袋

塑料缓冲气袋是以塑料薄膜包含空气而形成的气包来防止产品的撞击，在产品受到摇晃、振动、颠簸时起到缓冲碰撞、保护货物的作用，如图3−44所示。塑料缓冲气袋被广泛应用于手工艺品、陶瓷、玻璃制品、电子产品、食品、精密仪器等产品的缓冲包装上。

图3−44 塑料缓冲气袋包装材料

1. 塑料缓冲气袋的优点

（1）抗腐蚀能力强，不与酸、碱反应。

（2）制作成本低。

（3）耐用、防水、重量轻。

（4）使用方便，在不破损的情况下可以反复使用。

（5）可以被制作成不同样式和规格的缓冲袋。

2. 塑料缓冲气袋的缺点

（1）易燃烧并且在燃烧时可以产生有毒气体。

（2）在运输过程中需要与其他的包装材料配合使用。

三、木质材料

木质材料目前仍是大型和重型商品运输包装的重要材料，也用于包装批量小、体积大、重量大、强度要求高的商品，如图3−45所示。常见的木质包装容器有木箱和木桶。

图3−45 木箱包装材料

1. 木箱包装材料的优点

（1）耐压、耐冲击、牢固可靠。

（2）易加工成型。

（3）在不破损的情况下可以多次反复使用。

2. 木箱包装材料的缺点

（1）价格较高。

（2）木材资源匮乏。

（3）破损之后需要维修才能再次使用。

随堂记

四、珍珠棉

珍珠棉又称聚乙烯发泡棉，是一种新型环保的包装材料，如图3-46所示。它由低密度聚乙烯脂经物理发泡产生无数的独立气泡构成，广泛应用于电子电器、仪器仪表、计算机、音响、医疗器械、工控机箱、灯饰、工艺品、玻璃、陶瓷、家电、酒类及树脂等高档易碎礼品包装以及五金制品、玩具、瓜果、皮鞋的内包装、日用品等多种产品的包装，同时还可作为快递包装。

图3-46　珍珠棉包装材料

1. 珍珠棉包装材料的优点

（1）克服了普通发泡胶易碎、变形、恢复性差的缺点。

（2）具有隔水防潮、防震、隔音、保温、可塑性能佳、韧性强、循环再造、环保、抗撞力强等诸多优点，并拥有良好的抗化学性能。

2. 珍珠棉包装材料的缺点

（1）使用后再回收率低。

（2）已制作成型的珍珠棉包装材料很难二次利用。

任务实施

1. 请你说说这些物流包装材料为货物运输带来了哪些帮助。

2. 成立调研小组，选择附近的快递公司或运输企业进行调研，看看快递公司或运输企业针对不同类型的货物会使用到哪些物流包装材料。企业调研须知见表3-12。汇总调研结果并完成表3-13的填写，之后进行小组的汇报展示。

表3-12 企业调研须知

做好调研准备	1. 本次调研需确定一家快递企业或运输企业作为调研的对象 2. 明确该物流企业主要从事的业务经营范围、企业地址等信息
明确调研任务	1. 明确本次调研的任务是要了解被调研物流企业所使用的包装材料的类型以及使用的包装方法 2. 要求学生在调研的过程中做好相关信息的记录，征得企业同意后才可以拍照或拍摄视频
了解企业信息	1. 在本次调研过程中，主要了解企业的业务流程、货物包装的要求、使用的包装材料类型以及具体的包装方法 2. 在本次的调研过程中，学生需要同时了解企业的基础信息，例如企业的经营范围、企业的部门设置、企业的设施设备等
调研注意事项	1. 调研之前应该与教师沟通被调研企业是否合适，与被调研企业协商好具体的调研时间 2. 调研过程中尽量不影响企业的正常作业 3. 调研过程中保证自己的个人及财产安全，听从安排，遵守企业管理制度，展现良好的文明礼仪

表3-13 调研企业信息表

调研企业名称	
企业简介	
企业的经营范围	
企业的一般业务流程	
企业使用的包装材料	
该企业对货物包装的具体要求	
货物包装的操作流程及方法	
使用的包装材料的优点	
使用的包装材料的缺点	
请你尝试给出包装材料和包装方法的调整意见	

任务三　了解物流包装的发展趋势

案例导入

让快递包装“绿”起来

建设绿色仓储，降低能源消耗；发力绿色运输，减少污染排放；升级快递回收，助力循环经济……在近年的网络促销活动期间，“快”不再是快递业的唯一关键词，不少快递公司开始大力推进绿色减碳。

从39天破100亿件，到5个月破500亿件，我国快递业业务量实现月均“百亿级”增长。激增的物流运输量，带来上扬的碳排放总量，考验着行业绿色低碳转型的能力。从拼“速度”到比“绿色”，快递行业需要走好绿色化、循环化、资源化的发展新路。

2017年，苏宁物流首次推出可循环“漂流箱计划”，也就是共享快递盒1.0版本，并在随后逐渐扩大共享和循环包装在绿色物流中的应用。共享快递盒从北上广等8个城市扩展到13个城市。共享快递盒是可循环利用的塑料箱，用其代替传统纸箱，由快递小哥在最后一千米投递，直接省掉纸箱、胶带，非常环保。在苏宁物流推出共享快递盒2.0版后，共享快递盒的重量仅为50克，并实现了可折叠、多尺寸的“升级”。由于快递盒可折叠，能够有效提高物流运输效率，节省仓库容量，提高物流周转率，如图3-47所示。

图3-47　共享快递盒

另外，每个共享快递盒每周平均可循环6次，预计单个快递盒使用寿命达1 000次以上，大约可节约1棵10年树龄的树木。事实上，除苏宁之外，其他电商和物流企业也在积极探索绿色包装的多种可能。比如圆通速递大规模应用电子面单，使用率近80%；中通快递和申通快递正在使用绿色循环袋代替传统编织袋。

阅读思考：

1. 目前的快递包装存在哪些问题？
2. 共享快递盒对比传统的快递包装有什么区别？
3. 请你说说共享快递盒应该如何继续推广。

知识储备

现代物流行业的发展应该优先考虑环境保护的问题，立足于低碳环保的理念下，使企业逐步迈向低碳、环保和可持续发展。推动经济社会发展绿色化、低碳化，也是实现高质量发展的关键环节。因此，有效地利用资源并形成一种能促使企业积极发展、人类健康发展的双赢物流活动，这就是新时代的绿色物流发展理念。

在日常生产中，一辆废旧汽车90%以上的零部件都可以进行回收再利用，而物流包装也是如此。许多快递物流企业因各种物流活动而使用纸盒、木箱等物流包装材料，这些包装材料的每年消耗量大得惊人。如果将这些包装材料进行回收可以达到再次利用的目的。例如我国企业生产产品用木材包装约有18万立方米，如果将这些木材进行回收再利用，就相当于少砍伐约2 000万平方米森林。企业可以建立专门的回收渠道，例如惠普公司在10多年以前就开创了为客户提供激光打印耗材免费回收服务。目前这个回收计划的范围已经扩展到喷墨打印机耗材领域，数千万个激光打印机硒鼓和喷墨打印墨盒被回收，上千吨材料变废为宝。

近几年，我国先后发布了《全国电子商务物流发展专项规划（2016～2020年）》《关于加快我国包装产业转型发展的指导意见》《关于协同推进快递业绿色包装工作的指导意见》等相关政策意见，分别从信息技术、包装材料、印刷工艺、回收利用技术、统计、认证方面，为发展绿色物流及绿色包装指明了发展方向及举措。另外，2017年11月在北京召开的首届电子商务与物流绿色包装大会以“推进绿色包装，承揽社会责任”为主题，旨在建立健全电商物流业的包装治理体系，引导企业承担社会责任，推进绿色包装发展工程。菜鸟网络、京东、苏宁、小米、顺丰等企业分别从减量包装、环保包装材料以及供应链角度着手，通过工艺与技术相结合，打造各具特色的绿色电商包装解决方案。2023年，国家邮政局印发《关于推动邮政快递业绿色低碳发展的实施意见》（国邮发〔2023〕12号），加快推进邮政快递业绿色低碳发展，深入贯彻落实党中央、国务院关于碳达峰碳中和重大决策部署。

截至2023年9月底，全国电商快件不再二次包装比例超过90%，使用可循环包装的邮件快件超8亿件，我国快递包装绿色治理工作取得初步成效，快递业加快绿色低碳发展步伐。

任务实施

1. 说一说物流包装“绿”起来的必要性。
2. 请你通过查阅资料、企业调研等方式来了解菜鸟网络、京东、苏宁、小米、顺丰等企业运用了哪些方法和措施来实现电商物流的绿色包装。

项目评价表

《解读物流包装》项目实施评价表

考核任务	考核要求	配分	评分标准				得分		备注
			优	良	中	差	自评	师评	
掌握包装的概念	能够准确描述什么是包装，并提出自己对包装的理解	20	15～20	11～14	6～10	0～5			
掌握包装的作用	能够结合生活中的案例来说说包装的作用体现在哪些方面	30	24～30	15～23	8～14	0～7			
认识常见的各种包装材料及其特点	能够结合自己生活的经验说一说自己看到过或使用过哪些包装材料并说说它们的特点	20	15～20	11～14	6～10	0～5			
认识常见的包装设备	能够描述这些设备应用的范围及其操作方法	30	24～30	15～23	8～14	0～7			
总　计		100							

项目六

解读装卸搬运

装卸搬运是物流的七大功能之一，但是与其他功能不同的是装卸搬运的主要作用是实现货物流通过程中的“保值”。另外，装卸搬运作业也不是一个独立的环节，它几乎出现在每一个物流活动中。那到底什么是装卸搬运？让我们来认识装卸搬运吧！

学习目标

知识目标

- 发现生活中的装卸搬运。
- 正确表述装卸搬运的原则。
- 探索装卸搬运的合理化要求。

技能目标

- 能够说出5种常见的装卸搬运设备。
- 能够说出这些装卸搬运设备的优缺点。

素养目标

- 树立安全工作的责任意识。
- 养成认真工作的严谨态度。

项目分析

通过认识装卸搬运的基础知识来认识装卸搬运是物流活动中必不可少的环节，正是因为装卸搬运活动的存在，才把各种形式的物流活动有效地连接起来。通过对案例的阅读分析，深入了解装卸搬运的活动原则及其经常使用的各种装卸搬运设备。

任务一 发现生活中的装卸搬运

案例导入

会变形的叉车让装卸搬运更方便

随车叉车在国外并不是什么稀奇的事物，随车叉车一般安装在卡车的尾部，等货物运输到目的地之后可将随车叉车卸下，方便卡车上的货物及时地完成装卸搬运工作。

但这样的随车叉车不仅样子难看且增加了货车行车的安全风险。最近，奥地利的一家公司就推出了一款可以藏在卡车底部的随车叉车。这款随车叉车与生活中常见的叉车相比，没有驾驶室，车身高度低，并可以进行折叠。

这款随车叉车最大的特点就是它可以停进卡车底部专门为它打造的工具箱里。到达目的地，司机就可以打开工具箱的门，插上叉车钥匙，用一个超大号遥控手柄，将叉车从工具箱里释放出来。在操作熟练的情况下，从开启工具箱门到组装完整的叉车形态仅需30秒，然后就可以完全投入到正常的装卸搬运工作当中，非常方便。这款随车叉车的自重为1 485千克，举升高度可达2 850毫米，采用3缸柴油机作为动力，最大功率34.4马力。

虽然随车叉车目前在我国市场还没有出现，但随车叉车的出现、应用以及装卸搬运设备的不断创新都在说明装卸搬运活动在逐步从最初的依靠人力完成发展到现在的机械化、半自动化、全自动化。这一系列的发展使得装卸搬运活动效率不断地提高，也使装卸搬运活动更方便。

阅读思考：

1. 你在生活中见到过哪些类型的叉车？
2. 叉车对装卸搬运活动有什么帮助？除了叉车以外，你还知道哪些装卸搬运工具？
3. 请你根据国内叉车的特点和你所了解到的随车叉车的特点，说说它们有什么不同及相同之处。

知识储备

装卸搬运是指在一定地域范围内进行的、以改变货物存放状态和空间位置为主要内容和目的的物流活动。改变货物存放状态的活动称为“装卸”，改变空间位置的活动则称为“搬运”。通常情况下，货物存放状态和空间位置密不可分，所以，习惯上常以“装卸”或“搬运”来代替“装卸搬运”的完整含义。

国家标准《物流术语》（GB/T 18354—2021）对装卸搬运的定义是：装卸是物品在指定的地点以人力或机械载入、卸出运输工具的作业过程；搬运是在同一场所内，对物品进行空间移动的作业过程。

任务实施

1. 说一说装卸搬运在物流活动中的地位。
2. 请你根据自己在生活中的所见所闻去了解超市、快递公司、生产企业、货运企业等对于装卸搬运操作的要求有哪些，并进行详细的记录和汇报展示。

任务二 正确表述装卸搬运的原则

案例导入

合理装卸搬运的重要性

小沈是一家设备公司的销售经理，最近该公司新研发并生产了一台科学仪器，正要把这台仪器从安徽运往河南。小沈请了当地一家商誉不错的货运公司帮忙运输。当设备运输到目的地后，货运公司与设备验收员进行了货物的交接。当设备验收员打开外包装时，发现该设备有明显的凹陷。最重要的是在外力的影响下，设备的一个零件因外力的撞击导致接口的变形使得设备无法正常使用。因此，小沈向该货运公司投诉并索赔。

货运公司调查发现，这台设备体积较大、重量较重，无法通过人力来完成机器的装车作业，于是负责搬运的工人用叉车来完成货物装卸，可是由于不熟悉叉车的操作导致货物在装车时连车带货撞到了仓库大门，工人见设备没有重大损坏也就没有及时上报该情况。

于是，该货运公司向小沈承认是自己的货运工人在业务操作上出现了问题，也愿意按照货物的损坏程度并根据设备的价值对设备进行相应的经济赔偿。小沈接受了该货运公司的经济赔偿，同时也表示今后不会再找该货运公司来负责本企业的产品运输。

阅读思考：

1. 这台设备在运输过程中的哪个环节出现了问题？
2. 请思考是什么原因导致了货物的损坏？
3. 在今后的物流活动中应如何规范装卸搬运操作？

知识储备

一、消除无效搬运

因为搬运不能增加货物的价值与使用价值，反而会增加货物破损的可能性与成本，因此要千方百计地消除无效搬运，以最少的搬运次数到达目的地。例如提高搬运纯度，只搬运必要的物品，有些物品要先去除杂质之后再搬运；避免过度包装，减少无效负荷；提高装载效率，充分发挥搬运效能，提倡有效套装搬运，减少搬运次数等。

二、注意重力的影响和作用

应设法利用重力移动物品，尽量避免人力抬运或搬送物品，例如使物品在倾斜的辊道运输机上，在重力作用下移动。应减少人体的上下运动，避免反复从地面搬起重物。

三、提高搬运活性

在物料流动过程中，物品时时处于运动状态中，物品放置的状态要有利于下次搬运，这种状态称作搬运活性。例如装于容器内且垫放的物品较散放于地面的物品更易于下次搬运；在装上时要考虑便于卸下；在入库时要考虑便于出库。另外还要创造易于搬运的环境和使用易于搬运的包装。

四、利用搬运设备

利用搬运设备可以将工人从繁重的体力劳动中解放出来，大大提高作业效率及安全性。例如在超重物品、粉体或液体的物料搬运中，速度太快或距离太长，装卸作业高度差太大的情况下，都要尽可能利用搬运设备。今后的趋势是即使在人可以操作的场合，为了提高生产率、安全性、服务性和作业的适应性等，也应将人力操作转由机械来实现，而人可以在更高级的工作层面中发挥作用。

五、保持物流的均衡顺畅

应尽量将前后的相关作业进行有机地组合，各工序要紧密衔接，作业路径尽量为直线，从而提高搬运效率。要控制好节奏，必须综合各方面因素妥善安排，使物流量尽量均衡，避免忙闲不均的现象。

六、集装化原则

将零放物体归整为统一规格的集装单元称为集装单元化。这对搬运作业的改善是至关重要的原则，可以达到以下目的：由于搬运单位变大，可以充分发挥机械的效能，提高作业效率，搬运方便，灵活性好；负载的大小均匀，有利于实行作业标准化；在作业执行过程中避免物品损伤；对保护被搬运的物品有利。

七、系统化原则

物流过程中运输、保管、包装和装卸搬运各环节的改善，不能仅从单方面考虑，应将各环节作为一个系统来看待，必须考虑综合效益。

任务实施

1. 你认为是否有必要遵守装卸搬运的工作原则，说说你的看法。

2. 请你根据之前了解的相关企业的装卸搬运工作流程及要求看看有哪些地方还需要改善，或者你有哪些更好的建议和方案。

任务三 探索装卸搬运的合理化

案例导入

智能装卸搬运让物流更加高效率

2017年12月上海洋山深水港四期码头正式开港投入试生产。该码头的生产使用标志着我国港口行业的运营模式和技术应用迎来里程碑式的跨越升级与重大变革，也标志着我国港口建设由“建”造向“智”造挺进，技术水平处于世界前沿。

洋山深水港是世界最大的海岛型人工深水港，也是上海国际航运中心建设的战略和枢纽型工程，如图3–48所示。洋山四期码头自2014年开始建设，历时三年建成陆域223万平方米、集装箱码头岸线2 350米，可布置7个大型集装箱深水泊位，设计年通过能力初期为400万标准箱，远期为630万标准箱。根据规划，洋山四期码头最终将配置26台桥吊、120台轨道吊、130台AGV。

另外，洋山四期码头建设“资源节约型、环境友好型”的绿色港口并不仅仅是口号。洋山四期码头使用的三大装卸机种—— 桥吊、轨道吊、AGV均采用电力驱动，码头装卸、水平运输及堆场装卸环节完全消除了尾气排放问题，环境噪声问题也得到极大改善。与此同时，装卸行程的优化以及能量反馈技术的大量采用，也将进一步降低码头的能耗指标。电力驱动技术、第二代港口船舶岸基供电、节能新光源、太阳能辅助供热等技术的应用，也将为洋山四期码头建成“零排放”的“绿色码头”奠定坚实基础。

上海洋山港自动化码头的投入使用将进一步提高港口集装箱的装卸搬运效率，如图3–49所示。

图3–48 上海洋山港

图3–49 上海洋山港自动化码头

阅读思考：

1. 案例中发生了哪些关于物流的事件?

2. 上海洋山深水港自动化码头是什么？它的生产使用对我国水路运输中的集装箱装卸有什么作用?

3. 上海洋山港自动化码头实现了什么样的价值?

知识储备

装卸搬运作业合理化应采取的措施如下。

一、减少无效作业

所谓无效作业是指在装卸作业活动中超出必要的装卸、搬运量的作业。

（1）尽量减少装卸次数。

（2）提高被装卸物料的纯度。物料的纯度指物料中含有水分、杂质与物料本身使用无关的物质的多少。物料的纯度越高则装卸作业的有效程度越高；反之，则无效作业就会增多。

（3）包装要适宜。包装是物流中不可缺少的辅助作业手段，包装的轻型化、简单化、实用化可以有效减少作用于包装上的无效劳动。

（4）缩短搬运作业的距离。物料在装卸、搬运当中，要实现水平和垂直两个方向的位移，选择最短的路线完成这一活动，就可避免超越这一最短路线以上的无效劳动。

二、提高装卸搬运作业的活性

所谓装卸搬运的活性是指在装卸作业中对物料进行装卸作业的难易程度。所以在堆放货物时，事先要考虑到物料装卸作业的方便性。装卸搬运的活性，根据物料所处的状态，即物料装卸、搬运的难易程度，可分为不同的级别。

（1）0级——物料杂乱地堆在地面上的状态。

（2）1级——物料装箱或经捆扎后的状态。

（3）2级——箱子或被捆扎后的物料，下面放有枕木或其他衬垫后，便于叉车或其他机械作业的状态。

（4）3级——物料被放于台车上或用起重机吊钩钩住，即刻移动的状态。

（5）4级——被装卸、搬运的物料，已经被起动、直接作业的状态。

从理论上讲，活性指数越高越好，但也必须考虑实施的可行性。

任务实施

1. 请你通过网络查阅相关资料，寻找两个或两个以上的关于装卸搬运合理化的案例。

2. 请你查阅相关资料，找出8种常见的装卸搬运设备并说说它们的特点和适用范围并完成表3-14的填写。

表3-14 常见装卸搬运设备的特点和适用范围

序号	设备名称	设备特点	适用范围
1	小推车		
2	手动堆高车		
3	电动叉车		
4	皮带式输送机		
5	电动葫芦		
6	集装箱龙门吊车		
7	起吊机		
8	液压油桶搬运车		

项目评价表

《解读装卸搬运》项目实施评价表

考核任务	考核要求	配分	评分标准				得分		备注
			优	良	中	差	自评	师评	
掌握装卸搬运作业的概念	能够准确描述什么是装卸和搬运，两种活动的特色是什么	20	15～20	11～14	6～10	0～5			
理解装卸搬运作业的原则	能够说出在装卸搬运活动中应遵循的相关原则	30	24～30	15～23	8～14	0～7			
认识各种装卸搬运设备	能够发现生活中各种常见的装卸搬运设备	20	15～20	11～14	6～10	0～5			
明确各种装卸搬运活动的合理化措施	能够针对不同的装卸搬运活动提出相应的合理化建议	30	24～30	15～23	8～14	0～7			
总　计		100							

项目七

解读物流信息

提升物流活动效率的关键在于对信息的掌控，事实上物流活动的每个环节都会产生大量的信息。从原材料的采购到产品最终到达消费者手中，并与物流活动中的运输、仓储、流通加工、包装等相结合产生的一系列的活动信息都属于物流信息。让我们一起来认识物流信息处理的相关知识吧！

学习目标

知识目标

- 发现生活中的物流信息。
- 正确描述常见的物流信息技术。
- 探索常见的物流信息系统。

技能目标

- 能够说出如何查询不同快递的物流信息。
- 能够说出物流信息的及时更新对国家物流产业发展的帮助。

素养目标

- 树立良好的服务意识。
- 树立严谨的工作态度。
- 培养良好的人际沟通能力。

项目分析

现代物流活动最大的特点在于物流活动的信息化，将现代化的物流活动与现代化的信息流通结合，大幅提高物流的效率。通过本项目的学习来了解物流信息的概念，并结合生活来认识几种常见的物流信息技术以及物流信息技术具体的应用范围。

任务一 发现生活中的物流信息

案例导入

零售企业的信息化管理

沃尔玛公司是世界最大的连锁零售企业。沃尔玛在全球27个国家开设了店铺，下设69个品牌，全球员工总数220多万人，每周光临沃尔玛的顾客2亿人次。沃尔玛公司总部只是一座普通的房子，但是它的计算机控制中心却是个庞然大物。沃尔玛4 000千兆容量的数据库、5 500多个工作站以及不计其数的服务器和计算机，保证了沃尔玛能在一个小时内对全球4 500多个店铺内每种商品的库存、上架、销售量全部盘点一遍。依托这个强大的信息系统，沃尔玛可以轻而易举地跟踪任何一件商品的销售情况，查询该商品的销售量和库存量。与此同时，各分店的经理则依靠以上的数据来适时调整订货数量和订货的品种。

另外，沃尔玛各分店的订单信息可直接通过软件传递到配送中心，配送中心整合这些订单后正式向供应商订货。

在沃尔玛的配送中心里，公司所有的运输卡车都安装了全球定位系统，每辆车在什么位置、装载什么货物、目的地是什么地方，总部都一目了然。灵活高效的物流配送使得沃尔玛在激烈的零售业竞争中占据了足够的优势。沃尔玛可以保证，商品从配送中心运到任何一家商店的时间不超过48小时，每个分店货架平均每周可以补货两次。通过维持尽量少的存货，沃尔玛既节省了存贮空间又降低了库存成本。这一切的便利都来自于信息化的管理。

阅读思考：

1. 沃尔玛是通过什么方法来管理本企业遍布全球的商场的？
2. 什么是物流信息？案例中的物流信息系统起了什么作用？
3. 你能说说生活中常见的物流信息技术都有哪些吗？

知识储备

国家标准《物流术语》（GB/T 18354—2021）中对物流信息（Logistics Information）的定义是：物流信息是指反映物流各种活动内容的知识、资料、图像、数据、文件的总称。狭义的物流信息是指与物流活动有关的信息；广义的物流信息不仅包括与物流活动有关的信息，还包括与其他物流活动有关的信息，例如商品的交易信息和市场信息。

物流信息也有很多类型，按照物流活动的功能可以分为运输信息、仓储信息、包装信息、加工信息、装卸搬运信息。其中仓储信息又可以细分为入库信息、出库信息、在库信息、盘点信息；按照信息的作用可以分为基础信息、作业信息、协调控制信息、决策支持信息；按照信息的活动范围可以分为物流活动输入信息和物流活动产生信息，物流活动的输入信息包括供应商的信息、合同的信息、交通运输的信息等，物流活动产生的信息包括运输工具的选择、企业订单管理信息等。

随着互联网技术的不断发展，物流行业将加快数字化转型，实现更加智能化、高效化的物流运作。例如，通过应用物联网、大数据和人工智能等技术手段，可以实现货物跟踪、智能调度、智能预测和智能决策等智能化管理，提高物流运作效率和服务质量。因此，物流信息技术是物流行业发展的关键。

任务实施

1. 请根据自己的生活经验说说你所认识的物流信息。

2. 前往一家货运公司，了解该公司的信息流，做好相应的记录，并说说这家货运公司在运作时分别产生了哪些物流信息，这些物流信息对物流活动又存在什么影响。

任务二 正确描述常见的物流信息技术

案例导入

全自动立体仓库与物流信息技术的完美结合

2018年10月，优衣库在东京的一个仓库启用了一套自动化系统，由机器人负责仓库内服装检查和分拣工作，这也是优衣库第一个应用机器人的仓库。优衣库表示这套系统能取代90%的人力，并且可以24小时不间断运行。

优衣库集团表示，物流系统效率低下为集团的运营带来了诸多不便。在当前物流系统下，优衣库的明星产品HEATTECH保暖内衣必须在五月份提前进入仓库存储，这将带来高昂的储存成本。更新自动化系统后，商品交付效率将大幅度提升，可以推迟商品进入仓库的时间，可以最大限度地为公司节约费用。

位于东京的这个自动化仓库名为Ariake，是由日本大福物流负责改造的。完成这样一个自动化仓库改造的成本约在10亿～100亿日元。优衣库创始人表示，计划在未来几年内在世界各地的仓库中陆续引入这套系统。

优衣库的自动仓库通过使用自动存取系统（AS/RS），加快了仓库运行和处理速度，提高了劳动生产率。采用自动化信息技术后，计算机控制能够始终准确无误地对各种信息进行存储和管理，减少了货物处理和信息处理过程中的差错。同时借助于计算机管理还能有效地利用仓库存储能力，便于清点和盘库，优化库存，加快资金周转，节约流动资金，从而提高仓库的管理水平。

阅读思考：

1. 案例中优衣库如何提高仓库的作业效率?
2. 仓库中运用自动化系统的作用有哪些?
3. 你怎么看待优衣库的自动化仓库，你认为它值得推广吗?

知识储备

常见的物流信息技术包括条码技术、无线射频识别技术、电子数据交换技术、全球定位系统、地理信息系统等。

随堂记

一、条码技术

条码是指由一组黑白相间、粗细不同的条状符号组成，隐含着数字信息、字母信息、标志信息、符号信息等，主要用以表示商品的名称、产地、价格、种类等，如图3–50所示。条码还需要识别设备的配合使用。条码的识别设备主要有激光枪、光笔、全悬式激光扫描器等。

图3–50 条码

从物流的角度来说，条码主要分成商品条码、物流条码和贸易单元条码。

1. 商品条码

商品条码是以直接向消费者销售的商品为对象、以单个商品为单位使用的条码。它通常由13位数字组成，被称为EAN–13码。它是国际物品编码协会（EAN）在全球广泛应用的商品条码。

EAN–13码由前缀码、厂商识别代码、商品项目代码和校验码组成。EAN分配给我国物品编码中心的前缀码由3位数字组成，分别是690～695。厂商识别代码由7～9位数字组成，它是在前缀码的基础上分配给厂商的代码，用于对厂商的标识。商品项目代码由3～5位数字组成，由厂商自行编码，一个商品项目只有一个代码。校验码由1位数字组成，用以校验条码的正误。

EAN-8码由前缀码、商品项目代码和校验码组成。它是EAN–13条码的压缩版，由8位数字组成。

2. 物流条码

物流条码也称储运单元条码，是为了方便运输、装卸搬运、保管、配送等作业，需要将商品的消费单元按照需求组成新的储运单元。物流条码由14位数字组成，除了第1位以外，其他位数字代表的意义与商品条码相同。物流条码的第1位数字表示物流识别代码。

3. 贸易单元条码

贸易单元条码的内容要比其他两种条码的内容丰富得多，它包含了物流过程产品的生产日期、有效日期、运输包装序号、重量、尺寸、体积、送出地址、送达地址，这些信息都可以条码信息化。因此，贸易单元128条码应用的领域非常广泛，包括生产流程控制、仓储管理、车辆调配、货物追踪等内容。

随堂记

二、无线射频识别技术

射频识别（Radio Frequency Identification，RFID）技术又称无线射频识别技术，是一种可通过无线电信号识别特定目标并读写相关数据，而无须识别系统与特定目标之间建立机械或光学接触的通信技术，如图3-51所示。

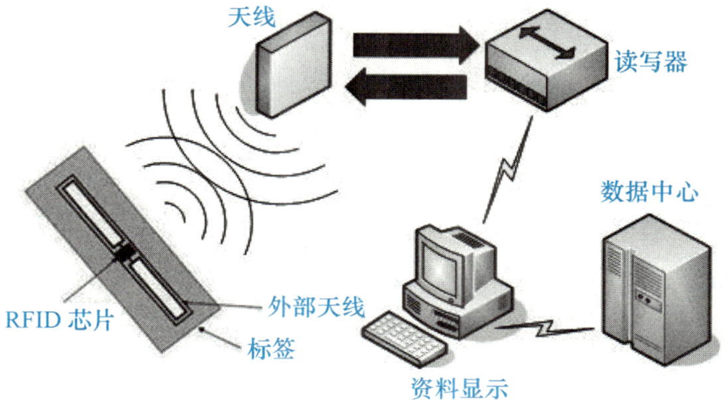

图3-51 RFID工作原理

它的工作原理是阅读器通过发射天线发送一定频率的射频信号，当射频卡进入发射天线工作区域时产生感应电流，射频卡获得能量被激活；射频卡将自身编码等信息通过卡内内置发送天线发送出去；系统接收天线接收到从射频卡发送来的载波信号，经天线调节器传送到阅读器，阅读器对接收的信号进行解调和解码后送到后台主系统进行相关处理；主系统根据逻辑运算判断该卡的合法性，针对不同的设定做出相应的处理和控制，发出指令信号，控制执行机构进行处理。

三、电子数据交换技术

电子数据交换（Electronic Data Interchange，EDI）技术是指按照统一规定的一套通用标准格式，将标准的经济信息通过通信网络传输，在贸易伙伴的电子计算机系统之间进行数据交换和自动处理。由于使用EDI能有效地减少直到最终消除贸易过程中的纸面单证，因而EDI也被称为“无纸化交易”。

随堂记

EDI广泛应用于金融、保险和商检领域，可以实现对外经贸的快速循环和可靠支付，降低银行间转账所需的时间，增加可用资金的比例，加快资金的流动，简化手续，降低交易成本。EDI也可用于外贸、通关和报关业务的处理。EDI用于外贸行业可提高用户的竞争能力；EDI用于通关和报关可加速货物通关，提高对外服务能力，减轻海关业务的压力，防止人为作弊，实现货物通关自动化和国际贸易的无纸化。

EDI用于税务可让税务部门利用EDI开发电子报税系统，实现纳税申报的自动化，既方便快捷又节省人力物力。

EDI同样可用于制造业、运输业和仓储业。制造业利用EDI能充分理解并满足客户的需要，制订供应计划，达到降低库存、加快资金流动的目的。运输业采用EDI能实现货运单证的电子数据传输，充分利用运输设备、仓位，为客户提供高水平和快捷的服务。对仓储业而言，可加速货物的提取及周转，减缓仓储空间紧张的矛盾，从而提高利用率。

四、全球定位系统

利用定位卫星，在全球范围内实时进行定位、导航的系统，称为全球定位系统，简称GPS（Global Positioning System）。GPS可以提供车辆定位、防盗、反劫、行驶路线监控及呼叫指挥等功能。要实现以上所有功能必须具备GPS终端、传输网络和监控平台三个条件。

五、地理信息系统

地理信息系统（Geographic Information System，GIS），是一种特定的、十分重要的空间信息系统。它是在计算机硬件和软件系统支持下，对整个或部分地球表层（包括大气层）空间中的有关地理分布数据进行采集、储存、管理、运算、分析、显示和描述的技术系统。

GIS在物流中的应用通过GIS在智能运输系统中的运用体现出来，主要表现在车辆和路线最优化功能、节点间配送最优化功能、分配集合功能和节点定位功能上。

任务实施

1. 条码可以包含哪些信息？快递单的条码可以显示哪些内容？

2. 请结合自己的生活经验，说说你在哪些地方看到过或使用过物流信息技术，它们为人们的日常生活带来了哪些便利。

任务三 探索常见的物流信息系统

案例导入

苏宁天眼实现包裹的“全方位”守护

物流天眼系统是苏宁易购面向物流及售后领域的实时数据监控、多维度数据分析和大数据服务的可视化平台。在大时代、大数据的背景下，苏宁物流通过人工智能、大数据库等技术实现了物流科学管理，打造出了一款面向物流及售后领域的实时数据监控、多维度数据分析和大数据服务的可视化平台——天眼系统。

该系统的基本功能在于面向物流及售后领域进行实时数据监控和多维度数据分析。该系统的运用场景主要涉及物流订单全链路实时跟踪、仓储作业监控、包裹分拨监控、车辆路线的实时监控。

天眼系统通过对物流订单的全链路实时跟踪、物流作业的全网实时监控、仓储作业的实时监控以及车辆运输的实时监控，在高效精准掌握不同物流模块的运营状况之后，不仅可以及时处理运营过程中存在的问题，而且可以保障包裹从生成到最终交付到顾客手中的全程无忧。订单、仓储、运输、配送、售后等全流程数据都融合到了天眼平台，实现全方位、无死角的管理。苏宁物流依靠天眼建立起对整个供应链的监控，服务客户及服务接收方，协助客户管理，提升服务接收方的体验。

此外，天眼系统对物流各环节监控不断累积的实时作业数据进行筛选和结构化的处理，通过对数据的分析实现数据的增值，例如在促销期的作业波峰到来前即筹备好物流资源为切换波峰运作模式提供了依据。

阅读思考：

1. 案例中苏宁的天眼系统对物流活动有哪些帮助？
2. 苏宁的天眼系统结合了哪些物流常见的信息系统？
3. 请你查阅相关的资料，了解苏宁易购在发展智能化仓储过程中还运用了哪些智能技术。

知识储备

物流信息系统主要由各种物流管理软件组成，包括运输管理系统（TMS）、仓储管理系统（WMS）、货代管理系统（FMS）、计算机辅助拣货系统（CAPS）、无线射频信息系统和供应链管理系统（SCM）。这里主要介绍里面的四种。

一、运输管理系统

运输管理系统（TMS）是一种“供应链”分组下的（基于网络的）操作软件。它能通过多种方法和其他相关的操作一起提高物流的管理能力，包括管理装运单位，指定企业内、国内和国外的发货计划，管理运输模型、基准和费用，维护运输数据，生成提单，优化运输计划，选择承运人及服务方式，招标和投标，审计和支付货运账单，处理货损索赔，安排劳动力和场所，管理文件（尤其是当进行国际运输时）和管理第三方物流。

二、仓储管理系统

仓储管理系统（WMS）的作业模块包括入库处理、上架管理、拣货作业、月台管理、补货管理、库内作业、越库操作、循环盘点、RF操作、加工管理等。

三、货代管理系统

货代管理系统（FMS）是针对货代行业所特有的业务规范和管理流程，利用现代信息技术以及信息化的理论和方法，开发出的能够对货代企业的操作层、管理层和战略决策层提供有效支持与帮助的管理系统。

四、供应链管理系统

供应链管理系统（SCM）是基于协同供应链管理的思想，配合供应链中各实体的业务需求，使操作流程和信息系统紧密配合，做到各环节无缝链接，形成物流、信息流、单证流、商流和资金流五流合一的领先模式，实现整体供应链可视化、管理信息化、整体利益最大化、管理成本最小化，从而提高整体管理水平。

任务实施

1. 请你说说这些物流信息系统可以用于哪些企业？这些系统对企业有什么帮助？

2. 请你联系一家物流企业，了解该物流企业正在使用什么物流信息系统，这套系统由哪些模块组成，分别产生了哪些物流信息，并同时完成相应的调研表格的填写。企业调研须知和调研企业信息表见表3-15和表3-16。

表3-15 企业调研须知

做好调研准备	1. 确定一家物流企业作为本次调研的对象 2. 明确该物流企业主要从事的业务经营范围、企业地址等信息
明确调研任务	1. 明确本次调研的任务是为了了解被调研物流企业所使用的物流信息系统软件及相关的信息 2. 要求学生在调研的过程中做好相关记录，征得企业同意后才可以拍照或拍摄视频
了解企业信息	1. 在本次调研过程中，主要了解企业所使用的物流信息系统、系统的业务模块、系统的输入及输出信息等内容 2. 在本次的调研过程中，学生需要同时了解企业的基础信息，例如企业的经营范围、机构设置、设施设备及主要作业流程等内容
调研注意事项	1. 调研之前先与教师沟通拟调研企业是否合适，再与拟调研企业协商好具体调研的时间 2. 调研过程中尽量不影响企业的正常作业 3. 调研过程中保证自己的人身和财产安全，听从安排，遵守企业管理制度，展现良好的文明礼仪

表3-16　调研企业信息表

企业名称	
企业简介	
企业的经营范围	
企业的一般业务流程	
企业的物流信息系统情况	
企业的系统业务模块	
系统输入的信息单据及输出的信息单据	
系统的优点	
系统的缺点	
请你尝试给出系统调整的建议	

项目评价表

《解读物流信息》项目实施评价表

考核任务	考核要求	配分	评分标准				得分		备注
			优	良	中	差	自评	师评	
了解物流信息的概念	能够准确描述什么是物流信息	20	15～20	11～14	6～10	0～5			
了解物流信息的分类	能够准确描述不同的物流信息出现在物流活动中的哪些环节	30	24～30	15～23	8～14	0～7			
认识几种常见的信息技术	能够发现生活中常见的物流信息技术，并列举物流信息技术给生活带来的便利	20	15～20	11～14	6～10	0～5			
理解物流信息技术应用的范围和领域	能够描述物流信息技术运用为物流活动带来的便利的内容	30	24～30	15～23	8～14	0～7			
总　　计		100							

模块四 探索物流业务领域

项目一 探索企业物流

生产制造企业的物流是以购进生产所需的原材料、设备为起点，经过生产加工，形成新的产品，然后将产品供应给最终消费者为止的全过程。因此，按照在整个生产制造过程中所处的阶段，可将企业物流分为供应物流、生产物流、销售物流三类。想知道企业的供应物流、生产物流和销售物流有什么不同吗？让我们一起进入企业物流的世界一探究竟。

学习目标

知识目标

- 正确阐述供应物流。
- 正确阐述生产物流。
- 正确阐述销售物流。

技能目标

- 学会对本地生产制造企业的物流情况进行调研。
- 尝试根据调研记录进一步了解企业的供应物流、生产物流和销售物流。

素养目标

- 通过合作调研增强团结合作意识。
- 培养良好的社会交往能力。
- 通过物流助农案例的学习，增强职业使命感。

项目分析

通过分析典型生产制造企业的物流活动，能正确阐述供应物流的定义和系统组成。通过对案例的阅读思考，正确阐述生产制造企业的生产物流的定义和物流活动过程。通过对典型生产制造企业销售物流的案例分析，能正确阐述销售物流的定义和过程，并能区分销售物流的几种不同渠道。

任务一 正确阐述供应物流

案例导入

蒙牛的“奶源攻略”

在我国，提起乳制品巨头，你一定会联想到蒙牛。如今，蒙牛乳业集团已迈出国门，远销海外。2021年10月25日，蒙牛集团与国际足联在北京联合宣布，蒙牛正式成为2022年卡塔尔足球世界杯全球官方赞助商。这一荣耀的获得与蒙牛一直致力于打造高品质好奶有关。

乳制品行业有这样一条竞争法则：得奶源者得天下。在蒙牛的物流体系中，奶源供应占据着重要的地位。在奶源的争夺上，作为先行者之一，蒙牛已经奠定了令众多竞争者垂涎的优势。蒙牛奶源供应模式有三种：

一是“公司+农户”传统模式，即小规模生产、分散农户饲养。目前，蒙牛在生产基地周边建设奶站3 700多个，日均收奶量近9 000吨，位居行业第一，产品覆盖全国除台湾省外的所有地区。农户的分散饲养使每头牛都能得到精心照料；奶站的“集中挤奶”把过去的“收奶”变成“收牛”，公司通过控制奶站间接控制了整个奶源。

二是“公司+规模牧场”主流模式。目前，蒙牛在内蒙古、安徽马鞍山、河北张家口等全国16个省市区40多个主要生产基地投资兴建或收购了2 000多家万头规模的现代化奶牛养殖牧场，其中规模化牧场已达95%。由于该模式能实现对奶源的全程监控，因而牛奶品质得到进一步提高，如现代牧业和林格尔牧场的牛奶蛋白质含量比国家标准高13.8%至24%。

其中，曾荣登2018年美国《国家地理》的现代牧业（见图4–1）与蒙牛签订了长期供应协议，将其70%的奶源都提供给蒙牛。以安徽省现代牧业蚌埠牧场为例，占地近240万平方米，包含8个巨大的牛舍，每个牛舍中能容纳2 880头泌乳牛，已成为我国最大的牛奶供应基地。为了给蒙牛提供最高品质奶源，现代牧业将现代化加工厂建在规模化的牧场里，规模化的牧场建在配套的牧草场里，从牧场挤奶到加工厂加工全部都在2小时内完成。

三是“公司+OEM供应商”创新模式，即并购地方企业，让当地企业贴牌生产（OEM），各地的OEM供应商只负责生产不负责销售，质量监督由蒙牛统管。这种扩张式的模式，使得蒙牛从1999年营销额4 000万元人民币，跃至2006年的年销售额21亿元，巧妇实现“无米之炊”。当前，布局全国的蒙牛依然离不开OEM方式。为减少因产品变质而导致的损失，蒙牛采用低温、封闭式的运输系统，确保原奶在6小时内送到生产车间。在全过程中，均采用低温、封闭式的运输方式，确保在最短时间内、最有效的存储条件下，完成各个环节的运输任务。蒙牛的大型储奶罐如图4–2所示。

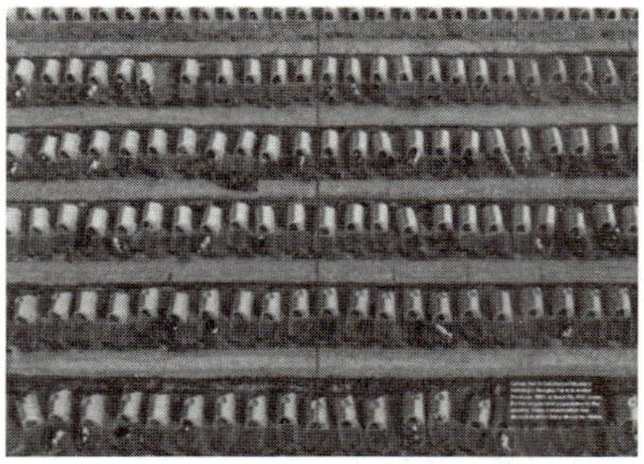

图4-1 美国《国家地理》镜头下的现代牧业犊牛岛

图4-2 蒙牛的大型储奶罐

阅读思考：

1. 现代牧业与蒙牛乳业是什么关系？
2. 为什么蒙牛对奶源的供应那么重视？
3. 蒙牛如何确保原奶从奶源地安全送达生产车间？

知识储备

一、供应物流的定义

供应物流是指对原材料等生产物资进行的采购、进货运输、仓储、库存管理、用料管理和供应管理活动。

从上述案例中可以看出，供应物流对生产制造企业来说意义重大，试想，若蒙牛无法通过低成本、低消耗、高可靠性的物流获得高品质的原奶，那就无法生产出受消费者欢迎的巴氏奶、酸奶等液态奶产品。

二、供应物流的系统组成

供应物流系统由四部分组成，分别负责不同的工作内容。

（1）采购：负责收集分析供货商和市场行情等信息，按计划采购原材料，例如蒙牛向现代牧业采购原奶。

（2）仓储、库存管理：负责制订、执行和修改库存管理计划以及原材料的接货、发货和保管工作，例如蒙牛按计划接收原奶，将原奶储存在奶罐中保管。

（3）装卸搬运：负责在原材料接货、发货、保管期间进行的操作，如蒙牛通过设备将原奶装进奶罐中，并将奶罐存入立体仓库或奶罐运输车上。

（4）供应：负责按照供应计划供给原材料，比如蒙牛将奶罐送到生产车间，等待加工。

任务实施

1. 什么是供应物流？你认为供应物流对生产制造企业有什么重要意义？

2. 成立调研小组，选择身边的生产制造企业进行调研，探究企业是如何开展供应物流的。汇总至少3家企业的调研结果，填写表4-1，完成任务记录。

表4-1 企业供应物流调研任务记录表

<table>
<tr><th>活动任务</th><th colspan="2">供应物流调研实际情况记录表</th></tr>
<tr><td rowspan="5">企业一
企业名称和地址</td><td>调研对象和调研方式</td><td></td></tr>
<tr><td>调研内容</td><td></td></tr>
<tr><td>调研对象回复内容记录</td><td></td></tr>
<tr><td>供应物流的系统组成</td><td></td></tr>
<tr><td>供应物流具体流程
（可以流程图形式表述）</td><td></td></tr>
<tr><td rowspan="5">企业二
企业名称和地址</td><td>调研对象和调研方式</td><td></td></tr>
<tr><td>调研内容</td><td></td></tr>
<tr><td>调研对象回复内容记录</td><td></td></tr>
<tr><td>供应物流的系统组成</td><td></td></tr>
<tr><td>供应物流具体流程
（可以流程图形式表述）</td><td></td></tr>
<tr><td rowspan="5">企业三
企业名称和地址</td><td>调研对象和调研方式</td><td></td></tr>
<tr><td>调研内容</td><td></td></tr>
<tr><td>调研对象回复内容记录</td><td></td></tr>
<tr><td>供应物流的系统组成</td><td></td></tr>
<tr><td>供应物流具体流程
（可以流程图形式表述）</td><td></td></tr>
</table>

任务二　正确阐述生产物流

案例导入

薯片生产物流大揭秘

1932年，两位从事多年土豆加工产业的美国年轻人——Elmer Doolin和Herman W. Lay，创立了乐事（Lay's）品牌。作为全球知名品牌，从1938年开始，乐事就将它无法抗拒的美味和快乐的品牌精神传播于世界各地。乐事薯片的金黄剔透来源于优秀的土豆种苗基因，乐事薯片的扑鼻清香来源于专业生产技术的保鲜处理，乐事薯片的清脆声响来源于全球统一的品质管理。那么美味的乐事薯片是如何加工而成的呢？

乐事薯片生产的主要工艺如图4–3所示。

每天，运送到工厂的所有土豆都被送进一个封闭装置（使用循环水）里清洗完毕，临时放置在一个大容器里进行储存。土豆"大军"根据生产进度分批进入流水线，在传送带上等待工人检查并剔除疤痕；称重完毕后，落入滚筒研磨去皮，继而被削成厚度不到两毫米的薄片，如图4–4所示。

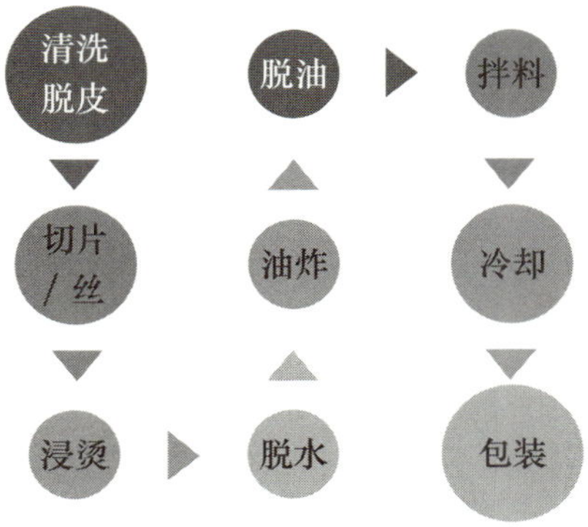

图4–3　乐事薯片的生产工艺

图4–4　土豆在传送带上接受检查、除疤

之后，经历了浸烫、脱水两重"考验"后，薯片被送到温度控制在180℃的大油槽里炸3分钟，再进行脱油处理，如图4–5所示。然后，薯片进入滚筒里与调味料摇匀，每条传送带可调配一种口味的薯片，几条传送带分别运送几种不同口味的薯片。冷却处理后，从传送带上下来的薯片被倒入称重机，分成若干份，选出符合净含量标准的一份进行包装，如图4–6所示。称重机和包装机同步运行，每份薯片都要通过金属探测器检验，以确保不混入杂物，随后落入锡箔塑料包装袋中，冲入氮气并封口。而后手工装入纸箱，并被送去仓库进行储存。

图4–5 在大油槽里油炸薯片

图4–6 薯片的称重和包装

阅读思考：

1. 乐事薯片的生产过程中存在哪些物流活动？
2. 伴随生产过程所产生的物流活动对企业生产有什么作用？
3. 乐事薯片的生产物流包含了哪些主要环节？请就本案例分别说明。

知识储备

一、生产物流的定义

国家标准《物流术语》（GB/T 18354—2021）中指出：生产物流是生产企业内部进行的涉及原材料、在制品、半成品、产成品等的物流活动。

土豆从进入仓库开始，从离开上一道工序到进入下一道工序，再到袋装乐事薯片进入产成品仓库为止，发生了搬上搬下、向前运动或暂时储存等物流活动，这些伴随企业生产过程所产生的物流活动就是生产物流。

生产物流已经构成了生产工艺过程的一部分。如果生产物流不畅，将会影响生产的顺利进行；如果生产物流中断，生产也随之停止。例如，如果没有使用传送带将土豆装卸搬运到滚筒中，就无法完成土豆切片这一工艺。因此，对于生产制造企业来说，生产物流发挥着十分重要的作用。

二、生产物流的主要环节

一般，企业的生产物流包含生产物料储存、生产转换过程和产成品储存三个主要环节。

（1）生产物料储存，是指企业生产所需要的物料在生产前的储存。

（2）生产转换过程，是指生产物料到产成品的转换过程，需要进行生产物料的出库、装卸搬运和产成品入库。案例中的生产转换环节，首先是土豆出库来到生产车间，继而在清洗、除疤、称重、去皮、削片、浸烫、脱水、油炸、脱油、拌料、冷却、分拣、包装等生产过程中不断发生搬上搬下、向前运动或暂时储存等物流活动，最终转换为袋装乐事薯片进入产成品仓库。

（3）产成品储存，是指产成品进入销售环节前的短暂储存。将生产好的乐事薯片集中储存，等累积到一定批量再集中发运，能实现规模效益。

在生产物流过程中，应遵守三个原则：一是功最小原则，即缩短物流距离，减少搬运量；二是流动性原则，即避免工序、作业时间的逆向交错流动；三是高活性原则，即减少二次搬运和重复搬运。这样可以极大提升生产物流的效率。

任务实施

1. 什么是生产物流？你认为生产物流对生产制造企业有什么重要意义？

2. 成立调研小组，前往身边的生产制造企业进行调研，探究企业是如何开展生产物流的。汇总至少3家企业的调研结果，填写表4-2，完成任务记录。

表4-2　企业生产物流调研任务记录表

活动任务	生产物流调研实际情况记录表	
企业一 企业名称和地址	调研对象和调研方式	
	调研内容	
	调研对象回复内容记录	
	生产物流概况	
	生产物流环节	
	生产物流具体流程 （可以流程图形式表述）	
企业二 企业名称和地址	调研对象和调研方式	
	调研内容	
	调研对象回复内容记录	
	生产物流概况	
	生产物流环节	
	生产物流具体流程 （可以流程图形式表述）	

（续）

活动任务	生产物流调研实际情况记录表	
企业三 企业名称和地址	调研对象和调研方式	
	调研内容	
	调研对象回复内容记录	
	生产物流概况	
	生产物流环节	
	生产物流具体流程 （可以流程图形式表述）	

任务三 正确阐述销售物流

案例导入

走了4 000千米的梨

库尔勒地处新疆中部，是丝绸之路的咽喉之地，而在孔雀河一带的香梨种植基地，因光照充足、昼夜温差大，产出的香梨汁多渣少，水分、糖度相较其他产区都更胜一筹。皮薄肉细、落地即碎，因而早在1996年，“库尔勒香梨”就成了注册保护的地理标识农产品，如图4–7所示。

过去，库尔勒人民种植的香梨80%以批发的形式进入全国市场。2016年开始，库尔勒香梨在线上的销量稳步提升，到2018年线上销售占比已达30%。因良好的市场口碑及较高的价格，在线上线下各个销售渠道一直都有商家用外地香梨冒充库尔勒香梨，用低价抢占市场。库尔勒香梨协会一边到全国各地打假，一边寻找更合适的销售渠道。

终于，在4 000千米外的上海找到了理想的合作伙伴——盒马鲜生。现在通过盒马鲜生，最快30分钟内就可以被配送到全国不同城市的消费者家中（见图4–8）。

图4–7 库尔勒香梨

图4–8 盒马鲜生货架上的库尔勒香梨

盒马鲜生是如何开展与库尔勒香梨协会的合作的？首先是严格筛选产品。采摘后的香梨在原产地根据采购标准先进行一次筛选，其中包含一系列“不允许”，粗皮果、青头果、药斑果都不在采购范围内，单颗香梨的疤痕总面积不能超过一平方厘米；从原产地仓库到零售端货架之间，还需经过两次品质控制筛选，并将90～120克的小果和120～150克的大果分类包装。从而保证消费者买到的每一盒香梨，无论是线上下单还是线下购买，都是同样大小。其次是严控物流过程。为了保证香梨经过物流运输后依然保持新鲜的口感，盒马鲜生对存储和运输过程有着严苛的标准：采摘后48～72小时入气调库，将氧气、二氧化碳调到合适比例，让香梨停止呼吸，使果皮不会在存储期间发黄；并采用全程冷链运输，以此保证香梨的口感。

截至2018年12月31日，库尔勒香梨已进入全国8个区域的盒马鲜生，北京、上海、深圳、杭州、南京城市的用户可以在线上线下购买。为了实现共赢，盒马鲜生还和库尔勒香梨种植户们签订了更深入的合作协议，对种植、仓储、运输等环节都提出了更高要求，要求具体到种植基地的管理、化肥使用记录、农事操作记录、农产品残留物检测、糖度检测等细节。

没有了层层中间商赚差价，香梨的终端销售价格优势明显，既为产地搭建了稳定的零售渠道，也让消费者更方便地购买到正宗库尔勒香梨，这批走了4 000千米的梨的故事还将继续进行下去。

阅读思考：

1. 库尔勒香梨与4 000千米以外的盒马鲜生合作，采用的是什么销售模式？
2. 根据香梨的特点，说说良好的销售物流对库尔勒香梨种植户们有什么意义。
3. 从本案例中可以看出，香梨的销售物流包含了哪些主要环节？

知识储备

一、销售渠道的分类

销售活动的作用是企业通过一系列营销手段出售产品，满足消费者的需求，实现产品的价值和使用价值。

企业的销售渠道有直接渠道和间接渠道两个基本类型，如图4-9所示。

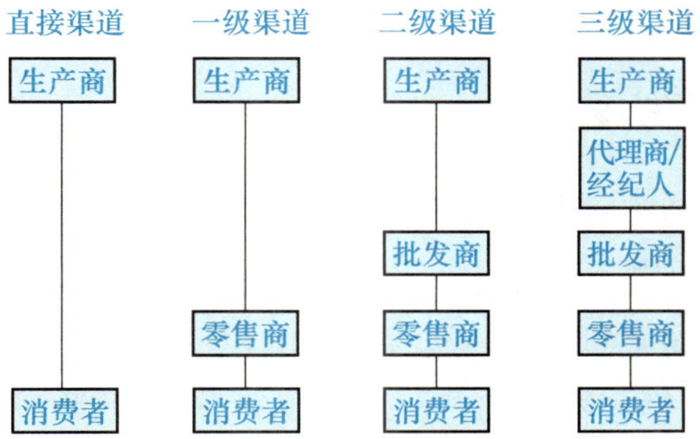

图4-9 企业的销售渠道

随堂记

（1）直接渠道：生产企业不经过中间环节，直接将产品销售给最终用户。例如顾客参与果园的采摘活动，直接从产地采摘、购买水果，就属于通过直接渠道销售。

（2）间接渠道：生产企业通过若干中间环节将产品销售给最终用户。间接渠道还可以细分为一级渠道、二级渠道、三级渠道，分别对应不同数量的中间环节。从库尔勒香梨的案例可以发现，目前已经有越来越多高质量产品的生产企业为保证品牌美誉度倾向于选择中间环节更少的一级渠道甚至利用直接渠道进行销售。

二、销售物流的定义

销售物流是企业物流系统的最后一个环节，它与销售系统相配合，共同完成产成品的销售任务。

国家标准《物流术语》（GB/T 18354—2021）中指出：销售物流是企业在出售商品过程中所发生的物流活动。

三、销售物流的主要环节

从本案例中可以看出，销售物流的主要环节包括产品包装、产品储存、订单处理和产品运送环节。

（1）产品包装环节：产品包装是生产结束、物流开始的环节。库尔勒香梨的包装不仅方便了储存、运送等后续环节，还将大果、小果分开，提升了产品质量，满足了不同消费需求。

（2）产品储存环节：根据产品特性选择不同仓库进行储存，例如库尔勒香梨包装完成后立即储存在气调仓库中。

（3）订单处理环节：从客户发出订货要求到客户收到货物为止的过程。

（4）产品运送环节：包含运输和配送两层含义。如库尔勒香梨通过长距离、干线运输到达上海盒马鲜生门店，再经过配送在30分钟内到达门店3千米以内的顾客手里。

任务实施

1. 详细陈述各种销售渠道的优缺点。

2. 什么是销售物流？你认为销售物流对生产制造企业有什么重要意义？

3. 成立调研小组，选择身边的生产制造企业进行调研，探究这些企业是如何开展销售物流的。汇总至少3家企业的调研结果，填写表4-3，完成任务记录。

表4-3　企业销售物流调研任务记录表

<table>
<tr><th>活动任务</th><th colspan="2">销售物流调研实际情况记录表</th></tr>
<tr><td rowspan="6">企业一
企业名称和地址</td><td>调研对象和调研方式</td><td></td></tr>
<tr><td>调研内容</td><td></td></tr>
<tr><td>调研对象回复内容记录</td><td></td></tr>
<tr><td>销售物流概况</td><td></td></tr>
<tr><td>销售物流主要环节</td><td></td></tr>
<tr><td>销售物流具体流程
（可以流程图形式表述）</td><td></td></tr>
<tr><td rowspan="6">企业二
企业名称和地址</td><td>调研对象和调研方式</td><td></td></tr>
<tr><td>调研内容</td><td></td></tr>
<tr><td>调研对象回复内容记录</td><td></td></tr>
<tr><td>销售物流概况</td><td></td></tr>
<tr><td>销售物流主要环节</td><td></td></tr>
<tr><td>销售物流具体流程
（可以流程图形式表述）</td><td></td></tr>
<tr><td rowspan="6">企业三
企业名称和地址</td><td>调研对象和调研方式</td><td></td></tr>
<tr><td>调研内容</td><td></td></tr>
<tr><td>调研对象回复内容记录</td><td></td></tr>
<tr><td>销售物流概况</td><td></td></tr>
<tr><td>销售物流主要环节</td><td></td></tr>
<tr><td>销售物流具体流程
（可以流程图形式表述）</td><td></td></tr>
</table>

随堂记

项目评价表

《探索企业物流》项目实施评价表

考核任务	考核要求	配分	评分标准				得分		备注
			优	良	中	差	自评	师评	
正确描述供应物流	能够准确描述什么是供应物流，并提出自己对供应物流的理解	15	13 ～ 15	8 ～ 12	4 ～ 7	0 ～ 3			
探究供应物流在企业的实践情况	能够调研生产制造企业是如何开展供应物流的，并汇报展示供应物流的系统组成	20	15 ～ 20	11 ～ 14	6 ～ 10	0 ～ 5			
正确描述生产物流	能够准确描述什么是生产物流，并提出自己对生产物流的理解	15	13 ～ 15	8 ～ 12	4 ～ 7	0 ～ 3			
探究生产物流在企业的实践情况	能够调研生产制造企业是如何开展生产物流，以及生产物流的主要环节，并正确表述	20	15 ～ 20	11 ～ 14	6 ～ 10	0 ～ 5			
正确描述销售物流	能够分清销售渠道的优缺点，准确陈述销售物流的定义	15	13 ～ 15	8 ～ 12	4 ～ 7	0 ～ 3			
探究销售物流在企业的实践情况	能够调研生产制造企业是如何开展销售物流的，并汇报展示销售物流的主要环节	15	13 ～ 15	8 ～ 12	4 ～ 7	0 ～ 3			
总　　计		100							

项目二

探索逆向物流

逆向物流包含回收物流和废弃物物流两种物流活动，目的是通过减少资源使用达到减少废弃物的目标，同时使正向以及回收的物流更有效率。简单地说，逆向物流就是从客户手中回收用过的、过时的或者损坏的产品和包装开始，直到最终处理环节的过程。想知道回收物流和废弃物物流有什么不同吗？让我们一起进入逆向物流的世界一探究竟。

学习目标

知识目标

- 正确表述回收物流。
- 正确表述废弃物物流。

技能目标

- 学会对本地企业的物流情况进行调研。
- 尝试根据调研记录进一步了解企业的回收物流、废弃物物流。

素养目标

- 通过合作调研增强团结合作意识。
- 培养良好的社会交往能力。
- 通过绿色物流案例的学习，增强生态文明意识和职业使命感。

项目分析

寻找生活中的回收物流，正确表述回收物流的定义、分类和物流技术。寻找身边可能产生的废弃物，通过学习能正确区分不同类别的废弃物，正确阐述废弃物物流的定义和处理方式。

任务一 正确表述回收物流

案例导入

废纸的回收

每天，我们身边都在产生废弃的纸箱、纸板、杂志、办公用纸、报纸等。在世界各地，这些废纸被回收后将会何去何从呢？（废纸回收后的集中存放与装卸搬运见图4−10和图4−11）

图4−10 废纸回收后的集中存放

图4−11 废纸回收后的装卸搬运

用途一：制造再生纸。这是废纸回收利用的最主要途径。比如白色打印纸，可用于生产再生的薄纸、纸板、文具、杂志或其他再生纸制品。据统计显示，回收利用1吨废纸，可造再生纸0.8吨，节电600度，省燃煤1.2吨，节水100立方米。

用途二：压制胶合硬纸板。欧洲的科技人员在温度为80℃的条件下，用五层废纸和合成树脂压制成一种抗压强度极高的胶合硬纸板，用它制成的包装箱，能使用钉子和螺丝钉，还能安装轴承滚轮。

用途三：制作家庭用具。新加坡人利用旧报纸、旧书刊等废纸原料，卷成圆形细长棍，外裹塑胶纸，手工编织成地毯、坐垫、提包、猫窝、门帘、茶几、躺床等个性化家居用品。

用途四：改善土壤土质。美国亚拉巴马州的部分牧场土壤板结、寸草不生，土壤专家采用"碎废纸屑+鸡粪+原土壤"拌和的方法改善牧场的土质，使土壤在3个月内变得异常松软，牧草生长旺盛，可种植大豆、棉花和蔬菜等多种作物，且产量颇高，对牧场的土地也不会产生任何负面影响。

用途五：培育平菇。英国科技人员用废纸培育平菇，且取得了较高的经济效益。具体方法是将废纸处理成碎片，浸泡除去印染物和灰尘，把小纸片打散；同切好的马缨丹混拌，装入消毒后的木制浅盆内，向盆内供水和纤维素；接种菌种后，用塑料膜将木盆盖起来，放入25℃培养室内；经34天菌丝发育，揭除盖膜，移到室温20℃的采收室；再经20天的生长，即可采菇。一般可连续采收4个月，每盆每次采菇1.5千克。

用途六：回收甲烷。瑞典人将废纸打成浆，再向浆液中添加厌氧微生物水溶液，移入反应炉，可将纤维素、甲醇、碳水化合物等转变为甲烷，继而可得到燃料甲烷。

用途七：加工成牛羊饲料。美国、英国、澳大利亚都有将废纸加工成牛羊饲料的做法。比如英国把废纸稍加处理后，切成细长条或揉成小纸团，再加少量营养物，用来喂牛羊，牛羊吃后可比吃普通饲料增重三分之一；澳大利亚将废纸粉碎后，掺入适量的亚麻油和蜂蜜，制成颗粒饲料喂牛羊，可使牛羊膘肥体壮。

用途八：模压沥青瓦楞板。印度人用废纸、棉纱头、椰子纤维、沥青等为原料，模压出新型建筑材料沥青瓦楞板。用它盖房，隔热性好、不透水、轻便、成本低、不易燃、耐腐蚀。

用途九：作牲畜栏内铺垫物。英国养鸡场采用废纸屑作栏内铺垫物，与传统的干草、锯末相比，废纸屑更卫生，无毒、无致病源、无化学杀虫剂残留，且水汽含量低、隔热性好，适合雏鸡的生长发育，因而平均每只鸡可增重7.9%，获得良好的经济效益。

用途十：生产酚醛树脂。日本某造纸公司将废纸溶于苯酚中，生产出强度很高的酚醛树脂。酚醛树脂可用于制造各种塑料、涂料、胶粘剂和合成纤维等。

阅读思考：

1. “废纸”是废弃物还是回收物？
2. 什么是回收物流？废纸的回收属于其中的哪一类？
3. 废纸的回收物流主要采用了哪种技术？对社会和企业有什么作用？

知识储备

党的二十大报告中指出，“中国式现代化是人与自然和谐共生的现代化”“我们坚持可持续发展，坚持节约优先、保护优先、自然恢复为主的方针”。基于此，处理好物流活动中的回收物流和废弃物物流，就显得尤为重要了。

企业的生产物流、供应物流、销售物流活动会产生边角余料和废料，其中有部分是回收物，需要伴随相应的物流活动——回收物流。

一、回收物流的定义

国家标准《物流术语》（GB/T 18354—2021）中指出：回收物流是指退货、返修物品和周转使用的包装容器等从需方返回供方或专门处理企业所引发的物流活动。

回收物流一般是从回收再利用的角度出发，侧重于将对象物中有再利用价值的部分加以分拣、加工、分解，使其成为有用的资源重新进入生产和消费领域。

对企业来说，剩余的宣传单和报纸、印刷错误的包装纸箱和纸袋、员工活动室里准备丢弃的旧书和杂志、未被污染的办公用废纸，都可回收再利用，应纳入回收物流。

二、回收物流的分类

回收物流按回收渠道可分为退货逆向物流（如顾客将漏水的咖啡机经零售商向制造商流动）和回收逆向物流（如顾客将包装纸箱经个体回收经营者向专门处理场所流动）

两类。废纸的回收应属回收逆向物流。

回收物流按回收物流材料的物理属性可分为钢铁和有色金属制品逆向物流、橡胶制品逆向物流、木制品逆向物流、玻璃制品逆向物流等类别。

三、回收物流的技术

回收物流的技术主要有四种，分别是收集集货技术、拆解及破碎分拣技术、回送复用技术和联产供应技术。

（1）收集集货技术：如把废纸进行集中收集、存放和运输，产生规模效益，降低成本。

（2）拆解及破碎分拣技术：如某公司将报废车辆经十二道工序完成整车拆解（见图4−12），轮胎、门窗和发动机部件等进行再制造，车壳、座椅破碎后的残渣送进流水线，自动分类回收铜、铝、不锈钢、塑料等材料。

（3）回送复用技术：如废玻璃瓶（啤酒瓶、汽水瓶、酱油瓶、罐头瓶等，见图4−13）在回收后，经处理重新具有使用价值，仍可作为包装容器使用。

（4）联产供应技术：如粉煤灰是燃煤电厂排出的主要固体废物，但将它掺进水泥进行技术处理后，能生产出更高质量的水泥。

图4−12　报废汽车经流水线被拆解

图4−13　各种形状大小的可回收玻璃瓶

任务实施

1. 什么是回收物流？寻找你在生活中观察到的回收物流的实例，并说出它应该属于哪一类。要求每位同学汇总至少3个实例。

2. 成立调研小组，选择身边的企业进行调研，探究企业是如何开展回收物流的，并将它所采用的回收物流技术和物流过程详细记录下来。汇总调研结果，完成任务记录表4−4。

表4-4　企业回收物流调研任务记录表

活动任务	企业回收物流调研情况记录表	
企业一 企业名称和地址	调研对象和调研方式	
	调研内容	
	调研对象回复内容记录	
	回收物流开展概况	
	所用回收物流技术	
	回收物流具体流程 （可以流程图形式表述）	
企业二 企业名称和地址	调研对象和调研方式	
	调研内容	
	调研对象回复内容记录	
	回收物流开展概况	
	所用回收物流技术	
	回收物流具体流程 （可以流程图形式表述）	
企业三 企业名称和地址	调研对象和调研方式	
	调研内容	
	调研对象回复内容记录	
	回收物流开展概况	
	所用回收物流技术	
	回收物流具体流程 （可以流程图形式表述）	

任务二 正确表述废弃物物流

案例导入

当塑料废弃物成为“海洋杀手”

据估计，每年有超过1 000万吨垃圾进入海洋，海洋正沦为世界上最大的垃圾场。海滩应该只属于贝壳、泥沙、海鸟和浪花，现在却充满了各种泡沫塑料、食品包装、快餐包装、瓶盖、吸管、塑料袋等废弃物，实在是触目惊心。

这些看似微不足道的塑料废弃物，往往成为杀害海洋生物的元凶，如海龟常常误食被称为“幽灵水母”的塑料袋，导致肠胃堵塞而无法进食，最后活活饿死。有些塑料颗粒易吸附海中的有毒物质，如果它们被海洋食物链中的底层生物吃掉，随着毒素的浓度逐级放大，到鱼类体内毒性已是原有浓度的几百倍，若再被人类吃到，后果将不堪设想。

这些塑料废弃物绝大部分来源于陆地，尤其是从沿海或河岸附近的垃圾场释放出来的废弃物。例如在我国农村地区，垃圾的收集率仅为5%，且通常采用非正规的方式处理，私自焚烧、倒入河道的现象屡禁不止，烧不掉的塑料废弃物就这样流入了海洋。

如何处理海洋垃圾成了一大难题，各国频出奇招。

1. 马尔代夫的“水下垃圾塔”

巨大的塔形建筑由政府建造，塔顶工作人员将搜集到的各类海洋垃圾经高温烘烤、干燥脱水、紫外线消毒后，投放入塔中。等垃圾到达一定预设重量后，将它们集中压缩、储存到塔底。马政府发言人表示，他们将在未来能源危机时合理利用这些垃圾，不会将它们永久存放在海底。

2. 澳大利亚的“垃圾漂浮岛”

澳大利亚科学家从搜集的约6万吨塑料垃圾中分离出铅、汞等有害物质后，将塑料废弃物制成一个个中空的块状物体，并在物体表面包裹特殊薄膜，使之能浮在水上，且不会对环境造成二次污染；将块状物体排列在一起，形成巨大的“浮动平台”，再将水泥、沙土覆盖在其表面建成一座岛屿，在上面建房、种田、建路、养鱼，同时使用太阳能、风能和水力发电。预计这座岛可满足约60万人口的生活需要，并能开发海岛旅游项目（见图4-14）。

图4-14 人工建造的“垃圾漂浮岛”

3. 日本的海底“垃圾饲养场”

这家海洋深处的鱼虾饲养场由粉碎后的海洋垃圾编织成细密的网围成，养殖范围比北海道渔场还要大。根据鱼虾的不同习性，饲养场被分为不同区域，每个区域有两到三个直径为

100米的网状球体，表面能吸住海中的塑料垃圾，为渔网的新建、修补积累材料。网状设计让小鱼小虾可以自由进出，维护饲养场的生态平衡。而球体则可在海洋中上下浮动，等鱼虾长大后方便渔民捕捞。

4. 中国的“垃圾发电厂”

我国生物学家在土壤中发现并培育出一种以食用二噁英为生的细菌，将燃烧垃圾时产生的、严重危害生物圈的二噁英气体通入土壤中，这些细菌能很快“吃”掉它们，同时保持土壤原有的性质。垃圾发电厂将垃圾脱水、粉碎后，送进焚烧炉燃烧供能，用以发电；燃烧后的灰烬经处理，提取重金属元素，成为电池、电路板等元件材料，剩下的灰烬被压缩成砖头大小，作为新型的建筑材料（见图4-15）。

图4-15　目前国内规模最大的垃圾焚烧发电厂

阅读思考：

1. 根据案例分析，废弃物物流与回收物物流有什么不同?
2. 谈谈你所在的城市是如何开展废弃物物流的。
3. 请你评价案例中各国针对塑料废弃物的处理妙招。

知识储备

一、废弃物的相关知识

按照来源不同，废弃物可分为产业废弃物（又叫产业垃圾，如工业垃圾）、生活废弃物（又叫生活垃圾，如厨余垃圾）、环境废弃物（如污泥、落叶）三类。

为防止塑料废弃物成为“海洋杀手”，我们应该做到“3R”：减少使用（Reduce）、物尽其用（Reuse）和循环再造（Recycle）。但是在现阶段，废弃物的数量难以迅速减少，全民的环保意识也有待提高，因而需要重视废弃物物流。

二、废弃物物流的定义和处理流程

国家标准《物流术语》（GB/T 18354—2021）中指出：废弃物物流是指将经济活动或人民生活中失去原有使用价值的物品，根据实际需要进行收集、分类、加工、包装、搬运、储存等，并分送到专门处理场所的物流活动。与回收物流不同，废弃物物流一般是从环境保护的角度出发，目的是将废弃物妥善处理，以免造成环境污染，具体流程如图4−16所示。

三、废弃物的处理方式

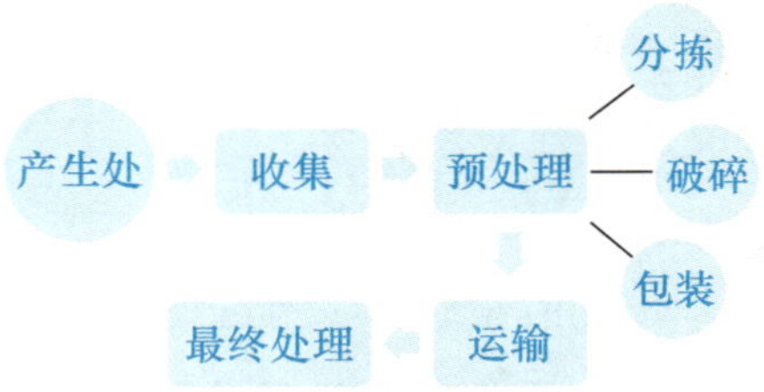

图4−16 废弃物物流处理流程

废弃物的处理方式主要有废弃物掩埋、垃圾焚烧、垃圾堆放、净化处理四种。

（1）废弃物掩埋：大多数企业采用废弃物掩埋这种方式，即在政府规划地区，利用原有的废弃坑塘或人工挖出的深坑，将废弃物运来、倒入，表面用好土掩埋，如杭州的“天子岭”垃圾填埋场，但预计只够用到2024年。

（2）垃圾焚烧：有机物含量高的垃圾或经过分类处理将有机物集中的垃圾可采用高温焚毁方式处理。

（3）垃圾堆放：是在远离城市地区的沟、坑、塘、谷中，选择合适位置直接倒入垃圾的处理方式。

（4）净化处理：是指对废弃物进行净化处理，减少对环境的危害。

2018年12月，我国提出了试点建设“无废城市”的方案。所谓“无废城市”并不是指没有固体废物产生，而是指通过推动形成绿色发展方式和生活方式，持续推进固体废物源头减量和资源化利用，最大限度减少填埋量，将固体废物环境影响降至最低的城市发展模式。

任务实施

1. 什么是废弃物物流？说一说如何区分回收物和废弃物。

2. 成立调研小组，调研一次废弃物物流的全过程，将采用的废弃物处理方式和物流过程详细记录下来，填写表4−5，并进行小组汇报展示。

表4−5 企业废弃物物流调研任务记录表

调研企业名称	
企业简介	
调研内容	
企业的经营范围	
企业的一般业务流程	
企业的废弃物物流处理方式	
企业的废弃物物流过程	
关于企业废弃物物流的调整意见（至少提出两点建议）	

项目评价表

《探索逆向物流》项目实施评价表

考核任务	考核要求	配分	评分标准				得分		备注
			优	良	中	差	自评	师评	
正确描述回收物流	能够准确描述什么是回收物流，并能够将身边的回收物流实例进行准确分类	20	15～20	11～14	6～10	0～5			
探究回收物流的实践情况	能够调研企业是如何开展回收物流的，并汇报展示回收物流技术和回收物流过程	30	24～30	15～23	8～14	0～7			
正确描述废弃物物流	能够准确描述什么是废弃物物流，并能详细描述和准确区分回收物和废弃物的方法	25	20～25	13～19	7～12	0～6			
探究废弃物物流的实践情况	能够调研废弃物物流是如何开展的，并汇报展示废弃物的处理方式和废弃物物流过程	25	20～25	13～19	7～12	0～6			
总　计		100							

项目三

探索第三方物流

如果要进行一场海选，选出我国“最有影响力的物流企业”，你的脑海中会出现哪些名称呢？京东物流、菜鸟物流、海尔物流、苏宁物流、顺丰速运能否占据一席之地？这些物流企业各有专长，都为客户带来了便捷和效益。你知道其中哪些企业从事的是第三方物流，哪些企业开展的是自营物流，哪些企业是两者兼有吗？让我们一起来认识第三方物流吧！

学习目标

知识目标

- 正确阐述生活中的第三方物流。
- 正确区分第三方物流的优缺点。

技能目标

- 学会对第三方物流企业进行调研。
- 根据调研记录了解身边第三方物流的特点。

素养目标

- 通过合作调研增强团结合作意识。
- 培养良好的社会交往能力。
- 通过京东案例的研讨，培养服务意识和职业责任感。

项目分析

通过阅读典型物流企业的案例，初步了解什么是第三方物流，能将它和第一方物流、第二方物流区分开，并探索第三方物流企业的不同类别。通过对冷链物流案例的阅读分析，将第三方物流与自营物流进行比较，理解第三方物流和自营物流的优缺点，并思考企业应如何选择适合自己的物流模式。

任务一 正确阐述生活中的第三方物流

案例导入

苏宁物流的“金牌”承诺

苏宁物流始于1990年，早期主要为苏宁提供物流服务，主要目标是确保客户在苏宁零售门店和平台购买大件商品时，享受超越行业标准的服务体验。2012年苏宁物流转型为第三方物流企业，成为仓配一体化服务供应商，为客户提供专业的供应链解决方案。

家居家装、家电、运动器材等大件商品由于较贵重、易破损、不规则，对仓、运、配、装等物流各环节要求都很高。苏宁物流却在这方面做出了表率，已拥有了松下、格力、美的、顾家、链家自如等重量级客户，依靠良好的口碑，逐步成长为大件物流领域的领军企业。

2018年，苏宁物流发布了大件物流的十二道“金牌”服务，承诺提供仓储、干线、配送、安装、逆向、包装、回收、维修、质保、客服、金融、系统十二项“金牌”服务。图4-17为苏宁物流的十二道“金牌”服务承诺。

图4-17 苏宁物流的十二道“金牌”服务承诺

以苏宁物流为链家旗下的O2O品牌“链家自如”提供的全屋家具物流服务为例进行说明。

仓储：苏宁物流在全国48个城市设有大件物流基地，“链家自如”订单上的所有家具都可储存在苏宁物流的专属仓库里，分类存放，标准化管理；出库前进行适当的包装和加固。

干线（运输）：家具最忌多次转运，苏宁物流拥有超过5万辆车，覆盖近4 000条干支线路，无须转运，将家具的破损率控制在千分之五以内，创行业最低。

配送：合理安排配送，订单上的家具可以在全天五个时间段实现“准时达”，从仓库到家一步到位，送货上楼。

安装：床具、衣柜、热水器、沙发、茶几……苏宁物流对所有家具家电都实行“送装一体”，并让安装无缝对接装修的整体进度。

包装：针对订单上不规则、易破损的家具产品，配送人员还会在配送前做好完整防护、分类打包；对板材类家具材料，配送人员会做足防护，并派专人保障其安全。

逆向、回收、维修：当客户需要维修、退货等逆向物流时，苏宁物流负责上门取件，解决客户的后顾之忧。

客服：对订单中的家具有任何问题，客户都可获得苏宁物流专线客服迅速专业的解答。

金融：如“链家自如”在资金上遇到困难，可求助于苏宁提供的物流金融服务。

系统：苏宁物流IT研发团队通过物流云、大数据分析指导客户实现科学的库存管理，实现销售预测、智能补货、智能调拨等智能化运营，有效提升供应链效率。

阅读思考：

1. 苏宁物流一直以来开展的是自营物流还是第三方物流？
2. 苏宁物流为“链家自如”提供的全屋家具物流服务属于自营物流还是第三方物流？
3. 十二道“金牌”服务是什么意思？苏宁物流为什么要发布这一系列的服务？

知识储备

随堂记

如果我们按照责任人在商业交易中所处的地位分类，物流可以分为第一方物流、第二方物流、第三方物流等。要区分自营物流和第三方物流，首先要明确两者的定义。

一、第三方物流的定义

（一）自营物流的含义

自营物流就是工业企业自己经营的物流，可以分为第一方物流和第二方物流。

1. 第一方物流

第一方物流是指供应方（卖方）组织的物流活动，以实现物资的空间转移。即卖方在达成交易后承担发货交付的责任，通过物流将货物送交到买方，才算最终完成这笔交易。

比如，海尔针对自营的冰箱、洗衣机、空调等大家电产品提供的日日顺物流配送服务就是典型的第一方物流，我们可以在它的电商平台“顺逛”官方商城（http://www.shunguang.com/）上找到海尔对消费者（需方）关于物流的承诺，如图4-18所示。

配送与服务

◆ 特色：全场免运费、送货上门、送装同步　　◆ 配送：海尔物流及快递

◆ 区域：覆盖 2576 个地区（至乡镇村，不含港澳台）　　◆ 售后：全国联保，七天退化

官方正品	全场免运费	7 天退换
海尔商城是海尔集团旗下唯一官方网上专卖店，不销售任何样品机、次品机、翻新机。	支持配送范围内全场包邮，免费送货上门并提供送、装一体化服务！	支持从实际收货之日起 7 日内退换货、15 日内换货（不含用户个人原因造成的）。
配送方式	**配送范围**	**送货时间**
大家电产品主要依托日日顺物流配送，手机、数码、生活家电等采用快递公司作为配送方。	覆盖全国 2 576 个地区（至乡镇村），能下订单的地区都可以免费送货上门。	最快支持同城 24 小时限时达，非“限时达”区域，根据配送距离，可能需要 1 ～ 5 天配送时间。

图4-18　海尔在电商平台上对需方的物流承诺

在大家电零售领域有苏宁、京东、国美等众多实力相当的竞争对手，市场竞争激烈，买方（大家电产品消费者）手中握有主导权，因而像海尔这样有实力的卖方越来越重视通过提供优质的送货服务（见图4-19）来促进交易的顺利达成。

图4-19　2018年海尔的日日顺物流推出的大件物流智能仓库

随堂记

2. 第二方物流

第二方物流是指需求方（买方）组织的物流活动，以实现物资的空间转移。即买方在达成交易后通过物流将货物从供应方处取走，才算完成这笔交易。

比如作为零售企业的物美超市就通过各区域的配送中心开展第二方物流。在华东地区，物美把从各供应商处采购来的商品集中到物美华东配送中心，这样的大批量采购可以保障从供应商处获得更优惠的价格。同时，借助信息化手段高效地进行仓储管理，科学规划配送网络，将商品配送到华东地区各物美门店，保证旗下超市门店的顺利运营。

（二）第三方物流的定义

第三方物流（Third-Party Logistics，TPL或3PL）是指由供方和需方以外的第三方物流企业，接受客户委托为其提供专项或全面的物流系统设计以及系统运营的物流服务模式。

其中“第三方”是指虽没有参与商品的买卖，但却受供方和（或）需方委托、专门承包各项物流业务活动的物流企业。它们以物流作为服务和经营手段，并从中获利。

我国古代的驿站、镖局其实就是“第三方”，后来又出现了邮政，但这三者运送的物资种类都十分有限。现代社会需要运送的大件、超重、特殊种类物资越来越多，于是专门提供物流服务的第三方物流企业应运而生，比如前文提到的菜鸟物流、顺丰速运，还有案例中的苏宁物流也在2012年转型为第三方物流企业（见图4-20至图4-23）。

从案例中可以看出，现代的第三方物流企业已经不仅局限于提供一次性的运输、仓储、配送等服务，还能为客户提供长期定制化的综合物流服务，从而保证客户物流体系的高效运作和供应链管理的不断优化。

图4-20 苏宁物流的智慧物流基地“超级云仓”

图4-21 苏宁物流的无人驾驶重型卡车

图4-22 苏宁物流的SCS智能拣选系统

图4-23 苏宁物流的无人仓和AGV小车

二、第三方物流的分类

1. 按是否拥有物流资产分

按是否拥有物流资产，可将第三方物流分为资产型第三方物流和管理型第三方物流。

（1）资产型第三方物流企业主要是指大型运输或仓储企业，它们拥有自己的运输、仓储设施设备等物流资产，为客户提供标准的运输、仓储服务，它们实实在在地进行物流操作。我国第三方物流企业绝大多数为这一类型，如中国远洋运输（集团）总公司、中国外运股份有限公司等。

（2）管理型第三方物流企业主要来源于货代企业，它们不拥有物流资产，但管理能力很强，利用企业员工的专业知识和科学的信息管理系统，专业管理客户的运输、仓储等各物流功能，为客户提供第三方物流服务。

2. 按服务对象分

按服务的对象，可将第三方物流分为一般的第三方物流和特殊产品的第三方物流。

（1）一般的第三方物流对物流对象和客户没有特殊的规定和要求，所提供的物流服务是贴近普通民众和一般企业需求的，比较容易运作，属于较低水平的服务。比如快递公司提供的标准快递服务。

（2）特殊产品的第三方物流仅针对有特殊要求的物品，如生鲜、动物、植物、机械装备等，提供有针对性的第三方物流服务，专业性很强。特殊要求包括温度条件、保质期限、形状重量、生存状态等。比如顺丰速运的生鲜速配服务，为客户托寄蔬果、水产、肉制品、乳制品等需要冷藏、冷冻、常温易腐烂的生鲜商品，且单票重量不超过15千克。

任务实施

1. 什么是第三方物流？寻找你在生活中观察到的第三方物流和自营物流实例，并通过实例说明第三方物流和自营物流的概念。要求至少各找两个实例。

2. 成立调研小组，选择身边的企业进行调研，探究不同类型的第三方物流企业分别为客户提供什么样的物流服务。汇总调研结果，进行小组汇报展示。

任务二　正确区分第三方物流的特点

案例导入

澳洲龙虾的中国之旅

临近春节，这天已至深夜，温州小刘的海鲜行还显得格外忙碌，十几名伙计忙着拆箱取出从各国漂洋过海而来的龙虾，其中销路最好的就是来自蔚蓝广阔海域的澳洲龙虾。

2月的澳大利亚正处于最炎热的季节，也是极佳的龙虾捕捞期。凌晨时分，在南澳海湾，渔民顶着汹涌的海浪摸黑出海，运气好时一网就能捞起上百只龙虾，这里的龙虾生命力顽强，在包装箱里待两天还能活蹦乱跳（见图4–24）。

它们将被打包、装机，全程保持2～8℃冷藏环境并用湿木刨花等材料保湿（见图4–25），在捕捞后15小时内乘飞机抵达香港，再走活体海鲜专属的“绿色通道”报关、过安检。虽只在香港停留几个小时，但在此期间，一批“老弱病残”的澳洲龙虾会被淘汰掉。剩下“年轻力壮”的澳洲龙虾，再转机来到温州龙湾国际机场，由运输车队接收，并在夜市开张前被送到小刘等经营者的店铺。从澳洲到温州，总共只需要30多个小时。

小刘的店面一天至少消耗200多只澳洲龙虾，然而春节的忙碌不一定能带来高额利润，由于气温太低，整个物流过程中龙虾容易冻死，死一只，就要亏掉上百元。

图4–24　刚刚捕捞上来的南澳龙虾

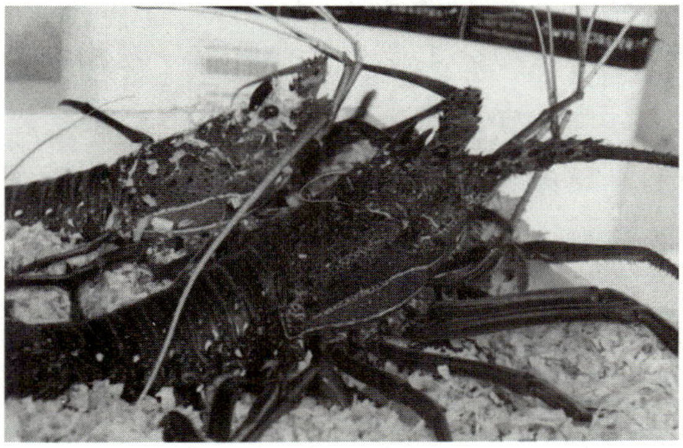

图4–25　包装澳洲龙虾时加入湿木刨花保湿

为了赢得回头客，商家必须确保质量和顾客的最佳体验，因而对于像龙虾这样的冷链产品，必须要避免运输过程中发生质地和口味变化。然而我国的冷链物流还处于起步发展阶段，2014年我国只有5%蔬果通过冷链流通，而美国90%以上的果蔬、肉类、水产品等产品都通过冷链流通。另外，我国冷链物流的服务水平也不高，商品的腐损率较高。

他山之石，可以攻玉。我们一起来看看美国是如何做好冷链物流的。

（1）交通运输网络完备。冷链物流对时效有严格要求，完整而便捷的交通运输网络是美国冷链物流发达的重要因素。美国高速公路网覆盖率高达90%，依仗这些纵横交错的高速公路网，冷链运输主要由集装箱卡车来完成，1 000千米以内24小时可以送达。其中内河（湖）、铁路运输主要承担大宗散装货物的运输任务。

（2）参与企业分工明确。运输方只负责运输卡车和司机，将货物运达指定地点；仓储方只负责在确定时间从卡车上卸货，将货品存放到指定温度的冷库中；卡车出租公司只负责提供符合要求的卡车；维修公司只负责根据求救电话进行抢修；冷链平台则需要负责联系，连接整个冷链。由于分工的不同，各个分工企业专业性也变得更强。

（3）科技投入大、水平高。美国的冷链物流配送公司多数都装有先进的安全控制、自动喷淋系统，配有高端牵引车、控温范围大的冷藏集装箱，并且还有自动化叉车与仓库进货口无缝对接。如美国的CR英格兰公司拥有电子数据交换、进口车载温控仪、过程控制平台等先进设施设备；公司为每辆车配备了GPRS系统、网络跟踪设备等，可以实现GPRS远程温度监控，确保车内货物按时、保质的送达客户，为客户规避了因不能按时交货而承担的赔偿风险。

另外，美国很早就将非接触式自动识别射频技术（RFID）引入到冷链物流管理中，通过RFID标签，可以监控到一个集装箱内不同包装单位商品的不同温度，还可连续记录温度变化的数据和相应的时间，实时监控、确定流通产品环境温度是否超标，以减少不必要的损失。

（4）由物流企业进行食品检验。美国的物流配送企业可以根据特长申请某些品种生鲜食品的检验权，经检验过关的食品可“免检”出口。例如AbleFreight公司一直与相关政府机构保持联系，安排检验，提供清关服务，这项增值服务能避免生鲜食品在海关长时间排队检测中变质，加快了流通速度，降低了物流成本。

（5）冷链物流集中度高。美国将易腐农产品物流大部分承包给优质的第三方冷链物流企业，使市场分工专业化，美国冷链物流仓储前五强的公司冷库容量占全美的63.4%，冷链物流行业集中度较高。例如全球第一大冷链物流企业美冷公司（Americold Realty Trust），拥有全球冷链物流市场近22%的份额（见图4-26）。又如全球食品温控仓储行业规模最大的普菲斯公司，已在美国建设了27座先进大型冷库，并逐步在亚洲、非洲、南美洲推广服务（见图4-27）。

而我国尚没有一家可以面向全国的第三方冷链物流企业，许多大型生产企业都采取自营物流模式，以“三全”为例，在满足自营产品配送的同时，为解决大量冷库、冷藏车淡季闲置的问题，正积极向第三方冷链物流方向发展。

图4-26　美冷公司的“山洞冷库”

图4-27　温控范围很大的冷藏集装箱

阅读思考：

1. 案例中澳洲龙虾的中国之旅采用的是自营物流还是第三方物流？
2. 对于美国将易腐农产品物流承包给优质第三方冷链物流企业的做法，你是怎么看的？
3. 你认为我国的第三方冷链物流企业还需要在哪些方面努力？

知识储备

想要回答企业究竟采用的是哪种物流模式，就要将第三方物流和自营物流进行比较，探究他们各自的特点。

一、第三方物流与自营物流的比较

（一）第三方物流的优缺点

1. 第三方物流的优点

第三方物流的优点主要包括归核优势、业务优势、成本优势和服务优势。

（1）归核优势：任何企业资源都是有限的，生产企业的核心业务不是物流，将物流委托给第三方物流企业可以让生产企业把自己的主要资源集中于自己擅长的核心业务。如美国通用汽车萨顿工厂就将物流委托给赖德物流公司，由赖德负责将汽车零部件从300多家供应商所在地运到萨顿工厂，再将萨顿生产出的成品车送达经销商所在地。

（2）业务优势：不同生产企业对物流的要求各不相同，如生鲜产品要求快速、及时、冷藏，危险化工产品设备要求高、保证安全，而生产企业内部的物流体系往往无法满足如此专业的需求。第三方物流企业则可以有针对性地为生产企业提供相应的物流服务。

（3）成本优势：一个企业的物流量非常有限，而专业的第三方物流企业拥有众多客户，完全可以实现物流上的规模效益，帮助生产企业降低物流成本；同时，生产、销售企业在仓库、车队等方面的资金投入也将大大减少。

（4）服务优势：第三方物流企业可以利用信息优势缩短对客户需求的反应时间或开展直接到户的配送，实现商品的快速交付，提升客户满意度；还可以利用庞大的物流网络、专业的物流技术和高超的管理能力为客户提供灵活多样的服务，如在途货物的实时监控。

2. 第三方物流的缺点

（1）物流控制能力降低。生产企业不能直接控制物流过程，不能保证供货的准确性和及时性。

（2）客户关系管理减弱。由于生产企业通过第三方完成产品配送和售后服务，与客户接触减少，不利于维护与顾客的长期关系，还可能存在客户信息泄露的风险。另外，生产企业很有可能放弃对物流专业技术的开发。

（二）自营物流的优缺点

1. 自营物流的优点

自营物流的优点主要包括掌握控制大权、保护商业机密、提升品牌价值和降低交易成本。

（1）掌握控制大权。企业可有效控制物流体系的全过程运作，掌握各环节的状况，能及时对出现的问题做出快速反应。

（2）保护商业机密。避免因将物流业务外包给第三方物流公司而泄露新产品开发计划等商业机密。

（3）提升品牌价值。例如京东通过自营物流为客户提供了优质高效的配送及售后服务，在消费者心中树立了良好的企业形象，大大提升了企业的品牌价值，还能促进销售。在2022年4月的上海疫情中，京东物流及时地通过包机、客机腹舱的方式，将应急药物、医疗物资、生活保障物资等运往上海，有效地缓解了上海居民的应急物资短缺问题，还从全国召集超过5 000名京东物流小哥驰援上海，支援抗疫保供工作，大大提升了其品牌价值。

（4）降低交易成本。企业靠自己的物流部门开展物流，省去了和第三方物流企业谈判、交易的费用。

2. 自营物流的缺点

（1）投资成本巨大。企业需要投入大量资金用于运输、仓储等基础物流设备和人力资本上。

（2）专业化程度低。企业自营物流往往难以形成规模，因而物流的专业化程度较低，企业需求无法得到充分满足，例如很难将货物准时送达等。

（3）成本难以控制。一方面，自营物流的成本很难从整个企业中分离出来独立计算；另一方面，若规模较小的企业采用自营物流无法形成规模效应，会导致物流成本偏高。

二、企业物流模式的选择

淘宝网和京东商城是我们十分熟悉的电商品牌。其中，淘宝网采用的是第三方物流模式，合作前与第三方物流企业就物流服务的价格、内容、赔付条款等签署合同，淘宝商户可自由选择平台推荐的第三方物流企业提供服务。京东商城是以自营物流为基础，结合第三方物流：截至2018年年底京东已自建物流中心521个，拥有1 160万平方米的物流基础设施和25万余辆物流服务车辆；在中小城市则与中国邮政、顺丰、宅急送、申通等第三方物流企业合作。

那么企业应如何决定是否选择第三方物流模式呢？在决定前应考虑以下几个方面。

（1）物流对企业的战略重要性。例如京东商城认为物流配送是直接影响"用户体验"的重要环节，对企业的发展至关重要，因此选择自营物流。

（2）产品的物流特点。生鲜产品一般选择专业的第三方物流，大型设备一般选择自营物流。

（3）企业规模和实力。小企业一般选择第三方物流；而像京东、三全这样的大企业，实力雄厚，有能力建立自己的物流体系，可以选择自营物流。

（4）物流总成本。物流成本包括运输成本、仓储成本、订单处理成本、客户服务成本、交易成本等，企业应将自营物流的总成本与第三方物流的总成本进行比较，选择最优方案。

（5）第三方物流的服务能力。是否选择第三方物流，不仅要比较物流成本，还要考虑第三方物流企业是否能提供符合企业要求的物流服务。比如，顺丰物流是否能安全地将冷冻带鱼送到客户家中，苏宁物流是否能兑现大件商品十二道金牌服务的承诺。

任务实施

1. 第三方物流和自营物流相比，具有哪些优点和缺点？寻找你在生活中观察到的物流实例，通过实例阐述第三方物流的优缺点，并填写表4-6。

表4-6　自营物流与第三方物流的优缺点对比

	自营物流	第三方物流
实例		
优点		
缺点		

2. 成立调研小组，选择身边的第一方、第二方企业开展调研，调研它们是否选择了第三方物流模式，探究它们的选择原因。汇总至少3家企业的调研结果，填写表4-7，完成任务记录。

表4-7 第三方物流调研任务记录表

活动任务	第三方物流调研实际情况记录表	
企业一 企业名称和地址	调研对象和调研方式	
	调研内容	
	调研对象回复内容记录	
	是否开展第三方物流	
	选择第三方物流模式的原因	
	企业开展第三方物流后的效果	
企业二 企业名称和地址	调研对象和调研方式	
	调研内容	
	调研对象回复内容记录	
	是否开展第三方物流	
	选择第三方物流模式的原因	
	企业开展第三方物流后的效果	
企业三 企业名称和地址	调研对象和调研方式	
	调研内容	
	调研对象回复内容记录	
	是否开展第三方物流	
	选择第三方物流模式的原因	
	企业开展第三方物流后的效果	

项目评价表

《探索第三方物流》项目实施评价表

考核任务	考核要求	配分	评分标准				得分		备注
			优	良	中	差	自评	师评	
分辨第三方物流	能够准确描述什么是第三方物流，能将生活中的第三方物流和自营物流区分出来	20	15～20	11～14	6～10	0～5			
探究第三方物流的不同类别	能够调研不同类型的第三方物流企业，并汇报展示它们是如何开展物流服务的	25	20～25	13～19	7～12	0～6			
明确第三方物流的优缺点	能够准确描述第三方物流和自营物流各自的优缺点，并能结合企业实例详细说明	30	24～30	15～23	8～14	0～7			
探究物流模式的选择	能够调研企业对物流模式的选择，并汇报展示企业选择第三方物流或自营物流的原因	25	20～25	13～19	7～12	0～6			
总　　计		100							

项目四 探索国际物流

1996年，我国出口排名前十的商品是玩具、皮鞋、针织毛衫、衣箱盒柜、橡胶鞋、计算机、非针织女装、音频通信产品、非针织男装、塑料制品。到了2022年，前十名换成了电力机械、电信产品、杂项制品、办公用机械及自动数据处理设备、服装、通用工业机械设备及零件、陆路车辆、金属制品、纺纱织物及制成品、钢铁。二十多年来，我国出口商品的科技含量显著提升，国际贸易顺差大幅增长，这背后就包括了国际物流的功劳。让我们走进国际物流的世界一探究竟吧！

学习目标

知识目标

- 发现生活中的国际物流。
- 理解国际物流与国内物流的区别。
- 辨识跨境电商的国际物流模式。
- 认识国际集装箱多式联运。

技能目标

- 学会搜集线上线下资料对当今的国际物流情况进行调研。
- 尝试根据调研记录进一步了解生活中的国际物流。

素养目标

- 通过合作调研增强团结合作意识。
- 培养良好的社会交往能力。
- 培养学生具有物流的全球视野。

项目分析

通过观察生活中的国际物流，初步了解国际物流的定义，能将生活中的国际物流区分出来，并探索国际物流的七大子系统分别如何运转。通过对国际物流与国内物流的比较，明确国际物流的特点。通过阅读案例，耐心思考，理解跨境电商的各种国际物流模式，并能分辨跨境企业采用的物流模式。通过对集装箱运输历史的了解，更好地理解国际集装箱多式联运的定义和必备条件，思考其对国际物流的重要意义。

任务一　准确定位生活中的国际物流

案例导入

京东打造“全球智能供应链基础网络”

2018年，在全球智能物流峰会上，京东物流推出了“GSSC——全球智能供应链基础网络”战略。什么是GSSC？GSSC就是为了缩短全球商品的“距离”，在全球范围内与伙伴企业共同致力于采购、生产、设计、物流等供应链全链优化，提升社会供应链效率，节约供应链成本，以实现48小时中国通达全球和48小时各国本地交付。

截至2023年，京东物流已在全球设立90多个海外仓，还以我国为中心搭建了近千条国际链路，如中印通、中泰通、中日通、中澳通等跨境专线，提供进出口等一站式、覆盖全球的双向通道。以泰国为例，2018年9月10日，京东在东南亚地区最先进、最完整的智能仓储物流中心在泰国正式建成，集成了仓储、分拣、运输、配送在内的一整套供应链服务体系，曼谷当地消费者可以享受到“上午下单、下午送达”的极致物流体验（见图4–28）。

此外，京东还与哈萨克斯坦国家铁路公司达成战略合作，与国航、东航、南航等合作开通多条空运专线（见图4–29），和中海运等企业合作开通几十条海运专线，开通东南亚、俄罗斯等跨境卡车路线等。

图4–28　京东物流的配送车辆出现在泰国曼谷街头

图4–29　京东物流的首架全货机包机平稳着陆

2018年11月11日是京东物流发布全球智能供应链基础网络后的首个“双十一”，面对1 598亿元商品的交付和来自非京东商城的海量订单，京东物流真正让海外用户感受到了高效极致的中国速度。

阅读思考：

1. 你觉得京东物流为什么要推出“GSSC——全球智能供应链基础网络”？
2. 曼谷消费者享受到京东“上午下单、下午送达”的物流服务是否属于国际物流的范畴?
3. 京东物流为了实施好GSSC做出了哪些努力?

知识储备

一、国际物流的定义

国际物流（International Logistics，IL）就是跨越不同国家（地区）之间的物流活动。当生产和消费分别在两个或两个以上的国家（或地区）独立进行时，对货物进行物流性移动的活动，从而完成国际贸易的最终目的，即实现卖方交付单证、货物、收取货款，买方接受单证、支付货款、收取货物。所以说，泰国的咖喱、新加坡的肉骨茶、印度尼西亚的九层塔、比利时的巧克力、瑞士的手表，都是通过国际物流来到我们身边的。

第二次世界大战以后，国际物流稳步发展，物流设备越来越先进，信息化程度和服务水平越来越高，构建了国际供应链，形成了国际物流系统（如图4−30）。

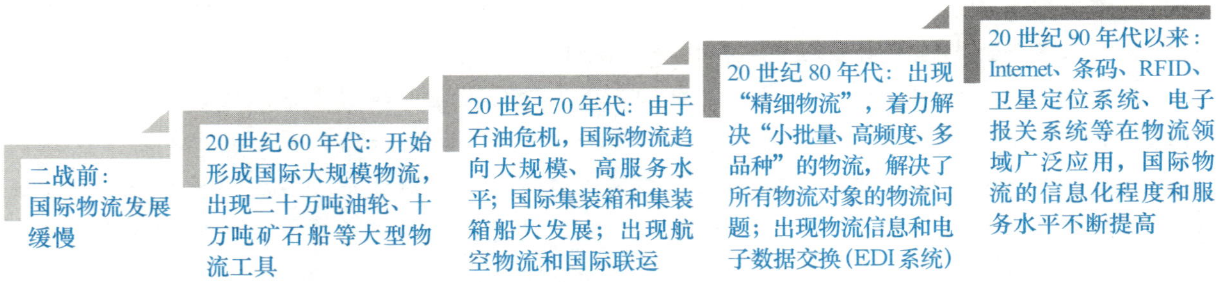

图4−30　20世纪以来国际物流的发展历程

二、国际物流的组成部分

国际物流的目标就是为国际贸易和跨国经营服务，选择最佳的方式与路径，以最低的费用、最小的风险，保质、保量、适时地将货物从某国的供方送给另一国的需方。为了达成这一目标，国际物流的七个组成子系统缺一不可。

1. 运输子系统

运输子系统包括国内运输和国际运输两部分。国际物流依靠运输克服商品供应地和需求地之间的空间距离，创造空间效应。可以说，运输子系统是国际物流的核心环节。正因如此，荷兰阿姆斯特丹的史基浦机场周边聚集着生物医药、电子信息、时装等20多个产业园区；欧洲最大的鲜花交易市场也开在离史基浦机场约2.6千米的地方，鲜花被售出45分钟后就可登上飞机运往世界各地，每年全世界四分之一的鲜花都从这里运出。

2. 仓储子系统

仓储不仅承担着进出口货物保管储存的任务，有时还为检验和流通加工提供场地。若符合保税制度，一些外国货物还可储存在保税仓库，暂缓缴纳进口关税，由海关监管。这些货物可以在一定期限寻找最适当的销售时机，售出后再进行通关。

3. 装卸搬运子系统

伴随国际货物运输、仓储、包装、流通加工等的发展，自然出现了与之配套的装卸搬运活动，装卸搬运活动的进行需要集装箱叉车、托盘搬运车等设备的辅助。

4. 商品检验子系统

商品在出口地或进口地经检验后，由检验检疫机构出具检验检疫证书，明确交付货物的品质、数量、卫生条件等方面是否符合合同规定。如果与合同不符，买卖双方可据此作为拒收、索赔和理赔的依据。

5. 商品包装子系统

国际物流中，商品可能经过许多环节、中转多个国家（地区）才能送达收货人，货物包装应坚固、完好、轻便，包装形状应适合货物的性质、状态和重量，便于搬运、装卸和码放；对特殊商品如鲜活易腐货物等，包装还应符合特定要求。

6. 通关子系统

物流企业要熟悉有关各国的通关制度，建立安全有效的快速通关系统，保证货物畅通。比如为了让澳洲龙虾尽快通关，减少生鲜商品损耗，可以走活体海鲜专属的“绿色通道”。

7. 信息子系统

为开展高质量的国际物流，让相关各方更默契地合作，信息子系统十分重要。它主要负责采集、处理和传递国际物流的信息资讯，例如进出口单证的流转、支付方面的资料、市场行情信息、客户资料、供求信息等。

任务实施

1. 什么是国际物流？寻找你在生活中观察到的国际物流实例，要求至少找出两个实例。

2. 选择身边的国际物流实例开展调研，探究国际物流的七大子系统分别如何运转。汇总调研结果，填写表4-8，并进行小组汇报展示。

表 4-8　国际物流子系统调查表

用一句话描述身边的一个国际物流实例	
该实例所属企业	
运输子系统如何运转	
仓储子系统如何运转	
装卸搬运子系统如何运转	
商品检验子系统如何运转	
商品包装子系统如何运转	
通关子系统如何运转	
信息子系统如何运转	
存在的问题	
提出的建议	

任务二 正确阐述国际物流与国内物流的区别

案例导入

"飞马峰号"的生死时速

为反击美国对价值340亿美元的我国商品在2018年7月6日开始加征25%的关税，我国同时宣布从同一时间对同等规模的美国商品加征关税，而大豆就在这一批加税商品名单中。要知道，此前我国对美国进口大豆的关税仅为3%。

2018年6月19日，一艘装载着7万吨、总价值超过2 000万美元（约1.36亿元人民币）大豆的美国货船"飞马峰号"（Peak Pegasus）从美国西雅图出发，为了赶在7月6日我国对美国大豆加征25%关税前抵达我国大连港，在海上开足马力一路狂奔，以"生死时速"奔向我国（见图4−31）。货船"飞马峰号"7月2日通过日本北部的津轻海峡后，一直以近14海里/小时的速度（相当于26千米/小时）在太平洋顶风前行，对于一艘满载的货轮，这已经是它的极限速度了。这艘货轮也因此而意外走红网络，网友们纷纷为它加油打气。

图4−31 "飞马峰号"开足马力一路狂奔

然而竭尽全力的"飞马峰号"，还是晚了一步，在海上航行了18天后，最终悲催地于7月6日17时左右到达，没能赶在加征额外关税前顺利到港，这意味着要比之前多交500万美元的关税。而且，由于前期到港船只比较集中，港口仓库容量有限，"飞马峰号"还不能进港卸货，要先在大连港口外锚地排队等待，租船一天需要12 500美元的费用，多等一天成本又增加许多。

但如果这艘货轮离开我国，退回去寻找其他买家也不可能。因为自中美贸易摩擦以来，美国大豆的价格一路下滑，这意味着该公司在欧洲或其他地方的替代买家很可能会要求他们在最初的产品价格上再给予折扣；不仅如此，此时转卖他家，还会涉及高昂的转运费用。所以它只能选择继续在大连港外等待。

"漂"了一个多月，直到8月12日，"飞马峰号"才开始卸货、检验，办理缴税通关手续，除了缴纳加征的关税，还有超过40万美元的额外费用产生。

可以说，"飞马峰号"事件是中美贸易摩擦的一个缩影，美国大豆协会花了36年培育的中国大豆市场极有可能被巴西、俄罗斯等国家抢夺，而相关国际物流也将受到显著影响。

阅读思考：

1. 案例中“飞马峰号”货船从6月19日到8月12日经历了什么？
2. 为什么会发生“飞马峰号”事件？
3. 除了大豆，在此次中美贸易摩擦中，还有哪些进出口商品的国际物流也受到了影响？

知识储备

从案例中可以看出，尽管国际物流与国内物流只有一字之差，但却有许多不同之处。国际物流与国内物流相比具有以下特点。

1. 国际物流拥有更广阔的市场

截至目前，世界上共有233个国家和地区，人口70多亿，这样广阔的市场是任何国家的国内物流所不能比拟的。以我国为例，商务部发布的报告显示，2022年我国跨境电商进出口额（含B2B）2.11万亿元，同比增长9.8%。跨境电商的发展，带动了国际物流业务的火爆，京东、顺丰、“三通一达”等国内物流巨头都在世界各国不断拓宽合作区域和领域。

2. 国际物流更具复杂性

由于各国物流环境的差异，一个国际物流系统需要在多个不同法律、人文、习俗、语言、科技、设施的环境下运行，因而国际物流的难度和系统的复杂性远远高于一国的国内物流。

比如美国、澳大利亚等国，对未经加工的原木（见图4–32）或原木包装有严格规定，必须在原出口国进行熏蒸，出示熏蒸证明（见图4–33）才可接受货物进口，否则需接受罚款惩罚或将货物退回。

图4–32　未经加工的原木

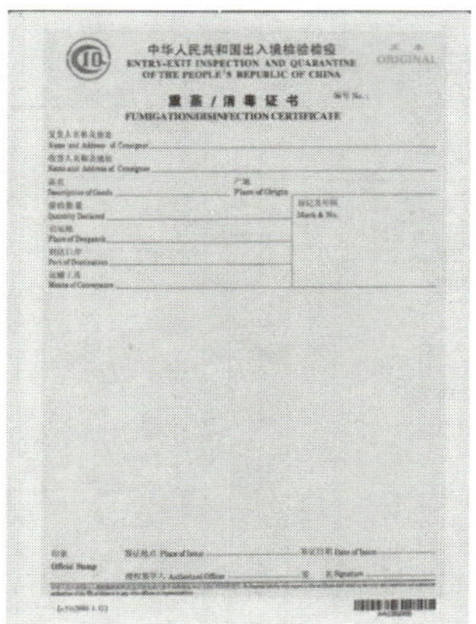

中华人民共和国出入境检验检疫
ENTRY-EXIT INSPECTION AND QUARANTINE
OF THE PEOPLE'S REPUBLIC OF CHINA
ORIGINAL
熏蒸/消毒证书
FUMIGATION/DISINFECTION CERTIFICATE

图4–33　熏蒸证明

3. 国际物流更具风险性

国际物流的高风险由以下几方面原因导致。

（1）货物在途中的风险。国际物流的两国往往距离遥远，途中极有可能发生货物损坏或丢失的危险。

（2）客户信用方面的风险。由于当事人来自不同国家，对客户的信用调查就变得比较困难，因而也容易发生失信事件，如货物按时送达而托运方拒绝付款。

（3）汇率波动风险。国际物流企业与客户是按照外汇（如美元）结算的，如果合同中规定我方提供物流服务的报酬是1万美元，汇率为6.8时，我方实际可换到68 000元人民币；若汇率波动较大，变为6.0时，我方只能收入60 000元人民币，损失较大。

（4）政治风险。案例中的“飞马峰号”货轮实际就是一个很好的例子。

4. 国际物流的标准化要求更高

要使国际物流畅通起来，统一标准至关重要。美国、欧洲基本实现了物流工具、设施的统一标准，例如采用标准尺寸托盘、几种统一规格的集装箱等。这样一来，在货物需要转运和装卸搬运的时候就更方便了。

5. 国际物流需要国际化物流信息系统的支持

国际物流必须要有国际化物流信息系统支持，各方才能信息互联，快速响应。

任务实施

1. 国际物流与国内物流相比有哪些特点?

2. 寻找你身边的国际物流实例，通过实例阐述国际物流的特点。要求至少找到三个实例，汇总调研结果，填写表4-9，完成任务记录。

表4-9 国际物流特点调研任务记录表

活动任务	国际物流特点调研实际情况记录表	
企业一 企业名称和地址	调研对象和调研方式	
	调研内容	
	调研对象回复内容记录	
	国际物流概况	
	国际物流优点	
	国际物流缺点	

（续）

活动任务	国际物流特点调研实际情况记录表	
企业二 企业名称和地址	调研对象和调研方式	
	调研内容	
	调研对象回复内容记录	
	国际物流概况	
	国际物流优点	
	国际物流缺点	
企业三 企业名称和地址	调研对象和调研方式	
	调研内容	
	调研对象回复内容记录	
	国际物流概况	
	国际物流优点	
	国际物流缺点	

任务三　正确阐述跨境电商的国际物流模式

案例导入

跨境电商让中欧班列不再空肚回家

2018年9月26日，价值500万美元的41节火车车厢满载着欧洲母婴产品通过中欧班列拉到了“网易考拉”位于重庆的保税仓，这是考拉首次以铁路专列形式完成进口物流贸易（见图4–34和图4–35）。而在2017年6月，跨境电商“有棵树”旗下的海豚供应链也利用欧亚铁路，搭上“义新欧”列车把德国生产的奶粉运回国内。

中铁也看到了跨境电商的发展趋势，中铁快运将与俄铁、俄联邦客运及其物流公司达成合作协议，建立中俄跨境电商物流平台。

图4-34 网易考拉的中欧班列（重庆）顺利到达

图4-35 网易考拉的保税仓库

和航空、海运相比，列车是价格和时间综合成本的最佳选择，铁路运输将成为跨境电商物流的重要补充，特别对西南地区的内陆城市而言。此前，进入西南地区的跨境商品大多是先通过海运到达上海，再利用长江航运抵达重庆，一般需要四五十天的时间；现在通过列车直接开到重庆只需要20天时间。这次网易考拉专列因为得到海关支持，得以快速过关，一共只用了17天时间。

事实上，物流一直是跨境电商发展的关键，直接影响成本和效率。除了通过海陆空方式把跨境商品运到国内保税仓，目前包括网易考拉在内的电商平台、邮政EMS在内的第三方物流企业也在尝试在海外建仓。

在哪里建仓是根据业务需要而定的，海外仓主要用于储存长尾产品，如销量较小或新上市、季节性产品，这样能提高效率，降低风险。先利用海外仓在海外试销，如果达到一定标准再转为国内保税仓运营。国内保税仓的优点是价格低，运作效率高，主要针对大批量爆款产品。

阅读思考：

1. 听说过“一带一路”和“跨境电商”这两个词吗？你是如何理解的？
2. 你认为通过中欧班列进行跨境电商的国际物流有什么作用？
3. 网易考拉是如何针对不同商品特点选择不同国际物流模式的？

知识储备

近年来，越来越多的货物选择中欧班列运输，如中欧班列中豫号开行了平行进口汽车专列、运邮专列、跨境电商专列、木材专列、绿豆专列等特色班列。

截至2023年9月底，中欧班列已经通达欧洲25个国家的217个城市，累计开行超过7.8万列，运送货物超过740万标箱，占中欧贸易总额比重从2016年的1.5%提高到2022年的8%。随着“一带一路”建设的持续推进，中欧班列已发展为大众所熟知的连通境内外的“钢铁驼队”，并成为中欧经贸往来中不可或缺的载体。

目前可供跨境电商选择的国际物流模式和特点如下。

一、国际快递

国际快递是指通过国际快递公司来完成跨境电子商务的物流活动，知名的国际快递公司有UPS、USPS、FedEx、DHL等，实力雄厚，能提供高效、优质的物流配送服务。而我国一些快递公司如EMS、顺丰等也纷纷涉足国际快递行业。国际快递的优势是速度快、服务好、丢包率低，尤其是发往欧美发达国家非常方便；劣势是价格昂贵。

二、国际邮政小包

国际邮政小包是指通过万国邮政联盟这一邮政国际组织，在成员国之间完成个人邮包形式的物流活动。我国跨境电商70%的出口包裹都是通过邮政系统投递的，其中中国邮政占据一半左右。国际邮政小包的优势是价格低廉、通关容易，邮政网络基本覆盖全球；劣势是丢包率高、安全性低、速度较慢，还要受制于包裹形状、体积、重量等因素。

三、海外仓

海外仓是指跨境出口电商企业在境外目的地自建或租用仓库。前期采用海陆空等运输方式将货物运送到海外仓中，通过跨境电商进行线上销售。消费者成功下订单之后，企业直接从离客户最近的海外仓进行货品分拣、包装和配送。海外仓的优势是能大大缩短订单周期、优化客户体验、降低配送成本，有效解决商品检验、退换货等问题；劣势是建设海外仓投资庞大，且若库存商品周转不灵，容易压货。

四、边境仓

边境仓就是将物流仓库设立在靠近目的国的边境上，但与海外仓不同的是，边境仓位于境外目的地的邻国。边境仓的优势是可以有效规避境外目的国的政治、法律、税收等风险，还能够利用“自由贸易区”政策，降低物流成本。

五、国内保税区（自贸区）

国内保税区（自贸区）模式是通过海陆空等运输方式前期将货物运至保税区或自贸区仓库，再由跨境进口电商负责商品销售。本国消费者成功下订单之后，自贸区或保税区仓库负责货物分拣、检疫、包装等环节，完成物流配送。国内保税区的优势是利用自贸区及保税区自身优势，价格低，运作效率高，主要针对大批量爆款产品。

随堂记

六、国际专线物流

国际专线物流在“专”上做文章，使用专门的运输工具、物流线路、物流起点与终点、物流运输周期等，如现在已开通的中欧（重庆）班列、俄速通的Ruston中俄专线等。国际专线物流的优势是集中大量货物发往目的地，通过规模效应降低成本，速度快于邮政小包，丢包率也比较低；劣势是比邮政小包运费高，且在国内的揽收范围有限。

任务实施

1. 跨境电商的国际物流模式有哪些？分别有哪些特点？

2. 找一家你身边的跨境电商企业，展开调研，研究它开展国际物流采用了哪些国际物流模式。要求至少找两个实例，汇总调研结果，进行小组汇报展示。

任务四 正确阐述国际集装箱多式联运

案例导入

中远海运为“一带一路”布局

每年圣诞节前后是欧洲笔记本电脑销售旺季，常常会出现半个月甚至更久缺货的状态，于是在捷克工作的小张选择了网购。圣诞节前，他在亚马逊上订购了一台惠普笔记本电脑，三天后，商品送到了他手中。与六年前他第一次在欧洲网购惠普产品相比，这次到货时间整整提前了一周。

小张并不知道，这台笔记本电脑经历了铁路—海运—铁路—公路多种运输方式，从他的家乡中国重庆运达捷克的惠普配送中心，只用了不到一个月时间。

随着我国成为全球最大的笔记本电脑生产基地，重庆笔记本电脑产量已达全球产量的四分之一，但是中西部地区产品外运难的现象一直困扰着川渝地区的经济发展。

2010年，中远海运（COSCO）为惠普创造性地制订了渝深五定班列铁海联运方案，打通了我国西部出海通道。2014年，中远海运利用经营希腊最大港口——比雷埃夫斯港的有利条件（见图4-36），为惠普提供了比雷埃夫斯港转运方案。一条贯穿中国重庆—中国深圳—希腊比雷埃夫斯—中欧地区的海铁联运通道，使惠普“物畅其流”，通行全欧。

图4-36 比雷埃夫斯港的繁忙景象

比雷埃夫斯港是欧洲大陆距离远东最近的深水大港，是船舶通过地中海前往大西洋、通过红海前往印度洋、通过土耳其马尔马拉海前往黑海的良好中转港；在陆路上，它是巴尔干地区的“南大门”，可连接至中东欧腹地的铁路线，是通往中东欧的门户。中远海运全面接管港口后，港口发生了翻天覆地的变化：2018年2月，希腊航运史上第一艘20 000标箱级超大型集装箱船“中远海运金牛座”靠泊；港口集装箱吞吐量从并购之初的世界93位提升至2022年年底的38位。中远海运希望能将它打造成地中海最大的集装箱中转港、海陆联运转运中心，成为“一带一路”建设的重要支点。

目前，中远海运最新的大船大部分投放在欧洲/地中海航线上，以“中远海运阿尔卑斯”轮为代表的14 500标箱的山峰系列集装箱船成为地中海航线上的主力。2018年6月，更大型的21 000标箱级集装箱船“中远海运宇宙”轮上线（见图4-37），中远海运在欧洲的运输能力又上新台阶。

图4-37 21 000标箱级集装箱船“中远海运宇宙”轮

围绕“一带一路”沿线，中远海运集运也在大力开拓新兴市场航线、南北航线和“第三国”航线，如南亚印巴地区至地中海、土耳其至西北欧等航线，不断优化全球航线布局，使“21世纪海上丝绸之路”航线服务频率更加高，促进全球商品流动。

阅读思考：

1. 供货紧张的圣诞前后，小张为什么能那么快就收到了想买的惠普笔记本电脑？
2. 中远海运为惠普提供了哪些物流服务？
3. 中远海运为“一带一路”建设做了哪些准备？

知识储备

案例中，小张的惠普笔记本电脑经历了铁路—海运—铁路—公路多种运输方式，这是国际集装箱多式联运吗？要回答这个问题，就要先说说集装箱运输的历史，了解集装箱多式联运的由来，还要探究国际集装箱多式联运的定义和做法。

“没有集装箱，世界将会怎样？”这是《集装箱改变世界》一书中的话。的确，现在的世界已经越来越离不开集装箱了，那么集装箱运输从何而来的呢？

用箱体结构运货的想法最早出现在19世纪的英国，当时是用来提升铁路和马车运输效率的（见图4-38）；二战中，美军用小型集装箱运送士兵的私人物品，但因是单向运输，集装箱运输的优势并未完全体现出来。

真正的集装箱革命始于1955年，美国企业家马尔科姆·麦克莱恩购买了一个轮船公司（见图4-39），并提出将整个卡车车厢连同里面原本装载的货物一起直接运上轮船的想法，实行“海陆联运”。这才开始了现代意义上的集装箱运输，它的优势也开始得以展现：在同一集装箱中装载相同的货物，可在船舶、卡车和火车间转运时尽可能减少货物分拣导致物流的中断，简化了物流过程。

图4-38 英国的货运车辆——集装箱雏形

图4-39 集装箱运输之父——美国人马尔科姆·麦克莱恩

一、国际集装箱多式联运的定义

国际集装箱多式联运是指按照国际多式联运合同，以至少两种不同的运输方式，由多式联运经营人将国际集装箱从一国境内接管地点运至另一国境内指定交付地点的货物运输。

因此，国际集装箱多式联运必须满足以下条件：

（1）两种方式：必须以至少两种不同的运输方式连续进行运输，例如海/海、铁/铁、空/空联运，虽为两程运输，但仍不属于多式联运。

（2）一份合同：多式联运经营人与托运人之间必须签订一份国际多式联运合同，明确双方的权利和义务。

（3）一份单证：必须使用全程多式联运单据。

（4）一人负责：必须由一个国际多式联运经营人对全程运输负总责。他与托运人签订合同，也负责签发多式联运单据，并承担自接受货物起至交付货物止的全程运输责任。

（5）单一运价：必须全程单一运价，且一次性收取。

（6）两个国家：接管货物地点和交付货物地点应位于不同国家。

二、国际集装箱多式联运的优点

（1）责任统一，手续简便。无论运输距离有多远、由几种运输方式共同完成，所有运输事项均由一个国际多式联运经营人负责。托运人只需办一次托运，签一份运输合同，付一次费用，手续简便。

（2）缩短货运时间，减少库存，降低货损货差，提高货运质量。各运输环节衔接紧凑、中转及时，大大减少在途停留时间，减少了库存；以集装箱为运输单元，尽管途中经多次转换，但不涉及箱内货物，货损货差大大减少，提高了运输质量。

（3）降低运输成本，节省各种支出。由于可实现“门到门”运输，货主在货物交由第一承运人后即可取得货运单证，凭单证提前要求支付货款，有利于加速资金周转；货物在集装箱内，也可节省包装、理货、保险等费用。

（4）实现“门到门”运输的有效途径。把传统的海运“港至港”运输发展为“门到门”运输，可以把货物从发货人内地仓库直接送到收货人内地仓库。

任务实施

1. 你认为国际集装箱多式联运有哪些重要意义？

2. 什么是国际集装箱多式联运？查找资料，从网络上找出至少三个国际集装箱多式联运的实际案例。汇总调研结果，填写表4-10，完成任务记录。

表4-10　国际集装箱多式联运调研任务记录表

活动任务	国际集装箱多式联运调研实际情况记录表	
企业一 企业名称和地址	调研对象和调研方式	
	调研内容	
	调研对象回复内容记录	
	国际集装箱多式联运开展概况	
	国际集装箱多式联运优点	
	国际集装箱多式联运缺点	
企业二 企业名称和地址	调研对象和调研方式	
	调研内容	
	调研对象回复内容记录	
	国际集装箱多式联运开展概况	
	国际集装箱多式联运优点	
	国际集装箱多式联运缺点	

（续）

<table>
<tr><th>活动任务</th><th colspan="2">国际集装箱多式联运调研实际情况记录表</th></tr>
<tr><td rowspan="6">企业三
企业名称和地址</td><td>调研对象和调研方式</td><td></td></tr>
<tr><td>调研内容</td><td></td></tr>
<tr><td>调研对象回复内容记录</td><td></td></tr>
<tr><td>国际集装箱多式联运开展概况</td><td></td></tr>
<tr><td>国际集装箱多式联运优点</td><td></td></tr>
<tr><td>国际集装箱多式联运缺点</td><td></td></tr>
</table>

项目评价表

《探索国际物流》项目实施评价表

<table>
<tr><th rowspan="2">考核任务</th><th rowspan="2">考核要求</th><th rowspan="2">配分</th><th colspan="4">评分标准</th><th colspan="2">得分</th><th rowspan="2">备注</th></tr>
<tr><th>优</th><th>良</th><th>中</th><th>差</th><th>自评</th><th>师评</th></tr>
<tr><td>正确阐述国际物流</td><td>能够准确描述国际物流的定义，并能结合身边实例准确地将生活中的国际物流区分出来</td><td>15</td><td>13 ～ 15</td><td>8 ～ 12</td><td>4 ～ 7</td><td>0 ～ 3</td><td></td><td></td><td></td></tr>
<tr><td>探究国际物流的组成部分</td><td>能够调研身边的国际物流实例，并汇报展示国际物流的七大子系统分别如何运转</td><td>25</td><td>20 ～ 25</td><td>13 ～ 19</td><td>7 ～ 12</td><td>0 ～ 6</td><td></td><td></td><td></td></tr>
<tr><td>正确陈述国际物流的特点</td><td>能够准确理解国际物流与国内物流相比有哪些特点，并结合实例汇报展示</td><td>20</td><td>15 ～ 20</td><td>11 ～ 14</td><td>6 ～ 10</td><td>0 ～ 5</td><td></td><td></td><td></td></tr>
<tr><td>分辨跨境电商国际物流模式</td><td>能够准确理解跨境电商的各种国际物流模式，分辨身边的跨境电商企业采用的模式</td><td>20</td><td>15 ～ 20</td><td>11 ～ 14</td><td>6 ～ 10</td><td>0 ～ 5</td><td></td><td></td><td></td></tr>
<tr><td>认识国际集装箱多式联运</td><td>能够准确理解国际集装箱多式联运的定义和必备条件，并结合实例汇报其重要意义</td><td>20</td><td>15 ～ 20</td><td>11 ～ 14</td><td>6 ～ 10</td><td>0 ～ 5</td><td></td><td></td><td></td></tr>
<tr><td colspan="2">总　计</td><td>100</td><td></td><td></td><td></td><td></td><td></td><td></td><td></td></tr>
</table>

模块五 初识物流管理

项目一 初识物流成本管理

成本管理是一个永恒的话题。每个企业都希望在提供优质的产品或服务的同时，又尽可能节省企业的物流成本。“物流冰山”说认为：现行的财务会计制度和会计计算方法都不大可能掌握物流成本的实际情况。在竞争加剧的市场环境下，如何使企业效益最大化是所有企业家最关心的问题。

学习目标

知识目标

- 正确表述物流成本的构成。
- 正确陈述物流成本的控制。
- 正确把握企业物流成本管理的新思维。

技能目标

- 能够寻找并记录生活中的物流成本。
- 尝试开展简单的物流企业成本调研。

素养目标

- 培养学生的语言表达与沟通能力。
- 形成团队协作的意识。
- 增强对物流行业的认知与了解。

项目分析

通过案例阅览分析，初步了解什么是物流成本以及物流成本的构成。通过继续学习，加深对物流成本控制的理解，并知晓局部控制与综合控制二者之间的关系。通过现代物流管理新理念分析，深入了解企业物流成本管理的新思维。

任务一 正确表述物流成本的构成

案例导入

饺子的成本管理

胡老板经营着一家饺子馆，生意一直还算火爆。胡老板说："别看现在生意还不错，开业这一段时间，让我头疼的就是每天怎么进货，因为很多利润都被物流吃掉了。"

如果一天卖出1 000个饺子，同时剩余500个饺子的原料，就会亏损100元左右（包含原材料成本以及采购费用等）。为了维持经营，胡老板咨询了一些物流专家，才知道这是波动的需求和有限的生产力之间的冲突。于是，胡老板根据饺子馆现状，提出了下列解决方案：用餐高峰期大概每天12:00-13:00和18:00-19:00这两个时段，而在11:00-11:45和17:00-17:45推出9折优惠活动，吸引部分对价格比较敏感的顾客，有效分散了需求的集中度。

如果碰到需求波动较大的情况，也就是说某一种饺子的需求量非常大的时候，比如客户要的白菜馅的没了，胡老板就要求店员推荐牛肉馅或羊肉馅，同时改进店面环境，提供杂志报纸、小吃零食，使顾客在店里的等待时间从平均5分钟延长到10分钟。

胡老板做了三年的生意，从最初每个饺子大约1角钱的物流成本，到去年的5分钱，而今年成本变得更低了。由于做饺子时间长了，需求的种类和数量相对固定，每个饺子的物流成本得到有效控制，大约在2分钱，主要体现在采购人工与运输车辆的费用支出上。

阅读思考：

1. 胡老板解决物流成本困扰的办法是什么？
2. 什么是物流成本？
3. 饺子馆的物流成本除了主要的采购人工和运输车辆费用以外，还可能包含哪些费用？

知识储备

物流是经济发展的先行官，也是产业链供应链稳定运行的基础。党的二十大报告明确提出："加快发展物联网，建设高效顺畅的流通体系，降低物流成本。"

物流成本是指物流活动中所消耗的物化劳动和活劳动的货币体现，是物品在运输、储存、装卸搬运、包装、流通加工、物流信息等环节的实物运动过程中，所支出的人力、财力和物力的总和。为了更好地掌握物流成本，加强对物流成本的管理和控制，将其按特定的标准进行分类是非常必要的。企业的物流成本一般有两种分类方法。

一、按成本支出形式分类

按成本支出形式分类，分为直接物流成本和间接物流成本。

直接物流成本由企业直接支付，间接物流成本是企业把物流活动委托他人而支付给他人的物流成本。这两个大项又可以详细地分为材料费、人工费、差旅费、维护费用等。这种分类方法与财务统计方法相一致，优点是便于检查物流成本在各项日常支出中的数额和所占的比例，适合用于企业物流成本管理。

随堂记

二、按物流活动的基本构成分类

按物流活动的基本构成分类，分为物流各个环节成本，例如运输成本、仓储成本、装卸搬运成本、包装成本、流通加工成本、物流信息和管理费用等。

（1）运输成本，主要包括人工费用，如运输人员工资、福利等；营运费用，如营运车辆燃料费、折旧、公路运输管理费等；其他费用，如差旅费等。

（2）仓储成本，主要包括建造、购买或租赁仓库设施设备等的成本和各类仓储作业带来的成本。

（3）装卸与搬运成本，主要包括人工费用、资产折旧费、维修费、能源消耗费以及其他相关费用。

（4）包装成本，主要包括包装材料费用、包装机械费用、包装技术费用、包装人工费用等。

（5）流通加工成本，主要有流通加工设备费用、流通加工材料费用、流通加工劳务费用及其他。

（6）物流信息和管理费用，包括企业为物流管理所发生的差旅费、会议费、交际费、管理信息系统费以及其他杂费。

另外，还可按物流的整个运作过程分类，包括企业物流活动的筹备成本、企业生产物流成本、销售物流成本和逆向物流成本等。在企业物流活动的过程中，管理人员可以结合本企业的实际物流状况和企业注重的不同层面，采取不同的分类方法。所有这些分类方法的共同目的都在于加强物流成本管理，控制物流成本。

任务实施

1. 物流成本由哪些部分构成？

2. 寻找你在生活中亲身经历过的一次物流服务，并将它发生的物流成本详细记录下来，完成表5-1的填写。

表5-1 物流服务之成本调查表

<table>
<tr><td>事件时间</td><td colspan="2"></td></tr>
<tr><td>事件地点</td><td colspan="2"></td></tr>
<tr><td>事件描述
（可图文结合）</td><td colspan="2"></td></tr>
<tr><td>涉及物流成本</td><td colspan="2"></td></tr>
<tr><td rowspan="2">成本分类</td><td>按成本支出形式分类</td><td></td></tr>
<tr><td>按基本构成分类</td><td></td></tr>
</table>

任务二 正确陈述物流成本的控制

案例导入

长虹“加减法”

长虹创始于1958年，从军工立业、彩电兴业，到信息电子的多元拓展，已成为集军工、消费电子、核心器件研发与制造为一体的综合型跨国企业集团。

家电销售方面，长虹在销售物流上做“加法”。长虹在全国设置了绵阳、中山、南通、吉林4个基地库房（见图5-1），203个分公司库房。与国内家电企业同行相比，长虹销售物流的仓储点数量明显高于同行企业。但库房分布分散、过多过小的现状导致各销售公司为了满足当地客户需求，不得不过多挤占货源，最终致使整个销售物流库存居高不下，库存资金占用太高。从2019年6月份开始，长虹将全国203个分公司库房进行整合，建立了4个配送中心和6个区域分发中心，仓储、配送一体化运作框架基本形成。

图5-1 长虹仓库

在采购物流上做“减法”。长虹对采购模式进行了改革。以前，长虹采用的是传统的采购模式，需要什么材料，提前一两个月买回来，放在自己仓库里，这样既占用仓库，又占用资金。现在，长虹已经与1 100多家供应商中的900多家达成协议，由这些供应商在长虹各厂区周边建库房，长虹需要什么材料，直接从这些供应商那里购买。按照这个思路，长虹仓库原材料存货现已下降了61%。

对物流系统进行信息化改造，老物流系统与信息化技术相结合形式现代物流。长虹家大业大，一些在中小企业看来非常容易统计的数据，到了长虹这里却难上加难。物流改革前，长虹每天卖出了多少产品，购进了多少原材料，没有人马上就能知道。这些数据要由各个分公司发传真回来一一汇总。于是，长虹对整个物流系统进行了信息化改造，每天一到下班时间，管理人员都可以在物流信息系统软件界面上马上看到各个数据。通过这个“加减法”，使得长虹在短短10个月里，对市场反应速度大大加快，达到同行业平均水平。

阅读思考：

1. 案例中长虹发生了哪些物流变革?
2. 长虹建立配送中心与区域分拨中心的操作，能带来什么好处?
3. 除了案例中的“加减法”，还可以通过哪些方面来控制物流成本?

知识储备

物流成本控制是指运用成本会计的方法，预定成本限额，并将实际物流成本与限额进行比较，以纠正不利的偏差，降低物流成本水平。从总体来说，物流成本的控制方法有局部控制和综合控制两大类。

一、物流成本的局部控制

物流成本的局部控制是指在物流活动过程中，为了达到预期的成本目标，而针对其中一个或某些局部环节的支出所采取的控制措施。物流成本的局部控制包括运输成本的控制、仓储成本的控制、装卸搬运成本的控制、包装成本的控制、流通加工成本的控制等内容。

局部控制具体方式的选择依赖于企业物流的运作模式。物流管理者必须努力协调与各相关部门的关系，在符合经济性原则和因地制宜原则的前提下，尽量对企业的物流成本进行综合控制。

二、物流成本的综合控制

物流成本的综合控制是指为了达到预期的成本目标，而在事前、事中或事后对物流成本进行预测、计划、分析、反馈和决策的全过程。综合控制与局部控制的区别在于，它具有系统性、综合性和战略性的特点，具有较高的控制效率。综合控制的实质就是局部控制的集成，它可以更有效地保证企业物流总成本的最小化。

三、物流成本的局部控制与综合控制之间的关系

由于在物流成本控制的过程中存在诸多不可控因素，所以物流成本的综合控制往往难以覆盖物流活动的全过程。许多企业内单个物流环节的成本仍有相当大的节约空间，对物流成本局部控制方法的研究仍具有重要的现实意义。同时，由于物流成本的控制存

在“二律背反”规律，例如运输和储存两个环节都追求成本最小化目标，然而这两个环节所追求的目标往往又存在相互排斥的现象。这种“二律背反”的情况在物流系统的各环节又经常出现，如果不用“总成本”的观点来衡量物流成本的损益，就可能无法获得正确的评价。因此，企业物流管理者应从系统全局的角度出发，用物流系统化的观念和方法考虑物流成本的综合控制，而不能仅满足于局部成本的降低，这是现代企业物流成本管理的要求。

任务实施

1. 你认为企业应如何实现物流成本的控制？

2. 成立调研小组，寻找附近的物流企业进行调研，分析这些企业是如何尽可能地控制物流成本的。汇总至少 3 家企业的调研结果，完成表 5-2 的填写并进行小组的汇报展示。

表5-2　物流企业调查表

<table>
<tr><td rowspan="7">企业一</td><td colspan="2">企业名称</td><td colspan="2"></td></tr>
<tr><td colspan="2">地址</td><td colspan="2"></td></tr>
<tr><td>联系人</td><td></td><td>联系电话</td><td></td></tr>
<tr><td colspan="2">物流成本控制方法描述（可图文结合）</td><td colspan="2"></td></tr>
<tr><td colspan="2">存在的问题</td><td colspan="2"></td></tr>
<tr><td colspan="2">提出的建议</td><td colspan="2"></td></tr>
<tr style="display:none"></tr>
<tr><td rowspan="6">企业二</td><td colspan="2">企业名称</td><td colspan="2"></td></tr>
<tr><td colspan="2">地址</td><td colspan="2"></td></tr>
<tr><td>联系人</td><td></td><td>联系电话</td><td></td></tr>
<tr><td colspan="2">物流成本控制方法描述（可图文结合）</td><td colspan="2"></td></tr>
<tr><td colspan="2">存在的问题</td><td colspan="2"></td></tr>
<tr><td colspan="2">提出的建议</td><td colspan="2"></td></tr>
<tr><td rowspan="6">企业三</td><td colspan="2">企业名称</td><td colspan="2"></td></tr>
<tr><td colspan="2">地址</td><td colspan="2"></td></tr>
<tr><td>联系人</td><td></td><td>联系电话</td><td></td></tr>
<tr><td colspan="2">物流成本控制方法描述（可图文结合）</td><td colspan="2"></td></tr>
<tr><td colspan="2">存在的问题</td><td colspan="2"></td></tr>
<tr><td colspan="2">提出的建议</td><td colspan="2"></td></tr>
</table>

任务三 正确把握企业物流成本管理的新思维

案例导入

温达公司的“改革”

温达公司有一个以仓储业务为主的中小型流通仓库。进入20世纪90年代后，温达仓库的领导意识到如果一直停留在传统储运业务上，他们迟早是要被社会淘汰。因此，温达仓库的领导积极探索新的业务领域，试图向现代化物流转化。1997年，温达公司成立了配送中心，并依靠原仓库已有的运输车辆，以送货服务为主要内容，承接货物配送业务，但市场前景并不乐观。

2000年，温达仓库进行了充分的调查研究，反复论证，分析了仓库所处的社会环境和经济环境，在此基础上，又重新组建了物流配送中心，建立起运输信息系统，充分利用社会对配送业务的需求，做到运输车辆不空载，降低物流运输成本。于是，仓库的配送业务逐渐扩大，收到了良好的经济效益。例如温达仓库的大客户“牡丹电视”占该库库房近 1 万平方米的面积，每月周转近2次，全国性配送业务量很大。但“牡丹电视”的配送业务却由另一家公司代理，温达仓库只负责储存。在成立了新的配送中心以后，温达仓库通过公关，迎合了客户对配送的高要求，同时又能帮助客户降低成本。温达仓库终于取得了“牡丹电视”的配送业务权。他们提供了优质的配送服务，使货物安全及时地到达目的地，受到客户的好评，同时又积极发展其他商品的配送，尤其是对一些技术含量与成本要求都很高的大件货物的配送。一般仓库都不愿意接受，而温达仓库配送中心迎难而上，积极开展大件货物的配送业务，逐渐使配送业务成为该库营收的一大支柱。

阅读思考：

1. 为什么温达仓库早在1997年就成立了配送中心，但配送业务一直到2000年以后才正式开展起来？
2. 传统仓储企业向现代物流企业转变的过程中，物流成本会发生什么变化？

知识储备

企业对物流成本实施管理的主要目的是为了降低物流成本，以往大多是通过加快物流速度、减少物流周转环节、采用先进的物流技术以及加强经济核算等手段来实现的。为了更有效地提高企业物流成本管理水平，下面结合现代物流管理的新理念，提出一些企业物流成本管理的新思维。

一、从流通全过程的观点来降低物流成本

对于一个企业来说，控制物流成本已不仅仅是企业内部的事。企业追求物流效率的提高，应该考虑如何提高从原材料生产、产成品制成直到最终送达用户的整个供应链过程的物流效率。例如，供应链中的物流设施的投资或扩建要视整个流通渠道的发展和要求而定。原来有些厂商是直接面对批发商经营的，因此很多物流中心就与批发商物流中心相衔接，从事大批量的商品输送。然而，随着零售业中便民店、折扣店的迅猛发展，

客观上要求厂商必须适应这种新型的业态形式，展开直接面对零售店的物流活动。在这种情况下，原来的投资中不适应新型业态的部分就有可能“打了水漂”。有些供应链要求企业建立符合现代流通发展要求的新型物流中心或自动化设施，这些投资尽管从企业自身来看增加了物流成本，但从整个流通过程来衡量，却有可能提高物流绩效。

二、通过实施供应链管理，提高物流服务水平和削减成本

在供应链环境下，市场的最终用户除了对产品价格继续保持较高要求外，还对商品的周转时间提出了更高的要求。供应链环境下的物流必须真正做到迅速、准确、高效。要实现上述目标，仅仅让单个企业具有高效率是不够的，还需要协调供应链中其他企业以及顾客、运输业者之间的关系，实现整个供应链活动的高效率。也正因为如此，追求成本的效率化不仅仅是企业中物流部门或生产部门的事，同时也是经营部门以及采购部门的事，将降低物流成本的目标贯彻到企业的所有职能部门当中。

三、借助现代信息系统来降低物流成本

企业借助现代信息系统，一方面能使各种物流业务或作业过程迅速准确地进行；另一方面也可建立起企业的物流经营战略系统，也就是说，通过将客户的订货意向、订货数量、需求价格等信息在网络上进行传输，可以使生产或流通全过程的所有企业或部门分享由此带来的利益。现代信息系统的作用不是向其他的企业或部门转移成本，而是为真正彻底地降低物流成本提供了一条可靠的捷径。

四、通过参与共同配送来降低物流成本

随着经济的迅速发展和人民生活水平的不断提高，消费者的需求日益向多样化、个性化方向发展。制造商为了满足大众的需求纷纷采用多样少量的生产方式，相应地，多批次、小批量的配送方式也随之产生。共同配送是经长期的发展和探究优化出的一种合理的配送形式，在美国、日本等发达国家较为普遍，它对提高物流作业效率、降低物流成本具有十分重要的意义。企业间建立共同配送关系，实行优势共享，至少可以得到以下几方面的好处：达到配送作业的经济规模，提高物流作业的效率，降低企业的营运成本；不需要投入大量资金、设备、土地、人力等，可以节省企业的资源；企业可以集中精力经营核心业务等。

五、削减逆向物流成本

逆向物流成本的产生一方面是由于要被动地接受顾客的退货，另一方面则是由于企业要主动回收已流向顾客的产品。退货成本是由商品提供者承担退货引起的各种成本，而退货方免于责任，于是退货的情况很容易发生，从而引起一系列的物流费、退货商品损伤或滞销而产生的成本。对于退货成本的控制需要根据用户的原因和企业自身的原因分别采取措施。用户方面比较难以控制，所以更重要的是企业内要明确划分发生退货的责任，建立起责任制度；而对于产品回收成本，应事先对产品的生命周期有战略上的把

握，再把这部分不可避免的成本预先分摊到产品中。实践证明，逆向物流成本越来越成为企业物流成本中一个不可忽略的组成部分。

任务实施

1. 请简述物流成本管理有哪些新思维。

2. 寻找一家企业，关注它的某一次物流活动，梳理出物流成本管理的新思维，完成表 5−3 的填写。

表5−3　企业活动之物流成本管理调查表

企业名称			
地址			
联系人		联系电话	
活动名称		活动时间	
物流成本管理新颖点			
存在的问题			
提出的建议			

项目评价表

《初识物流成本管理》项目实施评价表

考核任务	考核要求	配分	评分标准				得分		备注
			优	良	中	差	自评	师评	
掌握物流成本的定义	能够准确描述什么是物流成本，并提出自己对物流成本的理解	20	15 ～ 20	11 ～ 14	6 ～ 10	0 ～ 5			
认识物流成本构成	能够准确简述物流成本的构成，学会灵活运用知识点	30	24 ～ 30	15 ～ 23	8 ～ 14	0 ～ 7			
理解物流成本的控制	能够理解物流成本的局部控制与综合控制，并明了二者之间的关系	20	15 ～ 20	11 ～ 14	6 ～ 10	0 ～ 5			
把握物流成本管理的新思维	能够提出一些企业物流成本管理的新思维	30	24 ～ 30	15 ～ 23	8 ～ 14	0 ～ 7			
总　　计		100							

项目二

初识物流质量管理

物流活动是社会经济活动中必不可少的重要环节，随着全球一体化时代的到来，物流业已经成为一个朝阳行业。但就目前国内很多物流企业而言，物流质量管理却成为制约企业进一步发展的瓶颈。只有良好的企业质量管理环境才能保证物流质量控制和改进的顺利进行，而创建这样的环境，需要引入全面质量管理思想，并加大资本的投入，构建适合物流企业发展的质量体系。

学习目标

知识目标

- 正确描述物流质量管理。
- 正确表述企业物流质量管理的要点。
- 正确运用提高现代物流企业质量管理的基本方法。

技能目标

- 列举生活中的实例，浅谈其与物流质量管理的联系。
- 尝试开展简单的物流企业质量调研。

素养目标

- 培养学生的语言表达与沟通能力。
- 形成团队协作的意识。
- 增强对物流行业质量管理的认知与了解。

项目分析

通过案例阅览分析，初步了解什么是物流质量管理。通过继续学习，加深对物流质量管理要素的理解与认知。通过对现代物流企业质量管理基本方法的解读，深入了解企业物流质量管理的提高方式。

任务一 正确描述物流质量管理

案例导入

库存啤酒的质量控制措施

啤酒在日常生活中深受世界各国人民喜爱，无论是逢年过节还是朋友聚会，人们都要喝上几杯。其实，啤酒的质量控制亦是一门学问。

啤酒入库验收时要求外包装完好无损，封口严密，商标清晰；啤酒的色泽清亮，不能有沉淀物；内瓶壁无附着物；抽样检查具有正常的酒花香气，无酸、霉等异味。

鲜啤酒适宜的储存温度为0～15℃，熟啤酒适宜的储存温度为5～25℃，高级啤酒适宜的储存温度为10～25℃，储存环境的相对湿度要求在80%以下（见图5-2）。

图5-2 啤酒储存

瓶装酒堆码高度为5～7层，不同出厂日期的啤酒不能混合堆码，严禁倒置。

严禁阳光曝晒，冬季还应采取相应防冻措施。

阅读思考：

1. 啤酒在库存管理时主要采取哪些质量控制措施？
2. 请根据案例总结什么是物流质量控制。
3. 冬季对啤酒采取的防冻措施具体有哪些，尝试列举三个。

知识储备

物流的质量管理可以理解成按照法定的及物流服务交易双方的约定，达到双方约定的服务指标和对物流对象的质量保护。完整的物流质量管理应该包括物流对象的质量保护、物流服务质量、物流工作质量和物流工程质量四个方面。

一、物流对象的质量保护

1. 数量保护

在物流过程中，物流对象物的丢失会出现数量减少等问题。物流责任企业必须承担保护的责任。一般而言，对于贵重物品采取零损失的协议方式；对于大宗散货，货主与物流企业事先按照双方的条件，认定一个损失率，由物流企业在允许的范围内实现对用户的服务，超出限度则应承担责任。

2. 质量保护

物流责任企业应该承担质量保护的责任，即保证物流对象物在物流过程中不发生超出约定的物理的、化学的、生物的质量变化。对于不同货物性质的差异，这种质量保护针对不同的物流对象应进行单独协议。对于物流责任企业来讲，需要专门的人才和技术力量、设施装备来解决质量保护的问题。

3. 防止灾害

物流过程中最大的损失来自灾害，灾害包括外部自然灾害和内部灾害。外部自然灾

随堂记

害包括灾害天气、环境巨变等；内部灾害主要是物流对象物出现燃烧、爆炸等现象，这是物流责任企业要特别关注的问题。

二、物流服务质量

物流服务质量是物流质量管理的一项重要内容，这是因为物流业有极强的服务性质，物流业属于第三产业，说明其性质主要在于服务。所以整个物流的质量目标，就是其服务质量。服务质量因不同用户而要求各异，这就需要物流服务提供者掌握和了解用户的具体要求。

一般来讲，物流服务普遍体现在满足用户要求方面，但这一点难度是很大的，各个用户要求不同，这些要求往往会超出企业的实际能力。要满足这些服务要求，就需要物流企业有很强的适应性及柔性，而这又需要以强大的硬件系统和有效的管理系统作支撑。

当然，对服务的满足不能是消极被动的，因为有时候用户提出的某些服务要求，由于“交替损益”的作用，会增大成本或出现其他的问题，这对用户其实是有害的。“交替损益”也叫“效益背反”，通常是指人们对物流数量希望最大，对物流时间希望最短，对物流成本希望最低，对服务质量希望最好，显然要满足上述所有要求是无法实现的。盲目满足用户的这种要求不是高服务质量的表现。物流服务提供者的责任是积极、能动地推进服务质量。

三、物流工作质量

工作质量指的是物流各环节、各工种、各岗位具体工作的质量。为实现总的服务质量，要确定具体的工作要求，以质量指标形式确定下来则为工作质量目标。这是将物流服务总的目标质量分解成各个工作岗位可以具体实现的质量目标，是提高服务质量所做的技术、管理、操作等方面的努力。

工作质量和物流服务质量是两个既有关联但又不完全相同的概念。物流服务质量水平取决于各个工作质量的总和，所以工作质量是物流服务质量的保证和基础。重点抓好工作质量，物流服务质量也就有了一定程度的保证。

从企业对员工的要求来看，就是以员工的素质和精神面貌反映其工作质量，最后形成服务水平的合力。

四、物流工程质量

物流工程是支撑物流活动的总体工程系统，可以分成总体的网络工程系统和具体的技术工程系统两大类别。实际上，任何物流企业的物流运作，包括第三方物流企业接受外包的物流运作，都不可能是空手运作，必须依靠有效的工程系统来实现。工程系统可以是自建的，世界上很多大型物流公司都拥有自己的仓库、配送中心、机场、货机等工程设施，同时也可以通过利用他人提供的工程设施来实现，例如国家建设的物流设施基础平台就是一种基础的工程设施。

很明显，工程设施的水平和质量可以从根本上决定物流的水平和质量。例如采用大型集装箱联运系统后，杜绝了物流过程中单件货物丢失现象，这就是工程系统在起作用。所以，和产品生产的情况类似，物流质量不但取决于工作质量，还取决于工程质量，优良的工作质量对于物流质量的保证程度受制于物流技术水平、管理水平、技术装备等。所以，提高工程质量，是进行物流质量管理的基础工作之一，能提高工程质量，就能做到“预防为主”的质量管理。

任务实施

1. 你心中的物流质量管理是怎样的?

2. 请列举生活中的实例，可以是一个项目，也可以是一件商品，浅谈其与物流质量管理的故事，并完成表5-4的填写。

表5-4 物流质量管理故事

项目（商品）名称	
故事描述	
我的所思所想	

任务二 正确表述企业物流质量管理的要点

案例导入

日本7-11配送过程质量保证

日本7-11连锁便利店（以下简称“7-11”）是根据食品的保存温度来建立配送系统的，7-11对食品的分类是：冷冻型（零下20℃），如冰激凌等；微冷型，如面包等。不同类型的食品会采用不同的冷藏设备和方法配送，由于冷藏车在上下货时经常开关门，容易引起车厢温度的变化和冷藏食品的变质。7-11专用一种两仓式货车来送货，这样，一个仓中的温度变化不会影响另一个仓，需冷藏的食品就始终能在需要的低温下配送。除了配送设备，不同食品对配送时间和配送频率也有不同的要求。对于有特殊要求的冰激凌，7-11会绕过配送中心由配送车早、中、晚三次直接从生产商运送到店铺；对于一般的食品，7-11实行的是“一日三次”的配送制度：早上3点到7点配送前一天晚上生产的一般食品；早上8点到11点配送前一天晚上生产的特殊食品；如牛奶、新鲜蔬菜等；下午3点到6点配送当天上午生产的食品。这样一日三次的配送频率既保证了商店不缺货，又保证了食品的新鲜度。为确保各店铺的万无一失，配送中心还有一个特别的制度来和“一日三次”的配送制度相搭配：每个店铺都会碰到一些特殊的情况造成缺货，这时只能向配送中心电话告急；配送中心则会用安全库存对店铺进行紧急配送。如果安全库存也已告罄，配送中心就转而向供应商紧急要货，并且在第一时间送货到相应店铺。

阅读思考：

1. 7-11配送过程质量保证措施有哪些？
2. 如果用3个字总结7-11配送过程质量保证措施，你能想出什么词语？
3. 你怎么看待7-11的配送过程质量保证措施。

知识储备

物流质量管理是指科学运用先进的质量管理方法、手段，以质量为中心，对物流全过程进行的系统管理，包括保证和提高物流产品质量和工作质量而进行的计划、组织、控制等各项工作。运用全面质量管理的方法，在企业中推行物流质量管理需要注意以下几个要点。

一、服务性

物流工作的中心任务就是提供服务，物流质量管理应把提高服务质量作为第一宗旨。为此，首先要明确服务对象及其所需，再以此作为开展物流质量管理工作的基本出发点。

1. 为生产者和用户服务

流通企业的物流工作有双重任务，一方面是满足生产者的要求，必须保证生产者生产的商品能完好无损地转移给用户，并及时向生产者反馈信息，促进其改进商品质量或引导其生产适销对路的商品；另一方面是满足用户的要求，即按用户要求集货、加工、配货和送货。

2. 物流内部服务

这是指把物流过程中的各个环节、各个工序之间的关系，都视为“供应与使用”的关系，即上一道作业环节视下一道作业环节为“用户”。每一道作业环节都按质量标准严格把关，达不到质量标准就不能转交下一道作业环节。如果移交下去就等于把次品、废品“卖给了用户”，也就失去了质量信誉。因此，必须要树立“下道工序就是用户”的思想，不断提高工作质量。

这里需要特别指出的是，并非服务质量越高就越好，服务水平应与经济效益紧密结合。通常情况下，服务水平越高，则成本越高，若把这些费用转移给用户，用户会很难接受。所以，如何满足各方面的质量要求，将服务水平与费用水平进行最佳组合，是物流质量管理成败的关键问题。开展物流质量管理，必须紧紧把握住服务性，全面分析生产者、用户及物流内部等各方面要求的特点和内在联系，找出满足各方面要求的方法、手段、措施。

随堂记

二、预防性

物流质量管理应突出强调"预防为主""事前控制"，把质量管理由传统的质量检验转变成以预防为主的质量控制。坚持"以防为主、防检结合"的质量管理原则，除尽可能地把影响质量的事故隐患（可控因素）消灭在萌芽中之外，还要对有可能影响质量的随机（不可控）因素，做到事先预测，提前制定好相应的防范措施，一旦事故发生，能予以及时补救。

三、全面性

物流质量管理的全面性体现在对物流全过程进行全面管理和全员参与管理两个方面。

1. 对物流全过程进行全面管理

物流质量管理要对物流全过程进行质量管理，包括运输、保管、包装、装卸、流通加工、配送、信息处理等各个功能环节，不仅管理物流产品质量，还管理物流工作质量，甚至还可以把成本管理纳入质量管理的范畴。可见，管理的范围和内容是广泛的，涉及物流全过程的各个方面，具有很强的全面性。

2. 全员参与管理

物流质量管理要求必须是全体人员参与的全员质量管理。这是因为，物流与生产一样要保证质量，不能只依赖单个部门或少数几个人，必须要依靠相关环节中各部门全体职工的共同努力。实行全员参与管理，一是要配备恰当的组织体系，加以支持和保证；二是树立质量第一、服务至上等思想观念，充分调动广大职工参与质量管理的积极性，发挥群体的智慧和作用。

四、先进性

推行物流质量管理，应谋求管理组织先进、管理方法先进和管理手段先进并做好以下几项基础工作。

1. 建立物流质量管理组织机构

众所周知，任何一项工作的开展，都必须要有一定的组织机构予以

随堂记

保证，物流质量管理工作也是如此。建立物流质量管理组织，可与企业整个管理机构结合进行。应注意明确两种责任分工，即企业外物流和企业内物流。前者负责供应（进货）物流与销售物流，注重了解生产厂商及用户的质量动态及对物流服务质量的要求，研究改进质量服务体系，衔接、协调好本企业与他们的关系；后者负责企业内物流，注重以提高服务质量为中心的企业内物流合理化，衔接、协调好物流部门与供销部门及物流各功能环节之间的关系，组织管理基层物流质量管理小组的各项活动。

2. 强化信息工作，优化服务体系

在抓好组织工作的同时，还要注意信息的处理与运用，即开发应用高效率的信息处理方法、技术和传递网络，并科学地加以运用，为管理者决策提供依据。及时掌握生产厂商、用户和本企业的质量动态，依此指导物流服务工作，从而对物流全过程实行动态管理。它是形成高质量服务体系的基础，从而与物流质量管理相辅相成。

3. 工作制度化，作业程序化

制度化、程序化是物流质量管理的一个重要手段。在制度化工作中，一是要建立健全各种工作的规章制度；二是要结合岗位责任的制定，充实质量责任内容；三是应使诸如与主要生产厂和用户的联席会、同行业经验交流会、质量管理小组会等制度化。在程序化工作中，要使物流的各项工作和作业都能按程序进行，包括为每项作业进行流程设计，明确各工序实施的详细步骤与衔接方法，并制定出相应的工作质量标准。

4. 采用先进的技术方法

物流质量管理需要根据不同情况，采纳各种先进的管理技术方法，包括科学的管理组织方法、数理统计方法及计算机等先进技术的使用。在硬技术建设方面，应进行科学的系统规划，逐步革新、改造原有的设施、设备。

任务实施

1. 你认为在推行物流质量管理中需要考虑哪些要素？

2. 成立调研小组，寻找附近的企业（也可以是超市、卖场等）进行调研，分析这些企业在物流质量管理中考虑的要素。汇总至少3家企业的调研结果，完成表5-5的填写进行小组的汇报展示。

表5-5　物流质量管理之企业调查表

<table>
<tr><td rowspan="5">企业一</td><td colspan="2">企业名称</td><td colspan="3"></td></tr>
<tr><td colspan="2">地址</td><td colspan="3"></td></tr>
<tr><td>联系人</td><td colspan="2"></td><td>联系电话</td><td></td></tr>
<tr><td colspan="2">质量管理中要素涉及</td><td colspan="3"></td></tr>
<tr><td colspan="2">要素体现事件描述
（至少一个，可图文结合）</td><td colspan="3"></td></tr>
<tr><td rowspan="5">企业二</td><td colspan="2">企业名称</td><td colspan="3"></td></tr>
<tr><td colspan="2">地址</td><td colspan="3"></td></tr>
<tr><td>联系人</td><td colspan="2"></td><td>联系电话</td><td></td></tr>
<tr><td colspan="2">质量管理中要素涉及</td><td colspan="3"></td></tr>
<tr><td colspan="2">要素体现事件描述
（至少一个，可图文结合）</td><td colspan="3"></td></tr>
<tr><td rowspan="5">企业三</td><td colspan="2">企业名称</td><td colspan="3"></td></tr>
<tr><td colspan="2">地址</td><td colspan="3"></td></tr>
<tr><td>联系人</td><td colspan="2"></td><td>联系电话</td><td></td></tr>
<tr><td colspan="2">质量管理中要素涉及</td><td colspan="3"></td></tr>
<tr><td colspan="2">要素体现事件描述
（至少一个，可图文结合）</td><td colspan="3"></td></tr>
</table>

任务三 正确运用提高现代物流企业质量管理的基本方法

案例导入

PTU公司的物流服务

PTU（Product Trading Unlimited）公司是Bald and Beauty Hair产品的主要分销商。Bald and Beauty Hair的客户主要是美容院和药店，其产品包括染发水、发型固定工具、洗发液、卷发器、洗发香波、烫发器、发胶、发刷和发梳等。

PTU有一个分配中心，位于美国中西部的大工业区内。订单从美国各地通过信息系统传送到PTU办公室，仓库人员将货物挑选出来并进行包装，发送给相应的美容院和药店。

最近，修复染发剂的销售情况受到了PTU公司管理层的注意。修复染发剂包括25种颜色不同的款式，可以满足不同的用户需求。但是一些周转快的颜色经常缺货，而周转慢的颜色，例如灰绿色已经在货架上存放9个月也无人问津。修复染发剂在Bald and Beauty Hair的产品线中属于低成本、高质量产品。但随着竞争者的降价以及欧莱雅公司和其他制造商的替代产品的出现，Bald and Beauty Hair公司的市场份额逐渐减少，市场不再注重品牌，消费者也不愿再等待迟迟不来的订货。

Bald and Beauty Hair的办事处了解相关情况后，向PTU公司发出了一个书面声明，警告PTU说，服务水平必须立即得到显著改善，否则Bald and Beauty Hair公司在下一年审核分销商时，会取消他们的分销合同。

PTU公司常务董事琼斯博士立刻找来分销中心经理比尔来讨论这个问题。

比尔："我们只是在某些时候出现个别颜色产品的缺货。你还记得10个月以前人们抢购棕色产品的风潮吗？畅销产品从分销中心像潮水一样涌出，从那时起我们就开始出现缺货。同时，客户经常在最后一分钟调换品牌，改变数量和品种。我想，这些问题以及其他一些相关问题应由总公司来考虑，而不仅仅是由分销中心负责。"

琼斯博士："我会向总公司汇报这些情况的。但Bald and Beauty Hair公司要求我们必须达到90%以上的服务水平。如果还想继续成为Bald and Beauty Hair公司的分销商，那就必须把这个目标当作我们的共同目标。比尔，首先我希望你调查一下那些周转最快的颜色，对那些产品应该能提供98%的服务水平，对周转慢的产品可以提供92%～95%的服务水平。改变一下库存策略，并需要知道什么时候订货，订货多少，尽最大努力了解那些不确定因素。"

比尔："好的，我会收集往年的数据，尽我所能改善商品物流状况。"

阅读思考：

1. 你是如何认识和理解物流服务质量的。
2. 影响服务质量的要素有哪些？
3. 请你根据案例提供的信息，给比尔提供一些建议。

知识储备

现代企业物流质量管理在企业经营过程中有着非常重要的作用。做好物流质量管理能够提高顾客满意度，降低企业经营成本，达到增加企业利润的最终目的。提高物流企业质量管理的方法主要有以下几种。

随堂记

一、树立企业物流整体质量管理思想

1. 真正形成物流整体质量管理的认识

一般来说，企业物流活动就是为生产经营服务的服务性活动，主要包含由核心服务、辅助服务构成的基本服务组合，服务过程和企业物流服务的形象。不同的企业物流服务功能的构成都会影响顾客感觉中的整体服务质量和顾客的满意程度。强化企业物流质量管理，就必须从企业物流发展战略高度出发，真正树立整体质量管理思想。

2. 认真做好物流服务过程的整体质量管理

从整体质量管理出发，强调物流管理人员必须深入了解物流服务全过程，并根据顾客需求，认真做好物流服务网络体系设计工作和服务质量管理工作，不断创造物流价值，提高顾客的满意程度。

3. 整体考核企业物流服务质量管理水平

企业要在激烈的市场竞争中取得长期优势，必须不断提高企业物流服务质量和生产效率。企业应确定物流服务质量标准，做好每一个关键环节的质量管理工作，促使服务实绩符合或超过顾客的期望，从整体角度客观地衡量物流服务质量管理水平。积极采用高新技术加强质量管理，提升企业物流服务的整体质量水平。

4. 同时提高企业内部物流服务质量和外部物流服务质量

提高企业内部物流服务质量才能为企业外部顾客提供优质服务。顾客感觉中的服务质量是由企业物流员工和顾客之间相互交往的结果决定的。员工的服务知识、服务技能、服务意识、服务行为对顾客感觉中的物流服务质量有极大的影响。同时，顾客的消费行为也会影响服务质量。

二、建立有效的物流质量管理信息系统

企业建立有效的服务质量管理信息系统能为企业提供物流服务质量改进决策必需的各种信息，能激励企业内部员工改进物流服务工作。要建立有效的物流质量管理信息系统，企业应遵循以下原则：

1. 计量顾客对物流质量的期望

企业既应计量顾客对物流服务质量的评估，也应计量顾客对物流服务

随堂记

质量的期望。顾客对服务质量的期望是顾客评估服务质量的依据，不计量顾客的期望，企业就很难正确理解顾客对物流服务质量的评分。同时，增加顾客期望调查也会使物流服务质量工作变得更加复杂。

2. 强调信息质量

企业物流质量管理信息系统强调信息质量，信息质量根据信息的相关性、精确性、实用性、连续性、可信性、易懂性来衡量。企业为顾客提供优质服务，可以增强顾客忠诚感，扩大市场份额，提高经济收益。

3. 实时监控物流质量状况

在为顾客提供物流服务的过程中，由于多种因素的共同影响，会使企业物流质量发生变化。加强物流质量管理需要随时了解和掌握物流质量的现状、运行过程和发展趋势，及时发现问题、改进管理，提高企业物流服务与管理质量，一般需要对物流服务质量进行广泛深入的调查研究，建立一定的评价指标体系，实现企业物流质量管理信息的实时采集、整理和传递，有效实行监督和控制，提高企业物流质量管理水平。

三、加强企业物流质量管理的主要措施

要想有效地提高质量管理工作效果，企业必须根据质量管理环境，采取适当的管理措施。

（1）根据全面质量管理理论，建立和完善企业物流质量管理的计量、评估体系，切实消除企业物流过程中的差错。

（2）积极引进现代质量管理理论和技术，提高质量管理水平。科学技术就是生产力，企业必须借助现代高新技术强化物流质量管理，真正认识到技术推动的意义，大力开展技术创新活动。

（3）运用有效的激励措施，实行全员质量管理。企业应根据顾客需求环境的相对不确定性，运用有效的奖励和激励措施，激励员工提高学习能力和创新能力。通过精心设计、认真实施的试验，探索减少差错的新方法。不断改进质量管理工作，以便持续提高物流服务的质量。

任务实施

1. 请简述提高物流质量管理的方法有哪些。

2. 寻找一家企业，关注它的某一次物流活动，梳理出其在物流质量管理过程中采取了什么方法，并完成表 5-6 的填写。

表5-6　企业活动之物流质量调查表

<table>
<tr><td>企业名称</td><td colspan="3"></td></tr>
<tr><td>地址</td><td colspan="3"></td></tr>
<tr><td>联系人</td><td></td><td>联系电话</td><td></td></tr>
<tr><td>活动名称</td><td></td><td>活动时间</td><td></td></tr>
<tr><td>活动描述</td><td colspan="3"></td></tr>
<tr><td>物流质量控制方法</td><td colspan="3"></td></tr>
<tr><td>存在的问题</td><td colspan="3"></td></tr>
<tr><td>提出的建议</td><td colspan="3"></td></tr>
</table>

项目评价表

《初识物流质量管理》项目实施评价表

<table>
<tr><th rowspan="2">考核任务</th><th rowspan="2">考核要求</th><th rowspan="2">配分</th><th colspan="4">评分标准</th><th colspan="2">得分</th><th rowspan="2">备注</th></tr>
<tr><th>优</th><th>良</th><th>中</th><th>差</th><th>自评</th><th>师评</th></tr>
<tr><td>认识物流质量管理</td><td>能够准确描述什么是物流质量管理，并提出自己对物流质量管理的理解</td><td>20</td><td>15～20</td><td>11～14</td><td>6～10</td><td>0～5</td><td></td><td></td><td></td></tr>
<tr><td>掌握企业物流质量管理的要素</td><td>能够准确描述物流质量管理的要素，并能够准确阐述</td><td>30</td><td>24～30</td><td>15～23</td><td>8～14</td><td>0～7</td><td></td><td></td><td></td></tr>
<tr><td>理解提高物流质量管理的基本方法</td><td>能够理解提高物流质量管理的几种基本方法，并能灵活运用</td><td>30</td><td>24～30</td><td>15～23</td><td>8～14</td><td>0～7</td><td></td><td></td><td></td></tr>
<tr><td>理解树立企业物流整体质量管理思想</td><td>能够阐述自己对树立物流整体质量管理思想的理解</td><td>20</td><td>15～20</td><td>11～14</td><td>6～10</td><td>0～5</td><td></td><td></td><td></td></tr>
<tr><td colspan="2">总　计</td><td>100</td><td></td><td></td><td></td><td></td><td></td><td></td><td></td></tr>
</table>

项目三

初识物流标准化

物流是供应链过程的一部分，是为了满足客户需求而对商品服务及相关信息从原产地到消费地的高效率、高效益的正向和反向流动及储存进行的计划、实施与控制过程。为了实现整个流程的优质化和国内国外的统一化，物流标准化应运而生，让我们一起走进本节内容吧!

学习目标

知识目标

- 正确描述物流标准化。
- 正确表述物流标准化的种类。
- 正确阐述物流标准化的作用。

技能目标

- 学会从日常生活中探究物流标准化。
- 尝试开展企业调研，分析企业物流标准化实现程度。

素养目标

- 培养学生的语言表达与沟通能力。
- 形成团队协作的意识。
- 增强对物流标准化的认知与了解。

项目分析

通过案例阅览分析，初步了解什么是物流标准化。通过继续学习，加深对物流标准化种类的理解与认知。通过对物流标准化作用的解读，深入了解一旦实现企业物流标准化，可以为社会带来哪些好处。

任务一 正确描述物流标准化

案例导入

东方通科技公司：探索标准制订与宣贯的新模式

东方通科技公司在物流的标准制订与宣贯模式上，提出了很好的发展思路：

首先要积极探索开放的、新的标准制定组织与过程模式。标准承担单位要欢迎各类企业及技术厂商履行规定的手续和承诺工作责任后就可参加标准的制定，有意识地组织技术厂商的参与。

其次是在制定物流相关的业务和技术标准时，例如在标准数据及标准过程方面，要强调行业的一致性和集中管理下的扩充；在相关技术的应用方面，则要保持适度。既要明确采用关键、基础和共性的技术，以保证先进性和集成能力，同时也要保持标准与实现技术细节的适当分离，从而保证标准的稳定性，同时给本土及国外厂商以充分的发展余地。

最后，在制定物流的标准数据及过程的同时，可以由标准主要承担单位有步骤地组织开发或认证一些参考系统或参考案例，撰写并发布有关的信息，以此推动国内标准技术的广泛应用。

阅读思考：

1. 东方通科技公司主要提出哪些思路？
2. 你认为什么是物流标准化？
3. 物流标准化的实施可能会带来什么好处？

随堂记

知识储备

从上述案例中可以了解到，标准化是在经济、技术、科学及管理等社会实践中，对重复性事务和概念通过制订、发布和实施标准，达到统一，以获得最佳秩序和社会效益。

物流标准化是指以物流为主系统，制定系统内部设施、机械装备、专用工具等各个分系统的技术标准；制定系统内各分领域如包装、装卸、运输等方面的工作标准；以系统为出发点，研究各分系统与分领域中技术标准与工作标准的配合性，按配合性要求，统一整个物流系统的标准；研究物流系统与相关其他系统的配合性，进一步谋求物流大系统的标准统一。

物流标准化是物流发展的基础，工作复杂、难度大且涉及面广。由于物流系统形成晚，各子系统已实现了各自的标准化，因此物流标准化系统又属于二次系统，即后标准化系统，它要求更高地体现科学性、民主性和经济性。同时物流标准化具有非常强的国际性，要求与国际物流标准化体系相一致，因此物流标准化工作任务艰巨且意义重大。

任务实施

1. 你认为什么是物流标准化？

2. 寻找你在生活中亲身经历过的一次物流服务，你认为它实现物流标准化了吗？浅谈你的理由，完成表 5-7 的填写。

表5-7 物流服务之标准化调查表

事件时间	
事件地点	
事件描述（可图文结合）	
存在的问题	
提出的建议	

任务二 正确表述物流标准化的种类

案例导入

中邮物流责任有限公司：物流标准化宣贯还要走很长的路

中邮物流有限公司作为中国邮政大举进军现代物流业的旗舰，已在圈内动作频繁，先后将戴尔、雅芳、科健股份、联想移动、熊猫移动、修正药业等知名企业揽为自己的客户，为了向客户提供独具特色的标准化物流服务。目前中邮在业务中使用的大多是企业自有的物流标准，主要包括邮政物流业务单式、标签、袋牌、邮袋和其他容器标准，邮政物流集散中心设备配置标准和邮政物流信息系统业务需要规范等。

中邮物流公司业务总监认为，中邮作为刚刚起步的企业，可以从一开始就从企业的业务流程设计、信息系统功能模块设计与数据信息交换格式、业务单式和条码应用等方面进行严格的规范和标准化管理，尽量采用已有的国家标准。

图5-3 中邮公路运输

在物流标准的需求方面，中邮希望通过实现邮政物流的运输（见图5-3）、仓储、配送作业流程，邮政物流项目管理流程和邮政物流信息系统技术等的标准化，实现物流过程的可视化和物流管理的智能化。

在物流标准的宣传贯彻方面，中邮希望能成为物流技术标准应用的先头军和带头人，但同时中邮也认识到，我国物流标准的宣贯还有很长的路要走。

阅读思考：

1. 中邮物流主要实现了哪些方面的标准化？
2. 你认为物流标准化除了案例中所涉及的外还有哪些？
3. 你怎么看待中邮认识到我国物流标准的宣贯还有很长的路要走？

知识储备

随堂记

物流标准化是物流系统统一性、一致性的保证，是物流各个环节有机联系的必要前提，主要涉及以下内容。

一、物流统一标准

1. 基础编码标准化

基础编码标准化是对物流对象物编码，并且按物流过程的要求，转化成条码，这是物流大系统能够实现衔接、配合的最基本的标准，也是采用信息技术对物流进行管理和组织、控制的技术标准。在这个标准之上，才可能实现电子信息传递、远程数据交换、统计、核算等物流活动。

2. 物流基础模数尺寸标准化

物流基础模数尺寸标准化是指基础模数尺寸指标准化的共同单位尺寸或系统各标准尺寸的最小公约尺寸。在基础模数尺寸确定之后，各个具体的尺寸标准都要以基础模数尺寸为依据，选取其整数倍数为规定的尺寸标准。由于基础模数尺寸的确定，只需按倍数选择其他的尺寸标准，这就大大减少了尺寸的复杂性。物流基础模数尺寸的确定不但要考虑国内物流系统，而且要考虑到与国际物流系统的衔接，具有一定难度和复杂性。

3. 物流建筑基础模数尺寸标准化

物流建筑基础模数尺寸标准化主要是物流系统中各种建筑物所使用的基础模数，它是以物流基础模数尺寸为依据确定的，也可选择共同的模数尺寸。该尺寸是设计建筑物长、宽、高尺寸，门窗尺寸，建筑物柱间距，跨度及进深等尺寸的依据。

4. 集装模数尺寸标准化

集装模数尺寸标准化是在物流基础模数尺寸基础上，推导出的各种集装设备的基础尺寸，以此尺寸作为设计集装设备三向尺寸的依据。在物流系统中，由于集装是起贯穿作用的，集装尺寸必须与各环节物流设施、设备、机具相配合。因此，整个物流系统设计时往往以集装尺寸为核心，然后在满足其他要求前提下决定各设计尺寸。集装模数尺寸影响和决定着与其有关各环节标准化。

随堂记

5. 物流专业名词标准化

为了使大系统有效配合和统一，尤其在建立系统的情报信息网络之后，要求信息传递异常准确，这首先便要求专用语言及所代表的含义实现标准化。如果同一个指令、不同环节有着不同的理解，这不仅会造成工作的混乱，而且容易出现大的损失。物流专业名词标准包括物流用语的统一化及定义的统一解释，还包括专业名词的统一编码。

6. 物流单据、票证的标准化

物流单据、票证的标准化可以实现信息的录入和采集，将管理工作规范化和标准化，也是应用计算机和通信网络进行数据交换和传递的基础标准。这是物流核算、统计的规范化是建立系统情报网、对系统进行统一管理的重要前提条件，也是对系统进行宏观控制与微观监测的必备前提。

7. 标志、图示和识别标准化

物流中的物品、工具、机具都是在不断运动的，因此，识别和区分便十分重要。对于物流中的物流对象，需要有易于识别的又易于区分的标识，有时需要自动识别，这就可以用复杂的条码来代替需要用肉眼识别的标识。

8. 专业计量单位标准化

除国家公布的统一计量标准外，物流系统还有许多专业的计量问题，必须在国家及国际标准基础上，确定本身专门的标准。同时，由于物流的国际性很突出，专业计量标准还需考虑国际计量方式的不一致性，还要考虑国际习惯用法，不能完全以国家统一计量标准为唯一依据。

二、统一技术标准

统一技术标准主要包括运输车船标准，作业车辆标准，传输机具标准，仓库技术标准，包装、托盘、集装箱标准等。包装、托盘、集中箱标准包括包装、托盘、集装系列尺寸标准，包装物标准、货架储罐标准等。

任务实施

1. 你认为物流标准有哪些种类？

2. 成立调研小组，寻找附近的物流企业进行调研，分析这些企业在哪些方面实现了物流标准化。汇总至少 3 家企业的调研结果，完成表 5-8 的填写并进行小组的汇报展示。

表5-8 物流企业之标准化调查表

<table>
<tr><td rowspan="6">企业一</td><td>企业名称</td><td colspan="3"></td></tr>
<tr><td>地址</td><td colspan="3"></td></tr>
<tr><td>联系人</td><td></td><td>联系电话</td><td></td></tr>
<tr><td>标准化体现</td><td colspan="3"></td></tr>
<tr><td>存在的问题</td><td colspan="3"></td></tr>
<tr><td>提出的建议</td><td colspan="3"></td></tr>
<tr><td rowspan="6">企业二</td><td>企业名称</td><td colspan="3"></td></tr>
<tr><td>地址</td><td colspan="3"></td></tr>
<tr><td>联系人</td><td></td><td>联系电话</td><td></td></tr>
<tr><td>标准化体现</td><td colspan="3"></td></tr>
<tr><td>存在的问题</td><td colspan="3"></td></tr>
<tr><td>提出的建议</td><td colspan="3"></td></tr>
<tr><td rowspan="6">企业三</td><td>企业名称</td><td colspan="3"></td></tr>
<tr><td>地址</td><td colspan="3"></td></tr>
<tr><td>联系人</td><td></td><td>联系电话</td><td></td></tr>
<tr><td>标准化体现</td><td colspan="3"></td></tr>
<tr><td>存在的问题</td><td colspan="3"></td></tr>
<tr><td>提出的建议</td><td colspan="3"></td></tr>
</table>

随堂记

任务三 正确阐述物流标准化的作用

案例导入

中铁快运有限公司：各行业物流标准有待整合和统一

据中铁快运副总经理介绍，中铁快运作为现代物流企业，国内网络遍及全国包括香港在内的各个大中城市，目前已形成连锁服务网络，实行“门到门”“户到户”服务，通过铁海、铁空联运可办理与部分国家间的国际快件运输业务。

中铁快运的服务理念和定位，要求企业在快件服务上，即从发送作业开始，经转运作业、干线运输作业、区域分拨作业，直到最后的到达作业，整个业务节点和流动过程中所产生的相关单证（如托运单、运单、交接单等）能够在信息标志上始终保持一致性，从而便于计算机信息系统的自动识别和处理，提高作业效率和管理效率。但现实中，由于一些有关运输信息标识、城市地理信息标识、邮政编码和货物条码等的应用标准不统一，致使企业在一些业务环节上的衔接度和协调性较差，不仅使物流时间延长，还造成了一些无谓的浪费。

中铁快运在开发自己的物流信息系统时就面临一个难题，即如何处理与海关、民航、商检等信息系统的接口标准问题。目前我国在这方面还没有形成各个系统统一的信息标准体系。因此，当前我国物流企业急需国家完善一些基础标准，并尽量实现各行业标准的协调统一。

阅读思考：

1. 除了铁海、铁空联运，还有哪些多式联运？尝试列举出来。
2. 案例中，中铁快运主要在哪些问题上存在困惑？
3. 你认为实现物流标准化会带来哪些好处？

知识储备

物流标准化对于提高物流作业效率、加快商品流通速度、保证物流质量、减少物流环节、提高物流管理效率、降低物流成本具有巨大促进作用，同时也有利于推动物流技术的发展，其作用表现在以下几个方面。

一、物流标准化是实现物流管理现代化的重要手段和必要条件

社会分工的日益细化，要求实现物流系统的高度社会化。从技术和管理的角度来看，要使整个物流系统形成一个统一的有机整体，物流标准化起着关键作用。只有在物流系统的各个环节制定标准，并严

格贯彻执行，才能实现整个物流系统的高度协调统一，提高物流系统管理水平。

随堂记

二、物流标准化是物流产品的质量保证

物流活动的根本任务是将工厂生产的合格产品保质保量并及时地送到用户手中。物流标准化要求对运输、包装、装卸、搬运、仓储、配送等各个子系统都制定相应的标准，从而形成物流的质量保证体系，只有严格执行这些标准，才能将合格的物资送到用户手中。

三、物流标准化是消除贸易壁垒、促进国际贸易发展的重要保障

在国际经济交往中，各国或地区的标准不一是重要的技术贸易壁垒，严重影响国家进出口贸易的发展。要使国际贸易更快发展，必须在运输工具、包装、装卸、仓储、信息，甚至资金结算等方面采用国际标准，实现国际物流标准统一化。

四、物流标准化是降低物流成本，提高物流效益的有效措施

物流的高度标准化可以加快物流过程中运输、装卸、搬运的速度，降低储存费用，减少中间损失，提高工作效率，因而可获得直接或间接的物流效益，否则就会造成经济损失。

五、物流标准化是我国物流企业进军国际物流市场的通行证

全球经济一体化的浪潮，使世界各国的跨国公司开始把发展目光集中到我国。我国加入WTO后，物流业首先受到来自国外的物流公司的冲击。我国的物流业必须全面与国际接轨，吸收最先进的思想，运用最科学的运作和管理方法，改造和提升我国物流企业的标准化水平，以提高市场竞争力。从我国目前的情况看，物流的标准化建设是引导我国物流企业与国际物流接轨的最佳途径。

任务实施

1. 你认为物流标准化会给社会带来什么影响？

2. 寻找一家企业，关注它的某一次物流活动，梳理出其在物流标准化过程中具有什么作用，完成表 5-9 的填写。

表5-9 企业活动之标准化调查表

企业名称			
地址			
联系人		联系电话	
活动名称		活动时间	
活动描述（可图文结合）			
活动标准化体现			
标准化作用			

项目评价表

《初识物流标准化》项目实施评价表

考核任务	考核要求	配分	评分标准				得分		备注
			优	良	中	差	自评	师评	
认识物流标准化	能够准确描述什么是物流标准化，并提出自己对物流标准化的理解	30	24～30	15～23	8～14	0～7			
发现物流标准化的特点	能够发现物流标准化的特点并进行简述	20	15～20	11～14	6～10	0～5			
掌握物流标准化的种类	能够掌握物流标准化的种类并灵活理解	30	24～30	15～23	8～14	0～7			
理解物流标准化的作用	能够阐述物流标准化的作用（有道理即可）	20	15～20	11～14	6～10	0～5			
总计		100							

模块六 分析物流地理环境

项目一 分析我国公路布局

公路是指城市之间、城乡之间、乡村之间主要供汽车行驶的公共道路，是公路运输的基础设施。随着我国经济社会的快速发展和人们生活水平的不断提高，迫切需要尽快建立能力充分、组织协调、运行高效、服务优质、安全环保的公路运输系统，与其他运输方式共同构筑布局协调、衔接顺畅、优势互补的现代综合交通运输体系，为社会和公众提供便捷、通畅、高效、安全的运输服务。

学习目标

知识目标

- 认识我国公路的分类和等级。
- 能阐述我国的主要公路国道。
- 能阐述我国的高速公路线路。

技能目标

- 学会阐述我国公路布局。
- 尝试分析公路布局对物流运输的影响。

素养目标

- 形成团结协作的意识。
- 培养良好的人际沟通能力。
- 认同公路基建成为物流业可持续发展的重要引擎。

项目分析

通过认识我国公路的分类和等级，初步了解我国公路建设概况。通过对公路主要国道、高速公路线路的认知，熟悉我国公路布局。通过对案例的阅读分析，深入了解公路布局对物流运输的影响。

任务一 了解我国公路的分类和等级

案例导入

中国人的景观大道——318国道

318国道（又被称为“川藏南线”）始建于1950年，1954年建成川藏线（成都—拉萨段），2016年全线竣工。起点为上海人民广场，终点为西藏聂拉木县樟木镇友谊桥，全长5 476千米，是我国目前最长的国道。

这是我国乃至世界闻名的一条美景高度集中的景观长廊，自然景观类型齐全多样，异彩纷呈。从海平面的长江口到地球之巅的珠穆朗玛，从我国地势的第三阶梯到第一阶梯，从盆地到平原、高原；从丘陵到低山、高山、巍峨雪山，从淡水湖到咸水湖，从雨林到灌丛、草原、荒漠……优美壮丽同在，幽景旷景并存。

这条路还是人文的巡礼和历史的隧道！从浙江河姆渡7 000年前的水稻到昌都卡若遗址的小米，从良渚文化的玉到三星堆的铜，从周庄、同里的老屋到丹巴的碉楼，从唐蕃古道到藏彝大走廊……东西汉藏、南北羌彝，多元一体。

因其横跨我国东中西部，囊括了平原、丘陵、盆地、高原景观，拥有从成都平原到青藏高原的高山峡谷一路的惊、险、绝、美、雄、壮的景观。2006年，318国道被《中国国家地理》杂志评为“中国人的景观大道”。

阅读思考：

1. 请查询318国道途经哪几个省份、属于什么性质的公路。
2. 除了318国道，我国还有哪些著名的国道公路?

知识储备

我国公路分类方法有两类：按行政等级划分与按使用任务、功能和适应的交通量划分。

一、按行政等级划分

公路按行政等级可分为国家干线公路（以下简称国道），省、自治区、直辖市干线公路（以下简称省道），县公路（以下简称县道），乡公路（以下简称乡道）和专用公路五个等级。

（1）国道。国道是指具有全国性政治、经济意义的主要干线公路，包括重要的国际公路，国防公路，联结首都与各省、自治区首府和直辖市的公路，联结各大经济中心、港站枢纽、商品生产基地和战略要地的公路。

（2）省道。省道是指具有全省（自治区、直辖市）政治、经济意义，联结省内中心城市和主要经济区的公路，以及不属于国道的省际重要公路。

（3）县道。县道是指具有全县（旗、县级市）政治、经济意义，联结县城和县内主要乡（镇）、主要商品生产和集散地的公路，以及不属于国道、省道的县际间的公路。

（4）乡道。乡道是指主要为乡（镇）内部经济、文化、行政服务的公路，以及不属于县道以上公路的乡与乡之间及乡与外部联络的公路。

（5）专用公路。专用公路是指专供或者主要供厂矿、林区、油田、农场、旅游区、军事要地等与外部联络的公路。

二、按使用任务、功能和适应的交通量划分

根据我国现行的《公路工程技术标准》（JTG B01—2014），公路按使用任务、功能和适应的交通量分为高速公路、一级公路、二级公路、三级公路、四级公路五个等级。

（1）高速公路。高速公路属于高等级公路。《公路工程技术标准》（JTG B01—2014）规定，高速公路为供汽车分方向、分车道行驶，全部控制出入的多车道公路。高速公路的年平均日设计交通量宜在15 000辆小客车以上。

（2）一级公路。一级公路为供汽车分方向、分车道行驶，可根据需要控制出入的多车道公路。一级公路的年平均日设计交通量宜在15 000辆小客车以上。

（3）二级公路。二级公路为供汽车行驶的双车道公路。二级公路的年平均日设计交通量宜在5 000—15 000辆小客车。

（4）三级公路。三级公路为供汽车、非汽车交通混合行驶的双车道公路。三级公路的年平均日设计交通量宜在2 000—6 000辆小客车。

（5）四级公路。四级公路为供汽车、非汽车交通混合行驶的双车道或单车道公路。双车道四级公路年平均日设计交通量宜在2 000辆小客车以下，单车道四级公路年平均日设计交通量宜在400辆小客车以下。

任务实施

1. 我国公路是如何分类、分级的？
2. 寻找你家乡的公路，判断它属于哪类公路以及哪种等级公路，完成表6-1的填写。

表6-1 家乡公路调研记录表

<table>
<tr><th colspan="2">任务名称</th><th>家乡公路调研</th></tr>
<tr><td colspan="2">你的家乡</td><td></td></tr>
<tr><td colspan="2">公路名称（编号）</td><td></td></tr>
<tr><td colspan="2">起点</td><td></td></tr>
<tr><td colspan="2">终点</td><td></td></tr>
<tr><td rowspan="2">所属类别</td><td>按行政等级分类</td><td></td></tr>
<tr><td>按使用任务、功能和适应的交通量划分</td><td></td></tr>
</table>

任务二 熟悉我国的主要国道

案例导入

关于《国家公路网规划（2013—2030年）》

交通运输部正式公布的《国家公路网规划（2013—2030年）》（以下简称《规划》）是我国改革开放以来出台的第四个国家级干线公路网规划。

公路运输是国民经济的基础性、服务性产业，公路运输的发展关系到我国经济社会发展的全局。随着经济社会快速发展和公路网络规模结构的不断发展变化，迫切需要尽快建立能力充分、组织协调、运行高效、服务优质、安全环保的公路运输系统，与其他运输方式共同构筑布局协调、衔接顺畅、优势互补的现代综合交通运输体系，为社会和公众提供便捷、通畅、高效、安全的运输服务。

《规划》编制过程中，对其他运输方式相关规划进行了认真梳理，在布局方面进行有效衔接，具体体现在三个方面：一是通过扩大普通国道覆盖面，强化了综合运输体系的基础网络；二是通过完善国家高速公路网，提高了主要通道运输能力，与铁路等运输方式共同组成综合运输体系的骨架网络；三是加强了国家公路与重要机场、港口、铁路枢纽的有效衔接，进一步完善了集疏运网络，将更好地发挥综合运输体系的整体效益。

阅读思考：

1. 案例中我国对公路运输在整个交通体系中的定位如何？
2. 结合你所在的区域，谈一谈公路运输与其他运输方式的衔接。

知识储备

根据《公路路线标识规则和国道编号》（GB/T 917—2017），我国国道路线主要包括普通国道和高速公路。普通国道主要包括以下几类：

（1）以“1”开头的首都放射线。此类国道共12条，如G101京沈线（北京—沈阳）、G102京抚线（北京—抚远）等。

（2）以“2”开头的北南纵线。此类国道共47条，如G201鹤大线（鹤岗—大连）、G202黑大线（黑河—大连）等。

（3）以“3”开头的东西横线。此类国道共60条，如G301绥满线（绥芬河—满洲里）、G302珲阿线（珲春—阿尔山）等。

（4）以“5”开头的联络线。此类国道共81条，如G501集当线（集贤—当壁）、G502克齐线（克东—齐齐哈尔）等。

任务实施

1. 我国公路的主要线路（国道）有哪些？分别有哪些枢纽城市？

2. 列举你所在区域的主要国道干线，并完成表 6-2 的填写。

表6-2　区域主要国道干线调研记录表

任务名称		区域主要国道干线调研
你所在区域		
主要国道干线	1	
	2	
	3	
	4	
	5	
对应起讫点	1	
	2	
	3	
	4	
	5	
对应枢纽城市	1	
	2	
	3	
	4	
	5	

任务三　熟悉我国的高速公路线路

案例导入

京沪高速公路带来了什么？

“人人都说沂蒙山好，沂蒙山上，好风光……”60多年前，经典民歌《沂蒙山小调》传遍大江南北，土生土长的沂蒙人吴怀芬，从小就喜欢这首歌。但如今哼唱起来，却别有一番滋味。

过去，她所在的山东省蒙阴县是英雄辈出的地方，孟良崮战役更是让这里天下闻名。但同时，这儿也曾是全国重点扶持的贫困县，“原先没修路，水果都运不出去，也卖不出好价钱，咋能不穷？”蒙阴县地处沂蒙山腹地，地形复杂，路一直是制约当地发展的主要原因。

伴随着京沪高速公路临沂段的贯通，老区“出行靠脚掌，运输靠肩扛”的现象正逐渐改变。蒙阴县依托便捷的交通及山区特有的果品资源，在公路沿线形成一条农业经济产业带。与此同时，蒙阴县还大力发展全域旅游，逐渐成为农民增收致富的新途径。

1. 果品变商品，为何这里的桃子卖得俏

“路通了后，外地客商甚至可以直接开着大卡车到村里收购。”吴怀芬如是说。现在，真空冷藏车可以直接开到田间地头，将选好的桃子先在0～3℃的冷库里放24小时“拉冷”，然后进行包装，并在泡沫箱内放入冰袋降温。通过网上预售，快递发货，48小时即可送到消费者手中。

2. 京沪高速成就旅游路，蒙山空气变人气

京沪高速贯通前，不仅果品出不去，游客也进不来。但如今谁能想到，“养在深山人未识”的山东第二高峰—— 蒙山，已成为“假日经济”的热土。而给蒙山带来福音的，正是京沪高速公路化马湾至临沂段的建成通车，使得济南至临沂的行车时间由7小时缩短为3小时，也缩短了上海等地到达此处的时长。

盛夏时节的蒙山郁郁葱葱，数不清的巨树藤蔓构成一个遮天蔽日的清凉世界，这里空气中负离子含量居全国之首。每到周末，来自临沂市区、京津两地，甚至更远地区的游客纷至沓来，一览美景。

2018年，蒙阴县仅红色旅游区域品牌价值就达到130.5亿元，蒙阴也成为“山东省生态旅游示范县”和“中国十佳休闲旅游名县”。

阅读思考：

1. 高速公路为沿途地区的经济发展带来了哪些好处？
2. 什么情况下采用高速公路效益最好？

知识储备

我国高速公路有两种含义：一种是指标准的高速公路级别公路，其建设技术标准等级高于一级公路；另一种是指我国政府统一编号标识的全封闭或半封闭的高等级公路，它包括符合相关公路技术标准、交通流量需求和经济政治意义等的高速公路和一级公路（含部分城市或城际快速公路），这些高等级公路被国内政府统一编排形成独立路网，即高速公路路网。日常生活中提到的高速公路大多指国家高速路网。

我国地域辽阔，地形地貌差别极大，给高速公路的建设带来很大的挑战性。建设初期，高速公路主要从经济发达、修建难度比较小的地区开始建设。随着国家主干道计划（“71118”规划）的逐步实施，为实现成网的要求，建设重点项目也向地形复杂的地区转移，长、大隧道及高跨、长跨桥梁占比也越来越大，同时高速公路的单位造价也大幅度提高（见图6−1）。

图6−1 云端上的高速公路

《国家公路网规划（2013—2030年）》明确，国家高速公路网由“7 射、11 纵、18横”（以下简称“71118”）等路线组成，总规模约13.6万公里。“7射”指7条首都放射线：北京—哈尔滨、北京—上海、北京—台北、北京—港澳、北京—昆明、北京—拉萨、北京—乌鲁木齐。“11纵”指11条北南纵线：鹤岗—大连、沈阳—海口、长春—深圳、济南—广州、大庆—广州、二连浩特—广州、呼和浩特—北海、包头—茂名、银川—百色、兰州—海口、银川—昆明。“18横”指18条东西横线：绥芬河—满洲里、

珲春—乌兰浩特、丹东—锡林浩特、荣成—乌海、青岛—银川、青岛—兰州、连云港—霍尔果斯、南京—洛阳、上海—西安、上海—成都、上海—重庆、杭州—瑞丽、上海—昆明、福州—银川、泉州—南宁、厦门—成都、汕头—昆明、广州—昆明。

任务实施

1. 列举你所在区域的主要高速公路。
2. 请描述高速公路建设对你所在区域的影响，并完成表 6-3 的填写。

表6-3 区域主要高速公路调研记录表

任务名称		区域主要高速公路调研
你所在区域		
主要高速公路名称（编号）	1	
	2	
	3	
对应起讫点	1	
	2	
	3	
途经枢纽城市	1	
	2	
	3	
这些高速公路对你所在区域产生了哪些影响?		

项目评价表

《分析我国公路布局》项目实施评价表

考核任务	考核要求	配分	评分标准				得分		备注
			优	良	中	差	自评	师评	
列举你所在区域的主要国道干线	能够准确定位所在区域，能列举通过该区域的国道干线，并能描述该公路属于哪种类型	35	20 ～ 35	15 ～ 19	10 ～ 14	0 ～ 9			
列举你所在区域的主要高速公路	能够准确定位所在区域，能列举通过该区域的高速公路，并能描述该公路属于哪种类型	35	20 ～ 35	15 ～ 19	10 ～ 14	0 ～ 9			
请描述高速公路建设对你所在区域的影响	能够发现高速公路的价值，并列举高速公路给生活带来的影响	30	20 ～ 30	15 ～ 19	10 ～ 14	0 ～ 9			
总　　计		100							

项目二

分析我国铁路布局

铁路是国民经济大动脉、关键基础设施和重大民生工程，是综合交通运输体系的骨干之一。我国铁路建设在改革开放后取得了令人瞩目的发展，特别是进入“十三五”以来，我国铁路改革发展成效显著，基础设施建设持续加快，运输能力大幅提升，服务水平明显提高，科技创新取得重大突破。

学习目标

知识目标

- 认识我国主要铁路干线的分布。
- 能阐述我国的主要铁路大通道。
- 能阐述我国高速铁路网规划。

技能目标

- 能够简单绘制我国“八纵八横”铁路布局。
- 尝试分析铁路布局对物流运输的影响。

素养目标

- 形成团结协作的意识。
- 培养良好的人际沟通能力。
- 认同铁路基建成为物流业可持续发展的重要引擎。

项目分析

铁路货物运输是现代运输的主要方式之一，也是构成陆上货物运输的两个基本运输方式之一。它在整个运输领域中占有重要的地位，并发挥着越来越重要的作用。我国幅员辽阔，资源错综分布，地区经济发展不平衡，铁路运输成为我国综合运输体系中的骨干和主要的运输方式之一，在我国经济社会发展中的地位和作用至关重要。通过对案例的阅读分析，深入了解我国铁路线路布局。

任务一 了解我国主要铁路干线分布

案例导入

我国铁路营运里程世界第一

我国铁路交通网由南北向、东西向的干线纵横交叉组成，形成了以“八纵八横”为骨干的局面。铁路客运周转量、货运发送量、换算周转量、运输密度等主要运输经济指标稳居世界第一。

1. 路网规模

截至2022年底，全国铁路营业里程15.5万千米（见图6–2），其中高铁营业里程4.2万千米。投产新线4 100千米，其中高铁2 082千米。铁路复线率为59.6%，电化率为73.8%。全国铁路路网密度161.1千米/万平方千米，比2021年末增加4.4千米/万平方千米。

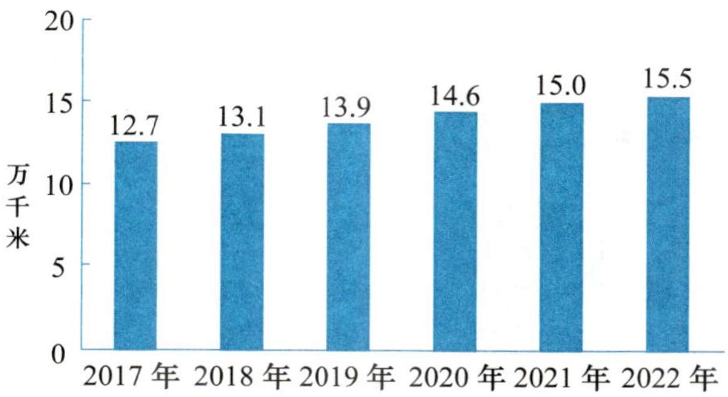

图6–2　2017—2022年全国铁路营业里程情况

2. 移动装备

全国拥有铁路机车2.2万台，比上年增加0.04万台，其中内燃机车0.78万台、电力机车1.42万台。拥有铁路客车7.7万辆，比上年减少0.02万辆，其中动车组4 194标准组、33 554辆，分别增加41标准组和333辆。拥有铁路货车99.7万辆，比上年增加3.1万辆。

阅读思考：

1. 什么是铁路营业里程？
2. 寻找经过你家乡的铁路。

知识储备

我国“八纵八横”高速铁路网规划是指 2016 年 7 月，国家发展改革委、交通运输部、中国铁路总公司联合发布的《中长期铁路网规划》，勾画了新时期我国高速铁路网的宏大蓝图，主要干线基本情况见表 6–4。

表6–4　我国“八纵八横”高速铁路主通道

“八纵八横”	铁路通道	经过的主要城市群
八条纵向通道	沿海通道	大连（丹东）—秦皇岛—天津—东营—潍坊—青岛（烟台）—连云港—盐城—南通—上海—宁波—福州—厦门—深圳—湛江—北海（防城港）高速铁路（其中青岛至盐城段利用青连、连盐铁路，南通至上海段利用沪通铁路）。连接东部沿海地区，贯通京津冀、辽中南、山东半岛、东陇海、长三角、海峡西岸、珠三角、北部湾等城市群

（续）

“八纵八横”	铁路通道	经过的主要城市群
八条纵向通道	京沪通道	北京—天津—济南—南京—上海(杭州)高速铁路，包括南京—杭州、蚌埠—合肥—杭州高速铁路，同时通过北京—天津—东营—潍坊—临沂—淮安—扬州—南通—上海高速铁路，连接华北、华东地区，贯通京津冀、长三角等城市群
	京港（台）通道	北京—衡水—菏泽—商丘—阜阳—合肥（黄冈）—九江—南昌—赣州—深圳—香港（九龙）高速铁路；另一支线为合肥—福州—台北高速铁路，包括南昌—福州（莆田）铁路。连接华北、华中、华东、华南地区，贯通京津冀、长江中游、海峡西岸、珠三角等城市群
	京哈—京港澳通道	哈尔滨—长春—沈阳—北京—石家庄—郑州—武汉—长沙—广州—深圳—香港高速铁路，包括广州—珠海—澳门高速铁路。连接东北、华北、华中、华南、港澳地区，贯通哈长、辽中南、京津冀、中原、长江中游、珠三角等城市群
	呼南通道	呼和浩特—大同—太原—郑州—襄阳—常德—益阳—邵阳—永州—桂林—南宁高速铁路。连接华北、中原、华中、华南地区，贯通呼包鄂榆、山西中部、中原、长江中游、北部湾等城市群
	京昆通道	北京—石家庄—太原—西安—成都（重庆）—昆明高速铁路，包括北京—张家口—大同—太原高速铁路。连接华北、西北、西南地区，贯通京津冀、太原、关中平原、成渝、滇中等城市群
	包（银）海通道	包头—延安—西安—重庆—贵阳—南宁—湛江—海口（三亚）高速铁路，包括银川—西安以及海南环岛高速铁路。连接西北、西南、华南地区，贯通呼包鄂、宁夏沿黄、关中平原、成渝、黔中、北部湾等城市群
	兰（西）广通道	兰州（西宁）—成都（重庆）—贵阳—广州高速铁路。连接西北、西南、华南地区，贯通兰西、成渝、黔中、珠三角等城市群
八条横向通道	绥满通道	绥芬河—牡丹江—哈尔滨—齐齐哈尔—海拉尔—满洲里高速铁路。连接黑龙江及蒙东地区
	京兰通道	北京—呼和浩特—银川—兰州高速铁路。连接华北、西北地区，贯通京津冀、呼包鄂、宁夏沿黄、兰西等城市群
	青银通道	青岛—济南—石家庄—太原—银川高速铁路（其中绥德至银川段利用太中银铁路）。连接华东、华北、西北地区，贯通山东半岛、京津冀、太原、宁夏沿黄等城市群
	陆桥通道	连云港—徐州—郑州—西安—兰州—西宁—乌鲁木齐高速铁路。连接华东、华中、西北地区，贯通东陇海、中原、关中平原、兰西、天山北坡等城市群
	沿江通道	上海—南京—合肥—武汉—重庆—成都高速铁路，包括南京—安庆—九江—武汉—宜昌—重庆、万州—达州—遂宁—成都高速铁路（其中成都至遂宁段利用达成铁路）。连接华东、华中、西南地区，贯通长三角、长江中游、成渝等城市群
	沪昆通道	上海—杭州—南昌—长沙—贵阳—昆明高速铁路。连接华东、华中、西南地区，贯通长三角、长江中游、黔中、滇中等城市群
	厦渝通道	厦门—龙岩—赣州—长沙—常德—张家界—黔江—重庆高速铁路（其中厦门至赣州段利用龙厦铁路、赣龙铁路，常德至黔江段利用黔张常铁路）。连接海峡西岸、中南、西南地区，贯通海峡西岸、长江中游、成渝等城市群
	广昆通道	广州—南宁—昆明高速铁路。连接华南、西南地区，贯通珠三角、北部湾、滇中等城市群

任务实施

随堂记

1. 我国高速铁路交通网“八纵八横”分别指的是哪些铁路通道？

2. 经过你家乡的铁路属于哪条线路？分别经过哪些主要城市？对此进行调研并完成表 6−5 的填写。

表6−5 区域主要铁路交通调研记录表

<table>
<tr><th colspan="2">任务名称</th><th>区域主要铁路交通调研</th></tr>
<tr><td rowspan="2">铁路
“八纵八横”</td><td>八纵</td><td>1. ________ 5. ________
2. ________ 6. ________
3. ________ 7. ________
4. ________ 8. ________</td></tr>
<tr><td>八横</td><td>1. ________ 5. ________
2. ________ 6. ________
3. ________ 7. ________
4. ________ 8. ________</td></tr>
<tr><td colspan="2">你的家乡</td><td></td></tr>
<tr><td rowspan="4">经过的铁路</td><td>1</td><td></td></tr>
<tr><td>2</td><td></td></tr>
<tr><td>3</td><td></td></tr>
<tr><td>4</td><td></td></tr>
<tr><td rowspan="4">对应起讫点</td><td>1</td><td></td></tr>
<tr><td>2</td><td></td></tr>
<tr><td>3</td><td></td></tr>
<tr><td>4</td><td></td></tr>
<tr><td rowspan="4">途经主要城市</td><td>1</td><td></td></tr>
<tr><td>2</td><td></td></tr>
<tr><td>3</td><td></td></tr>
<tr><td>4</td><td></td></tr>
</table>

任务二 熟悉我国铁路枢纽城市

案例导入

铁路心脏——郑州铁路枢纽

在我国广袤的中原腹地、中部的城市郑州，有一个线路纵横交错、客货运大小车站相连、庞大而又复杂的铁路枢纽，这就是闻名中外的郑州铁路枢纽，也是国家综合交通枢纽。它是京广、陇海两大铁路干线的交会点，是沟通南北、连贯东西的交通要冲，居于全国路网中心的重要位置上，素有铁路心脏之称。

郑州铁路枢纽位于国家铁路交通大动脉京广铁路、陇海铁路的中央心脏位置，位于北京铁路枢纽、阜阳铁路枢纽、徐州铁路枢纽、济南铁路枢纽、西安铁路枢纽、武汉铁路枢纽等几个国内大中型铁路枢纽中央，与各大枢纽的联络便捷，具有重要的政治、经济、文化、军事战略地位。

由于位居路网中心，连贯各方，运输行车涉及面十分广阔分散。站场线路分布范围大，客货运量和办理车数众多。它在布局上有一个明显的特点，就是集中设置三大类型车站：大型编组站（郑州北站），统一办理两大干线的列车编组和通过作业；客运站（郑州站、郑州东站等），担当各线的旅客输送业务；货运站（圃田西站），担负整车、零担、集装箱货物等的货运业务。这就体现了郑州枢纽集中作业的优点，可以减少折角交换车、中转旅客换乘、中转行包和中转零担货物等的重复作业。除以上几个大站外，郑州铁路枢纽内还有配合城市工业发展、担当工厂企业专用线取送车作业的工业站以及中间站、会让站和线路所等。全枢纽由18个车站、分界点和相应的进站线路以及众多的联络线组成，线路总延长近700千米。

阅读思考：

1. 案例中郑州铁路枢纽与哪几条铁路干线相连接?
2. 郑州铁路枢纽有哪些功能?

知识储备

铁路枢纽是指在铁路网的交会点或终端地区，由各种铁路线路、专业车站以及其他为运输服务的有关设备组成的总体。铁路枢纽是铁路网的重要组成部分，我国八大铁路枢纽如下。

（1）北京。北京是我国铁路网的中心之一，主要有京九铁路、京沪铁路、京广铁路、京哈铁路、京包铁路等。在国际铁路运输方面，去往俄罗斯各城市、蒙古乌兰巴托、朝鲜平壤以及越南河内的列车均从北京发车。主要车站有北京站、北京南站、北京西站、北京北站、北京东站等。

（2）上海。上海目前拥有上海站、上海虹桥站、上海南站三大主干火车站。其中上海虹桥站是上海最大、最现代化的铁路客运站，是综合交通枢纽，也在全球范围首开高铁与机场融合之先河。其他火车站有金山北站、上海西站、松江南站等。

（3）广州。广州的主要铁道线路有广深港高速铁路、武广高速铁路、南广高速铁路、广东西部沿海高速铁路、贵广高速铁路、京广铁路、广珠城际铁路、广深城际铁路、广梅汕铁路等。主要车站有广州站、广州东站、广州南站、广州西站、广州北站、庆盛站、新塘站等。

（4）武汉。武汉是我国高铁客运专线网的重要枢纽，是我国四大铁路枢纽、六大铁路客运中心、四大机车检修基地之一，是京广铁路、沪汉蓉高速铁路两条国家级高速铁路大动脉的交会地。主要车站有武昌站、汉口站、武汉站、武汉西站、武汉北站、天河机场站、新洲站等。

（5）成都。成都是西部地区重要的交通枢纽，近些年来，其交通体系愈发完善。现拥有成灌快速铁路、成绵乐客运专线、成渝高速铁路、沪汉蓉高速铁路、西成高速铁路等。主要车站有成都东站、成都站、成都南站、成都西站等。

（6）郑州。郑州是我国公路、铁路、航空、通信兼具的综合交通枢纽，是我国商品集散中心地之一，拥有亚洲最大的列车编组站和我国最大的零担货物转运站。郑州被称作“火车拉来的城市”，境内有陇海铁路、京广铁路、京港高速铁路、郑西高速铁路、郑合高速铁路等铁路干线交会，拥有郑洛城际铁路、郑许城际铁路、郑开城际铁路等铁路线。

（7）重庆。重庆是我国西南地区连贯东西、汇通南北的综合交通枢纽，也是长江上游地区唯一汇集水、陆、航空交通资源的特大型城市。共建成了“二环十射”高速公路网和“一枢纽八干线”铁路网，构建起航空、铁路、内河港三个交通枢纽以及以长江黄金水道、渝新欧国际铁路等为支撑的开放通道。

（8）西安。西安地处我国陆地中心和中西部两大经济区的结合部，是西北通往中原、华北和华东各地市的必经之路。在全国区域经济布局上，西安作为新亚欧大陆桥中国段，陇海兰新铁路沿线经济带上最大的西部城市，是西部大开发的桥头堡，具有承东启西、连接南北的重要战略地位，也是全国干线公路网中最大的节点城市之一。

任务实施

1. 我国铁路枢纽设定的影响因素有哪些？

2. 你所在的区域若成为枢纽城市已具备了哪些条件？对此进行调研并完成表 6-6 的填写。

随堂记

表6-6 区域铁路枢纽城市调研记录表

任务名称		区域铁路枢纽城市调研
我国铁路枢纽设定的影响因素	1	
	2	
	3	
	4	
	5	
	6	
	…	
你所在的区域		
所在区域要成为铁路枢纽城市已具备的条件		

任务三 熟悉我国高速铁路网规划

案例导入

有一种速度，叫作高铁速度

党的十八大以来，中国特色社会主义进入新时代，中华民族迎来了从站起来、富起来到强起来的伟大飞跃。高铁是我国自主创新的一个成功范例，虽然比发达国家起步晚了40多年，但我国如今已成为世界上高铁运营里程最长、在建规模最大、运营动车组最多、商业运营速度最高的国家。伴随着一大批高铁建成开通，我国高铁网正在从“四纵四横”扩展到“八纵八横”。

2022年的北京冬奥会，京张高铁以350千米的时速穿行于北京八达岭长城附近的山区中，引来了不少外国运动员、新闻记者的感叹。外国主流新闻媒体纷纷报道：“世界上首列350千米时速的自动驾驶高铁列车已在中国投用。21世纪初中国没有高速铁路，而今天，纵横交错的线路连接着中国主要的城市集群。”

十年间，我国“四纵四横”高铁网已经全面建成，“八纵八横”高铁网正在加密形成。一大批高铁建成开通，年均投产3 500千米，高铁里程从2012年的9 000多千米到目前突破4万千米，占世界70%以上，已通达我国93%的50万人口以上城市。而之后，我国“八纵八横”高铁网将继续增添新动力。

回顾我国铁路发展史，经历了从学习、追赶到领跑的巨大跨越，其中最重要的是坚持独立自主，掌握核心技术。随着更多的“中国标准”“中国方案”的推出，中国高铁将更好服务中国百姓，服务“一带一路”沿线国家。

阅读思考：

1. 我国为什么要大力发展高速铁路？
2. 对于“八纵八横”高速铁路网，你的理解和认识是什么？

知识储备

交通运输是国民经济中具有基础性、先导性、战略性的产业，是重要的服务性行业和现代化经济体系的重要组成部分，是构建新发展格局的重要支撑和服务人民美好生活、促进共同富裕的坚实保障。为加快建设交通强国，构建现代综合交通运输体系，2021年国务院印发《“十四五”现代综合交通运输体系发展规划的通知》（以下简称《通知》）。

《通知》指出，到2025年，综合交通运输基本实现一体化融合发展，智能化、绿色化取得实质性突破，综合能力、服务品质、运行效率和整体效益显著提升，交通运输发展向世界一流水平迈进。即：设施网络更加完善，运输服务更加高效，技术装备更加先进，安全保障更加可靠，发展模式更可持续，治理能力更加完备。

以“八纵八横”高速铁路主通道为主骨架，以高速铁路区域连接线衔接，以部分兼顾干线功能的城际铁路为补充，主要采用250千米及以上时速标准的高速铁路网对50万人口以上城市覆盖率达到95%以上，普速铁路瓶颈路段基本消除。

展望2035年，便捷顺畅、经济高效、安全可靠、绿色集约、智能先进的现代化高质量国家综合立体交通网基本建成，“全国123出行交通圈”（都市区1小时通勤、城市群2小时通达、全国主要城市3小时覆盖）和“全球123快货物流圈”（快货国内1天送达、周边国家2天送达、全球主要城市3天送达）基本形成，基本建成交通强国。

任务实施

1. 列举高速铁路网布局的影响因素。
2. 寻找你所在区域的高铁路线，并描述其所经过的主要城市，完成表 6-7 的填写。

表6-7　区域主要高铁路线调研记录表

任务名称		区域主要高铁路线调研
你所在区域		
经过的高铁车次	1	
	2	
	3	
	4	
对应起讫点	1	
	2	
	3	
	4	

（续）

任务名称		区域主要高铁路线调研
途经主要城市	1	
	2	
	3	
	4	

项目评价表

《分析我国铁路布局》项目实施评价表

考核任务	考核要求	配分	评分标准				得分		备注
			优	良	中	差	自评	师评	
描述我国铁路网布局的特点	能够准确描述我国铁路网布局的特点，并能列举“八纵八横”线路	30	24～30	15～23	8～14	0～7			
陈述通过你所在区域的铁路干线，并指出其起止点	能够陈述通过你所在区域的铁路干线，并指出其起止点	20	15～20	11～14	6～10	0～5			
列举我国主要的铁路枢纽	能够列举我国主要的铁路枢纽，以及到达该枢纽城市可选择的铁路线路	30	24～30	15～23	8～14	0～7			
列举高速铁路网布局的影响因素	能够列举高速铁路网布局的影响因素	20	15～20	11～14	6～10	0～5			
总计		100							

项目三

分析我国水路布局

水路运输是五大运输方式中兴起最早、历时最长的物流运输方式。水路运输以船舶为主要运输工具，以港口或港站为运输基地，以水域（河流、湖泊、海洋）为运输活动范围。水路运输离不开水域，更离不开港口的合理布局。我国幅员辽阔，大陆海岸线18 000多千米，岛屿海岸线14 000多千米，流域100平方千米以上的天然河流有5 000多条，面积在1平方千米以上的天然湖泊有2 800多个。如此优越的天然资源，在水路运输上我国是如何布局的？主要设置了哪些港口？让我们一起走进水路运输、走进港口吧！

学习目标

知识目标

- 能阐述我国内河运输布局。
- 能阐述我国沿海运输布局。

技能目标

- 学会阐述我国水路布局。
- 尝试分析水路布局对物流运输的影响。

素养目标

- 形成团结协作的意识。
- 培养良好的人际沟通能力。
- 认同水路基建成为物流业可持续发展的重要引擎。

项目分析

通过认识我国内河运输、沿海运输的基本构成，初步了解我国水路运输布局。通过内河航道、沿海港口的学习，深入了解内河港口、海港的基本情况。通过案例，深入了解水路运输对物流业的影响。

任务一　了解内河运输布局

案例导入

京杭大运河——世界文化遗产

京杭大运河始建于春秋时期，全长1 797千米，是我国历史上曾经仅次于长江的第二条

"黄金水道"，与长城、坎儿井并称古代三大工程。它是世界上开凿最早、长度最长的一条人工河道，长度为苏伊士运河（190千米）的9倍、巴拿马运河（81.3千米）的22倍。

京杭大运河流经北京市通州区，天津市武清区，河北省廊坊市、沧州市、衡水市、邢台市，山东省德州市、临清市、聊城市、济宁市、滕州市、微山县，江苏省徐州市、宿迁市、淮安市、扬州市、镇江市、常州市、无锡市、苏州市，浙江省嘉兴市、湖州市、杭州市，沟通了海河、黄河、淮河、长江、钱塘江五大水系。运河沿线的主要港口有济宁、徐州、邳州、淮安、宝应、高邮、扬州、镇江、常州、无锡、苏州和杭州等。

京杭大运河沿线是我国最富庶的农业区之一，且工业发达。在兖州、济宁、滕州、丰县、沛县、徐州、邳州等地有大中型煤矿，连接上海、南京、徐州、镇江、常州、无锡、苏州、扬州、杭州等工业城市。为了使"黄金水道"产生"黄金"效益，沿线的鲁、苏、浙三省对大运河各段进行了整治、扩建和渠化，使千年古运河重新焕发了青春，在历史上曾长期成为我国仅次于长江的第二条"黄金水道"。运河沿线人口稠密，农业集约化程度高，生产潜力大。到了近代，京津、津浦、沪宁和沪杭铁路及公路网相继修建，与运河息息相通；沿线各地工业先后兴起，城镇密集，是我国经济精华荟萃之地。

阅读思考：

1. 京杭大运河的起止点分别是哪里？
2. 京杭大运河沿线主要有哪些港口？

知识储备

水路运输按照航行区域划分，可分为内河运输、沿海运输和远洋运输。内河运输是指利用船舶和其他水运工具，在国内的江、河、湖泊、水库等天然或人工水道运送货物和旅客的一种运输方式。我国的内河运输以长江、珠江、黑龙江、京杭大运河、淮河航运最为发达，成为"三江两河"水运。

一、长江流域航运

长江是我国内河运输的"黄金水道"，干支流通航里程达7万千米。干流自四川宜宾至入海口，全长2 800余千米，可全年通航，是我国全年昼夜通航时间最长的深水干线内河航道。其中长江口至武汉航道可通行5 000吨级的船舶；汉口至重庆间航道可通3 000吨江轮，在枯水期千吨轮船亦可上溯到重庆。干流、支流、湖泊与人工运河相互贯通联结，组成了我国最大的水运网络。沿线主要港口有重庆、宜昌、沙市、城陵矶、武汉、黄石、九江、安庆、芜湖、马鞍山、南京、镇江、张家港、南通、上海等。

二、珠江流域航运

珠江是我国南方最大水系、水运大动脉，通航价值仅次于长江。目前通航里程只及河长1/3，尚有很大发展潜力。西江是珠江水系主要内河航运干线。梧州至广州段可常年通航轮船，百色以下流域可通小型轮驳船，木帆船可上溯至云南境内。北江韶关以下流域可通轮船，韶关以上流域及各支流大多可通航木帆船。东江除龙川至合河口只能通航木船外，龙川以下400多千米流域均可通航轮船。主要港口有广州港、梧州港、桂林港、柳州港和南宁港等。

随堂记

三、黑龙江流域航运

黑龙江在我国境内的通航里程约2 200千米，松花江是黑龙江最大支流，可通航里程达1 500千米，航运价值较大。黑龙江、松花江全年有5～6个月冰封期，冰封期间虽不能通航船只，但可发展东北地区特有的运输方式——冰上运输。主要港口有哈尔滨港、佳木斯港、黑河港、抚远港、同江港等。

四、京杭大运河流域航运

京杭大运河是世界上开凿最早、路线最长的一条人工运河。它的通航在一定程度上弥补了我国缺少南北纵向天然航道的不足，对沟通我国南北物资交流有重要作用。京杭大运河自兴修以来历经两千多年，经过20世纪50年代以来的不断整治，季节性通航里程已达1 100千米，邳州市以南660千米流域则终年通航。主要港口有宿迁港、徐州港、扬州港、镇江港、杭州港、湖州港、嘉兴港、天津港、临清港、济宁港、滕州港等。

五、淮河流域航运

淮河流域地处我国东部，介于长江和黄河两流域之间，流域西起桐柏山、伏牛山，东临黄海，南以大别山、江淮丘陵、通扬运河及如泰运河南堤与长江分界，北以黄河南堤和泰山为界与黄河流域毗邻，流域面积达274 657平方千米。淮河自古即为重要通航河流，后因12世纪末黄河夺淮，又遭历代人为破坏，淮河遂成“害河”。新中国成立后，经过70多年的努力，淮河干支流航运量增长迅速，但淮河水运潜力目前还尚未得到充分利用。主要港口有阜阳港、淮滨港、固始望岗港等。

任务实施

1. 列举“三江两河”水运主要港口。

2. 请描述流经你所在区域的河流的基本情况及发展航运的条件，并完成表 6-8 的填写。

表6-8 区域水运情况调研记录表

<table>
<tr><th colspan="2">任务名称</th><th colspan="2">区域水运情况调研</th></tr>
<tr><td rowspan="5">“三江两河”
水运港口</td><td rowspan="3">“三江”</td><td>长江</td><td></td></tr>
<tr><td>珠江</td><td></td></tr>
<tr><td>黑龙江</td><td></td></tr>
<tr><td rowspan="2">“两河”</td><td>京杭大运河</td><td></td></tr>
<tr><td>淮河</td><td></td></tr>
<tr><td colspan="2">你所在区域</td><td colspan="2"></td></tr>
<tr><td rowspan="4">流经的河流</td><td>1</td><td colspan="2"></td></tr>
<tr><td>2</td><td colspan="2"></td></tr>
<tr><td>3</td><td colspan="2"></td></tr>
<tr><td>4</td><td colspan="2"></td></tr>
<tr><td rowspan="4">对应河流起讫点</td><td>1</td><td colspan="2"></td></tr>
<tr><td>2</td><td colspan="2"></td></tr>
<tr><td>3</td><td colspan="2"></td></tr>
<tr><td>4</td><td colspan="2"></td></tr>
<tr><td colspan="2">你所在区域
发展航运的条件</td><td colspan="2"></td></tr>
</table>

任务二 了解沿海运输布局

案例导入

世界十大港口，中国独占七席！

中国港口协会发布的2022年全球集装箱港口百强前十名（见表6-9）中，我国港口占据七席，分别是上海港（第一名）、宁波舟山港（第三名）、深圳港（第四名）、青岛港（第五名）、广州港（第六名）、天津港（第八名）和香港港（第九名）。

表6-9 2022年全球集装箱十大港口吞吐量情况

排名	港口名称	国家	2022 年吞吐量（万 TEU）	2021 年吞吐量（万 TEU）	同比增速
1	上海港	中国	4730	4703	0.57%
2	新加坡港	新加坡	3729	3747	−0.48%
3	宁波舟山港	中国	3335	3107	7.34%
4	深圳港	中国	3004	2877	4.41%
5	青岛港	中国	2567	2371	8.27%
6	广州港	中国	2486	2418	2.81%
7	釜山港	韩国	2208	2271	−2.77%
8	天津港	中国	2102	2027	3.70%
9	香港港	中国	1669	1780	−6.24%
10	鹿特丹港	荷兰	1446	1530	−5.49%

阅读思考：

1. 表6-9中提到的“TEU”指的是什么？
2. 你怎么看待世界十大港口中国独占七席这一事件？

知识储备

港口是水上运输（海运）的枢纽，是水陆交通的集结点和枢纽，对一个国家的经济发展起到重要的作用。从某种意义上来说，水运是国家综合国力的体现。下面，让我们一起走进我国的世界级大港。

一、上海港

上海港位于长江三角洲前缘，居我国18 000千米大陆海岸线的中部，扼长江入海口，地处长江东西运输通道与海上南北运输通道的交会点，是我国沿海的主要枢纽港，也是我国对外开放、参与国际经济大循环的重要口岸。上海港每年完成的外贸吞吐量占全国沿海主要港口的20%左右，是世界第一大港口。

二、宁波舟山港

宁波舟山港位于浙江省东北海岸，港区涉及宁波市和舟山市。2006年1月1日，原宁波港和舟山港正式合并。港口条件非常优越，星罗棋布的舟山群岛诸岛屿是港口的天然屏障。目前港区主要分布在宁波镇海北仑海岸以及舟山岛南海岸，大型国际远洋船舶经虾峙门深水航道进出。

三、深圳港

深圳港位于广东省珠江三角洲东部，珠江入海口伶仃洋东岸，毗邻香港，是世界十大港口之一。全市260千米的海岸线被九龙半岛分割为东西两大部分。西部港区位于珠江入海口伶仃洋东岸，水深港阔，天然屏障良好，经珠江水系可与珠江三角洲水网地区各市、县相连，经香港龙鼓水道可达国内沿海及世界各地港口；东部港区位于大鹏湾内，海面开阔，风平浪静，是华南地区优良的天然港湾。

四、青岛港

青岛港位于山东半岛南岸的胶州湾内，始建于1892年，迄今已有一百余年的历史。青岛港是我国第二个外贸亿吨吞吐大港，是太平洋西海岸重要的国际贸易口岸和海上运输枢纽。港内水域宽深，四季通航，港湾口小腹大，属于优良港口。2022年青岛港全年完成集装箱吞吐量2 567万标准箱，居世界第五位。

五、广州港

广州港是华南最大综合性枢纽港。2022年，广州港完成集装箱吞吐量2 486万标准箱，排名世界第六位。广州港从公元3世纪30年代起成为海上丝绸之路的主港，唐宋时期成为我国第一大港，是世界著名的东方大港。明清两代，广州成为我国唯一的对外贸易港，是世界海上交通史上唯一2 000多年长盛不衰的大港，可以称为“历久不衰的海上丝绸之路东方发祥地”。

六、天津港

天津港位于天津市海河入海口，处于京津冀城市群和环渤海经济圈的交会点上，是我国北方重要的综合性港口和对外贸易口岸。天津港是在淤泥质浅滩上挖海建港、吹填造陆建成的世界航道等级最高的人工深水港。目前，天津港主航道水深已达21米，可满足30万吨级原油船舶和国际上最先进的集装箱船进出港。

七、香港港

香港港是我国天然良港，是东亚及东南亚地区的航运中心，位于珠江口外东侧，香港岛和九龙半岛之间。香港地处我国与邻近亚洲国家的要冲，既在珠三角入口，又位于经济增长骄人的亚太地区的中心，可谓是占尽地利。香港港是全球最繁忙和最高效率的国际集装箱港口之一，也是全球供应链上的主要枢纽港。目前有80多条国际班轮每周提供约500班集装箱班轮服务，连接香港港至世界各地500多个目的地。

任务实施

1. 除上述港口外，我国沿海还有哪些主要港口？请描述其中 2 ～ 3 个港口。

2. 你所在地区是否临海？请描述你所在区域发展港口的条件，并完成表 6-10 的填写。

表6-10 区域港口情况调研记录表

<table>
<tr><th>任务名称</th><th colspan="2">区域港口情况调研</th></tr>
<tr><td rowspan="5">其他沿海港口描述</td><td>1</td><td></td></tr>
<tr><td>2</td><td></td></tr>
<tr><td>3</td><td></td></tr>
<tr><td>4</td><td></td></tr>
<tr><td>⋮</td><td></td></tr>
<tr><td>你所在区域</td><td colspan="2"></td></tr>
<tr><td>是否临海</td><td colspan="2"></td></tr>
<tr><td rowspan="2">是否已有港口</td><td>是
（介绍已有港口）</td><td></td></tr>
<tr><td>否
（发展港口的条件）</td><td></td></tr>
</table>

项目评价表

《分析我国水路布局》项目实施评价表

考核任务	考核要求	配分	评分标准				得分		备注
			优	良	中	差	自评	师评	
列举“三江两河”水运主要内河港口	能够列举主要内河港，并能描述该港口所在区域	35	20～35	15～19	10～14	0～9			
列举我国沿海主要海港	除书中介绍的七大港口外，能够列举我国其他沿海主要港口，并描述其中2～3个港口	35	20～35	15～19	10～14	0～9			
请描述你所在区域发展水路运输（港口）的条件	能够发现水路运输的价值，并列举所在区域发展水路运输（港口）的条件	30	20～30	15～19	10～14	0～9			
总　计		100							

项目四

分析其他物流地理环境

近年来，随着我国经济的快速发展，特别是“一带一路”倡议的不断深化，物流业迎来历史发展机遇。我国物流地理环境布局日趋完善，除了前文所述公路、铁路、水路布局之外，还有哪些物流地理环境布局呢？让我们一起走进航空运输、管道运输布局以及“一带一路”倡议背景下的国际物流环境。

学习目标

知识目标

- 能阐述我国航空运输布局。
- 能阐述我国管道运输布局。
- 能阐述我国国际物流环境。

技能目标

- 学会阐述我国其他运输基建布局。
- 尝试分析国际物流环境对我国物流的影响。

素养目标

- 形成团结协作的意识。
- 培养良好的人际沟通能力。
- 建立对物流行业的职业认同感。

项目分析

航空运输和管道运输均为常见的运输方式，通过案例的阅读分析，深入了解新形势、新背景下物流业的发展在人们日常生活中的作用。通过对“一带一路”倡议的认识，了解我国国际物流环境的变化与发展，感受物流在推动和深化国际合作以及大国崛起、民族复兴中的重要性。

任务一 了解我国航空运输布局

案例导入

顺丰速运：我国第一家拥有货运飞机的民营快递公司

顺丰速运（集团）有限公司（以下简称“顺丰速运”）由王卫于1993年成立，总部设在广东省深圳市，是一家主要经营国内、国际快递及相关业务的服务性企业。作为国内领先的快递物流服务商，顺丰速运致力于为广大客户提供综合性的国内和国际快递物流整体解决方案。自成立以来，顺丰速运始终专注于服务质量的提升，持续加强基础建设，积极研发和引进具有高科技含量的信息技术与设备以提升作业自动化水平，在国内外建立了庞大的信息采集、市场开发、物流配送、快件收派等速运业务机构及服务网络，助力客户建立国内外的连接网络。

作为我国第一家拥有货运飞机的民营快递公司，顺丰速运目前已拥有50多架货机，并不断扩大其国际业务。多年来，顺丰速运持续创新，不断铸造高品质服务体验，致力于成为最值得信赖的、基于物流的商业伙伴。

阅读思考：

1. 顺丰速运为什么要积极发展航空货运？
2. 航空货运需要航空港（机场），我国现有哪些配套的航空港？

知识储备

航空港（机场）是指为飞行器起飞、降落和地面活动而划定的地域或水域，包括区域内的各种建筑物和配套的设施设备。世界大多数的航空港（机场）都有塔台，利用无线电或其他通信方式给予飞行员指示，导引其进行起飞或降落的动作，以实现空中交通管制。这种安全监督的模式能够加强飞行安全，加快班机处理速度。

2022年，我国航空运输业实现持续运输飞行627.56万小时，完成运输总周转量599.28亿吨公里，旅客运输量25 171.32万人次、货邮运输量607.61万吨。截至2022年底，我国共有运输航空公司66家，民航全行业运输飞机期末在册架数4 165架，比上年底增加111架。颁证运输机场数量达 254座，全行业注册无人机共95.8万架。初步形成了以北京、上海、广州、成渝等地区的国际枢纽机场为中心，省会城市和重点城市区域枢纽机场为骨干，其他干支线机场相互配合的格局。

其中，4F机场（机场等级中最高的一种，属大型机场）和干线机场有：北京首都国际机场、北京大兴国际机场（见图6-3）、上海浦东国际机场、天津滨海国际机场、广州白云国际机场、深圳宝安国际机场、香港国际机场、杭州萧山国际机场、南京禄口国际机场、南宁吴圩国际机场、桂林两江国际机场、重庆江北国际机场、长沙黄花国际机场等。

图6-3 北京大兴国际机场

任务实施

1. 调研航空快递是如何邮寄、如何计费的，较一般快递有何差异。

2. 结合你所在区域（或邻近区域）的航空港（机场），查找网络资源或实地考察，完成表6-11的填写并制作PPT课件与同学汇报交流。

表6-11 区域航空港情况调研记录表

任务名称	区域航空港情况调研	
你所在区域		
是否有机场		
航运对象	□ 客运为主	□ 货运为主
每日航班数		
拥有航线	1	
	2	
	3	
	4	
	5	
	⋮	
其他		

任务二 了解我国管道运输布局

案例导入

伟大的能源工程：西气东输

改革开放以来，我国能源工业发展迅速，但结构很不合理，煤炭在一次能源生产和消费中的比重均高达72%。大量燃煤使大气环境不断恶化，我国发展清洁能源、调整能源结构迫在眉睫。

我国西部地区的塔里木、柴达木、陕甘宁和四川盆地蕴藏着26万亿立方米的天然气资源，约占全国陆上天然气资源的87%。特别是新疆塔里木盆地，天然气资源量有8万多亿立方米，占全国天然气资源总量的22%。塔里木北部的库车地区的天然气资源量有2万多亿立方米，是塔里木盆地中天然气资源最富集的地区，具有形成世界级大气区的开发潜力。塔里木盆地天然气的发现，使我国成为继俄罗斯、卡塔尔、沙特阿拉伯等国之后的天然气大国。

西气东输工程可以促进我国能源结构和产业结构调整，带动东部、中部、西部地区经济共同发展，改善管道沿线地区人民的生活水平，有效治理大气污染。西气东输工程项目的实施，为西部大开发，将西部地区的资源优势变为经济优势创造了条件，对推动和加快新疆及西部地区的经济发展具有重大的战略意义。

西气东输工程可以促进我国能源结构和产业结构调整，带动东部、中部、西部地区经济共同发展，改善管道沿线地区人民的生活水平，有效治理大气污染。西气东输工程项目的实施，为西部大开发，将西部地区的资源优势变为经济优势创造了条件，对推动和加快新疆及西部地区的经济发展具有重大的战略意义。

据悉，西气东输已完成一线（2000—2004年）、二线（2009—2012年）、三线工程（2012—2014年），是我国距离最长、管径最大、投资最多、输气量最大、施工条件最复杂的天然气管道。天然气已经进入千家万户，不仅让老百姓免去了烧煤、烧柴和换煤气罐的麻烦，而且对保障我国能源安全、优化能源消费结构、改善环境质量意义重大。

阅读思考：

1. 案例中描述的是哪种物流运输方式？
2. 这种物流运输方式适合哪些物品？它有何特点？

知识储备

管道运输是使用管道作为运输工具的一种长距离输送液体和气体物资的运输方式，是一种专门由生产地向需求地输送石油、天然气、煤产品和化学产品的运输方式，是运输网中干线运输的特殊组成部分（见图6-4）。管道运输业是我国新兴运输行业，是继铁路、公路、水运、航空运输之后的第五大运输业，它在国民经济和社会发展中起着十分重要的作用。

管道运输是利用地下管道将原油、天然气、成品油、矿浆、煤浆等介质运送到目的地，其中以原油管道运输和天然气管道运输为主。

图6-4 管道运输

西气东输一线以塔里木气区为主力气源。管线西起新疆塔里木轮南油气田，东至上海白鹤镇，全长4 380千米，包括1条主干线、3条支干线及其配套支线，年输气能力为170亿立方米，自西向东横贯新疆、甘肃、宁夏、陕西、山西、河南、安徽、江苏、上海、浙江10个省（市、自治区）。

西气东输二线以中亚地区天然气为主力气源。管线西起新疆霍尔果斯口岸，与中亚天然气管道相连，南至香港、东达上海，包括 1 条主干线、8 条支干线及其配套支线，全长 8 819 千米，年输气量 300 亿立方米，可稳定供气 30 年以上。途经新疆、甘肃、宁夏、陕西、河南、湖北、江西、广东、广西、浙江、上海、江苏、湖南、山东 14 个省（市、自治区）以及香港特别行政区（见图 6-5）。

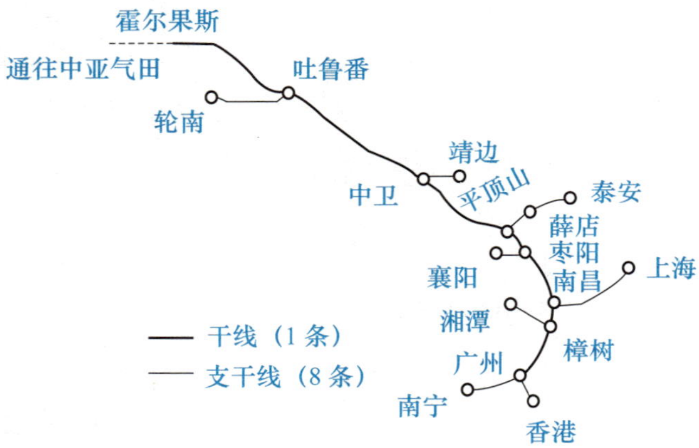

图6-5　西气东输二线工程管线示意图

西气东输三线工程主供气源为中亚天然气，补充气源为新疆煤制天然气。管线西起新疆霍尔果斯，途经新疆、甘肃、宁夏、陕西、河南、湖北、湖南、江西、福建和广东共 10 个省（市、自治区），终点为福州，全长 6 840 千米，包括 1 条主干线、5 条支干线。

规划建设中的西气东输四线起于新疆乌恰，经甘肃河西走廊，止于宁夏中卫。线路全长 3 123 千米，其中甘肃境内 1 045 千米，经过嘉峪关、酒泉、张掖、金昌、武威、白银等 6 市 12 县（区、市），路由基本与在役的西二线、西三线管道并行。于 2018 年 12 月完成项目前期工作，2019 年完成初步设计，2020 年 3 月开工建设，2022 年投产运行。

任务实施

1. 结合网络资源，查找我国其他管道运输线路，并做好记录。

2. 调研你所在区域的天然气是由哪条西气东输管道输送的，它的起止点是哪里。完成表 6-12 的填写。

表6-12　区域天然气输送情况调研记录表

任务名称	区域天然气输送情况调研
你所在区域	
西气东输线路	
起点	
终点	

任务三　了解国际物流环境

案例导入

"一带一路"倡议助力物流业发展

在全球集运市场转好的环境下，我国持续推进对外开放及"一带一路"倡议，与东盟国家在环境保护、双边贸易、法律建设等方面达成合作。党的二十大报告中强调，推动共建"一带一路"高质量发展。受益于"一带一路"倡议持续推进，货物贸易需求快速提升，我国港口业务得到快速发展（见表6-13），"一带一路"为我国港口行业发展注入强心剂。目前，共建"一带一路"已成为深受欢迎的国际公共产品和国际合作平台，我国成为140多个国家和地区的主要贸易伙伴，货物贸易总额居世界第一，吸引外资和对外投资居世界前列，逐步形成更大范围、更宽领域、更深层次对外开放格局。

表6-13　"一带一路"助力港口发展

港口	"一带一路"相关部署
连云港	建设中哈物流中转基地、上合组织出海基地等，开通中亚、中欧班列并稳定运营
重庆港	全面推进部署果园集装箱场桥智能远程操控系统，推进化工码头外贸危化品集装箱堆场改造
营口港	全面落实"TEU"和"互联港+"两大战略，开展综合物流业务，通过大数据平台应用促进公司平台化转变
大连港	打造国际陆海联运大通道，国内首发"大连—俄罗斯"冷藏过境班列，新增过境班列线路数条，争取开行中欧点对点过境班列
上海港	海外投资泽布吕赫项目、以色列法海项目，建立海上丝绸之路港航合作论坛机制，联合大型集装箱班轮公司，研究开设海上丝绸之路专线
日照港	与中亚五国企业共同设立日照港中亚国际物流园区，开通首条中美大豆班轮航线"波特兰港—日照港"，开通中澳集装箱班轮航线
唐山港	"东部沿海—京津冀—西北"集装箱海铁公多式联运项目成功入选国家首批示范工程，通往蒙古国的集装箱过境运输业务获批
珠海港	构筑"贵广—南亚"国际物流新通道

阅读思考：

1. 案例中的"一带一路"倡议是什么？
2. "一带一路"倡议给我国的物流业带来了哪些影响？

知识储备

"一带一路"是"丝绸之路经济带"和"21世纪海上丝绸之路"的简称。"一带一路"不是一个实体或机制，而是合作发展的理念和倡议，是依靠我国与有关国家既有的双多边机制以及行之有效的区域合作平台进行合作，旨在借用古代"丝绸之路"的历史符号，高举和平发展的旗帜，主动发展与沿线国家的经济合作伙伴关系，共同打造政治互信、经济融合、文化包容的利益共同体、命运共同体和责任共同体。

随堂记

“一带”是指“丝绸之路经济带”，是在陆地。它有三个走向，从我国出发：一是经中亚、俄罗斯到达欧洲；二是经中亚、西亚至波斯湾、地中海；三是我国到东南亚、南亚、印度洋。“一路”是指“21世纪海上丝绸之路”，重点方向有两个：一是从我国沿海港口过南海到印度洋，延伸至欧洲；二是从我国沿海港口过南海到南太平洋。

“一带一路”中的物流通道主要包括海运通道、空运通道和陆运通道。中欧班列以其运距短、速度快、安全性高的特征以及安全快捷、绿色环保、受自然环境影响小的优势，已经成为国际物流中陆路运输的骨干方式。中欧班列物流组织日趋成熟，班列沿途国家经贸交往日趋活跃，国家间铁路、口岸、海关等部门的合作日趋密切，这些有利条件为铁路进一步发挥国际物流骨干作用，在“一带一路”倡议中将丝绸之路从原先的“商贸路”变成产业和人口集聚的“经济带”起到重要作用。铺划的西、中、东三条通道中中欧班列的运行情况如下：

（1）中欧班列（重庆—杜伊斯堡）。从重庆团结村站始发，由阿拉山口出境，途经哈萨克斯坦、俄罗斯、白俄罗斯、波兰至德国杜伊斯堡站，全程约11 000千米，运行时间约15天。货源主要是本地生产的IT产品，2014年已开始吸引周边地区出口至欧洲的其他货源。

（2）中欧班列（成都—罗兹）。从成都城厢站始发，由阿拉山口出境，途经哈萨克斯坦、俄罗斯、白俄罗斯至波兰罗兹站，全程9 965千米，运行时间约14天。货源主要是本地生产的IT产品及其他出口货物。

（3）中欧班列（郑州—汉堡）。从郑州圃田站始发，由阿拉山口出境，途经哈萨克斯坦、俄罗斯、白俄罗斯、波兰至德国汉堡站，全程10 245千米，运行时间约15天。货源主要来自河南、山东、浙江、福建等中东部省市；货品种类包括轮胎、高档服装、文体用品、工艺品等。

（4）中欧班列（苏州—华沙）。从苏州始发，由满洲里出境，途经俄罗斯、白俄罗斯至波兰华沙站，全程11 200千米，运行时间约15天。货源为苏州本地及周边的笔记本电脑、平板电脑、液晶显示屏、硬盘、芯片等IT产品。

（5）中欧班列（武汉—捷克、波兰）。从武汉吴家山站始发，由阿拉山口出境，途经哈萨克斯坦、俄罗斯、白俄罗斯到达波兰、捷克等国家的相关城市，全程约10 700千米，运行时间约15天。货源主要是武汉生产的笔记本电脑等电子产品以及周边地区的其他货物。

（6）中欧班列（长沙—杜伊斯堡）。始发站为长沙霞凝货场，具体实行“一主两辅”运行路线。“一主”：长沙至德国杜伊斯堡线路，通过新疆阿拉山口出境，途经哈萨克斯坦、俄罗斯、白俄罗斯、波兰、德国，全程11 808千米，运行时间18天，2012年10月30日首发。“两辅”：一是经新疆霍尔果斯出境，最终抵达乌兹别克斯坦的塔什干，全程6 146千米，运行时间11天；二是经二连浩特（或满洲里）出境后到达俄罗斯莫斯科，全程8 047千米，运行时间13天。

（7）中欧班列（义乌—马德里）。作为中欧班列重要组成部分，中欧班列（义乌—马德里）的首发线路将贯穿丝绸之路经济带。从义乌西站始发，通过新疆阿拉山口口岸出境，途经哈萨克斯坦、俄罗斯、白俄罗斯、波兰、德国、法国、西班牙，全程13 052千米，运行时间约21天，是目前我国行程最长、途经城市和国家最多、境外铁路换轨次数最多的火车专列。

（8）中欧班列（哈尔滨—俄罗斯）。从哈尔滨香坊火车站始发，经滨洲铁路（1 004千米）到达满洲里口岸站出境，再经俄罗斯西伯利亚大铁路（5 574千米）到达比克良站，班列全程运行6 578千米。通过铁路国际货物班列运输货物，黑龙江省到达俄罗斯中部地区比空运可节省运费3/4左右，较普通零散运输，运送时间可缩短2/3以上，运费可节省1/4以上。

（9）中欧班列（哈尔滨—汉堡）。哈欧班列东起哈尔滨，经满洲里、俄罗斯后贝加尔到赤塔，转入西伯利亚大铁路，经叶卡捷琳堡和莫斯科到波兰的马拉舍维奇，再到终点德国汉堡，全程9 820千米。

（10）中欧班列（保定—明斯克）。该班列是国内首列开往中白工业园的货运班列，也是华北地区第一条直达欧洲的陆运通道。从保定始发，由满洲里出境，途径俄罗斯，最后抵达白俄罗斯明斯克，全程约9 500千米，用时12～14天。货源主要来自京津冀地区，货品种类包括塑料制品、汽车及配件、橡胶及其制品、服装、毛皮制品、日用电器、有机玻璃制品、毛巾等日常生活用品。

（11）中欧班列（西宁—安特卫普）。从青海省西宁市双寨铁路物流中心出发，最终到达位于比利时的欧洲第二大集装箱港口安特卫普，运行全程约需12天，主要运输藏毯、枸杞等青海当地特色产品。

（12）中欧班列（广州—莫斯科）。从广州大朗站始发，由满洲里出境，直达俄罗斯莫斯科，全程11 500千米，用时15天。现每周准时发运，为珠三角地区的对外贸易商提供了更加便捷稳定的运输通道；同时弥补了华南地区电子类、日用商品类出口贸易在运输时效上的不足，为我国商品出口欧洲、欧洲产品进入我国开辟了一条安全、高效、便捷的国际进出口贸易绿色通道。

（13）中欧班列（青岛—莫斯科）。从青岛出发，经满洲里口岸出境，

随堂记

随堂记

直达俄罗斯莫斯科，全程7 900千米，运行时间约22天，比海运运输节省约30天。主要运输的货品有青岛当地的机械装备、轮胎橡胶、家电产品等。

（14）中欧班列（长春—汉堡）。班列由中铁集装箱运输有限责任公司运营，由长春始发，途径俄罗斯、白俄罗斯、波兰、比利时、德国等欧洲国家的多个城市，最高时速为120千米，全程约12～15天。主要运输吉林省和华北地区部分企业的汽车零部件、电子机械设备、阀门和服装等货物，远期常态化运营将达到每周“5出2进”。

（15）中欧班列（南昌—莫斯科）。从南昌出发，经二连浩特出境，途经蒙古国，最终抵达莫斯科沃尔西诺车站，全程约10 000千米，用时15天。

（16）中欧班列（唐山—安特卫普）。该班列由唐山港京唐港区始发，经北京、呼和浩特、包头、哈密、乌鲁木齐，由阿拉山口口岸出境。途经哈萨克斯坦、俄罗斯、白俄罗斯、波兰、德国到达比利时安特卫普，全程约11 000千米，运行时间约16天。

（17）中欧班列（成都—维也纳）。由成都始发，途经亚欧6国，行程9 800千米。班列装载的货物包括电子配件、LED灯具和睡袋等。

（18）中欧班列（郑州—列日）。从郑州出发，途经哈萨克斯坦、俄罗斯、白俄罗斯、波兰和德国，最终抵达比利时列日。主要运输的货品包括汽车零配件、生活用品、精细化工材料、高档服饰等。

任务实施

1. 通过网络搜索查找“一带一路”经济带其他的国际物流方式。

2. 寻找经过你所在区域的中欧班列，并描述其主要运输的货品，完成表6-14的填写。

表6-14 “一带一路”区域辐射调研记录表

任务名称	“一带一路”区域辐射调研
你所在区域	
是否有中欧班列经过	
该班列起点	
该班列终点	
“一带一路”途经国家	
经济带其他的国际物流方式	

项目评价表

《分析其他物流地理环境》项目实施评价表

考核任务	考核要求	配分	评分标准				得分		备注
			优	良	中	差	自评	师评	
认识生活中的航空物流	调研航空快递是如何邮寄的、如何计费的，以及较一般快递有何差异。结合你所在区域（或邻近区域）的航空港（机场），查找网络资源或实地考察，并制作 PPT 课件与同学汇报交流	35	20～35	15～19	10～14	0～9			
认识生活中的管道物流	调研你所在区域的天然气是由哪条西气东输管道输送的，它的起止点是哪里。结合网络资源，查找我国其他管道运输线路，并做好记录	35	20～35	15～19	10～14	0～9			
认识生活中的国际物流	寻找经过你所在区域的中欧班列，并描述其主要运输的货品。通过网络资源搜索查找“一带一路”经济带其他的国际物流方式	30	20～30	15～19	10～14	0～9			
总　计		100							

参考文献

[1] 毛宁莉. 走进物流 [M]. 北京：机械工业出版社，2011.

[2] 毛宁莉. 运输作业实务 [M]. 2 版. 北京：机械工业出版社，2014.

[3] 刘毅. 仓储作业实务 [M]. 2 版. 北京：机械工业出版社，2017.

[4] 李守彬. 配送作业实务 [M]. 北京：机械工业出版社，2011.

[5] 宋文官. 物流基础 [M]. 北京：高等教育出版社，2014.

[6] 唐萍萍. 物流基础 [M]. 北京：机械工业出版社，2015.

[7] 刘华. 现代物流管理与实务 [M]. 北京：清华大学出版社，2004.

[8] 杨穗萍. 现代物流基础 [M]. 北京：高等教育出版社，2010.